KENICHI OHMAE

「BBT×PRESIDENT」
Executive Seminar Library Vol.11

大前研一 編著

大前研一
ポスト・コロナ時代の稼ぎ方

「BBT×プレジデント」
エグゼクティブセミナー選書 Vol.11

プレジデント社

はじめに

二〇一九年一二月に中国の湖北省武漢市で発見された新型コロナウイルス感染症（ＣＯＶＩＤ－19）は、瞬く間に世界全体に拡大し、二〇二〇年三月一一日についにＷＨＯ（世界保健機関）から「パンデミック（世界的な大流行）」宣言が出されるまでに至った。五月二〇日の時点で世界全体の感染者は約四九〇万人、死者は三二万人を超えた。また、四月初旬の時点で、世界人口約七七億人の半数を上回る約三九億人以上の人々が政府による外出制限措置の対象となっている。外出制限措置を設けているのは、九〇以上の国・地域だ。ヒト・モノの動きが完全に途絶えたことで、各国が被る経済的損失は、あの一九二九年の世界大恐慌に匹敵するといわれている。

わが国でも多くの企業・事業者が操業停止となり、オリンピック・パラリンピックを筆頭にさまざまなイベントが中止・延期に追い込まれた。これらが日本経済全体に及ぼす影響は計り知れない。しかも、相手は姿形の見えないウイルスである。完全終息宣言が出るまで長期化が予想される。途方に暮れている経営者も多いだろう。

今回のような未曽有の危機に対して、日本政府として適切な対応が求められることはいうまでもない。しかし、一方で、経営者として、景気低迷や業績悪化をコロナのせいにして嘆いたところで何も始まらない。現状をあえてポジティブに捉えれば、今回のコロナによる試練は、企業各社の生産性向上や高収益企業化、またサイバーシステムを思い切り取り込むよい転機になると思う。

たとえば、今回多くの企業が感染拡大を防ぐために、社員を在宅勤務にしてリモートワークで仕事をさせる措置を実施している。これまで在宅勤務に対して消極的だった企業も、チャットやビデオ会議などによるコミュニケーションを導入してみたら意外と使い勝手のいいことに気がついたのではないだろうか。毎日出社しなくても、また対面でのやりとりでなくても影響がない業務があることを多くの企業が知ったことで、日本企業の生産性向上や働き方改革が一気に進むかもしれない。

私は二〇年以上前からインターネットによる経営研修を行うビジネス・ブレークスルー（BBT）を立ち上げている。また、オールサーバーのBBT大学院を二〇〇五年に、そしてBBT大学を二〇一〇年に始めている。今回コロナウイルスによる緊急事態宣言では、大学も休業せよとのことだったが、これには笑えた。我々には学生が世界中におり、誰一人〝通学〟していないのだから。

コロナがなくても、経営研修も大学もリカレント教育もすべてサーバーで行うべきなのだ。

今はそのほうが好きな時間に好きな場所で学べるし、仕事もできるのだ。本書を通じて二一世紀のツールをそういう自然な形で身につけていただきたい。

今回のコロナのような出来事が将来にわたって再発する可能性は、否定できない。もはや在宅勤務への対応は、企業にとっても、働く側にとっても、必須のインフラ、スキルなのだ。また、間接業務を社外にクラウドソーシングで委託することも当たり前になるであろう。

そして、このような試練のときこそ、経営者は冷静になって国内外の高収益企業と呼ばれている企業の戦略やマネジメントについて理解を深め、今後の自社のビジネスをどうすべきかについてじっくり考えてみてほしい。

コロナ終息の見込みが不透明な中、いかなる逆境にも耐え抜ける強靱《きょうじん》な企業体質にして、自社の発展につなげられるよう、各社の奮起を期待したい。

【パート1　生産性改革編】

いわゆる「働き方改革」関連法が二〇一九年四月より（中小企業への適用は二〇二〇年四月より）順次施行されている。この法律の下敷きになっているのは、二〇一七年一一月に発足した第四次安倍晋三内閣が閣議決定をした「新しい経済政策パッケージ」である。

働き方改革が、今日本が早急に手をつけなければならない喫緊の課題であることに疑いの余地はない。なぜなら、日本の労働者の一人当たり生産性はＧ７の中で最下位、ＯＥＣＤ加盟国の平均も下回っており、それによって企業の〝稼ぐ力〟が大きく低下しているからである。

しかし、政府にいわれるままに残業を減らし、有給休暇の消化率を高めていっても、企業の稼ぐ力は強まらないどころか、逆にますます生産性は落ちてしまうだろう。

なぜなら、働き方改革の目玉とされる「残業時間の上限規制」が仕事の効率化につながるのは、いわゆる定型業務（データ入力や伝票整理、記帳、請求書作成など作業内容に一定のパターンがあってマニュアル化や外注化が可能な業務）に限ってのことであるからだ。経営戦略の構築や事業計画の策定、新製品の企画・開発、対外的な交渉など個人の思考力、判断力、経験が要求される、クリエイティブな非定型業務には、そもそも残業という概念はない。

日本企業には、「間接業務が定型業務と非定型業務の〝霜降り肉状態〟になっている」という特徴がある。だから、まず手をつけなければならないのは、この仕分けなのである。

本書では、なぜ日本企業の〝稼ぐ力〟がこれほど弱くなったのかを分析し、間接業務の課題を具体化した上で、それらに対する解決策を示していく。

また、実際に生産性を上げることに成功している企業の事例も詳しく紹介するので、参考にしてほしい。

指をくわえたまま、政府の働き方改革に身を任せていたら、日本企業はこのままゆっくり沈んでいくだろう。それが嫌なら企業自らが、なんとか〝稼ぐ力〟を高めるしかない。

本書はそのための指針である。ぜひ何度も読み返して自社の経営に役立ててほしい。

【パート2　高収益企業の研究編】

近年の日本企業の業績は、決して悪くない。売上高や営業利益などが過去最高を記録している会社もかなりある。

しかし、世界に目を向けると、そんな日本企業をはるかに凌ぐ高収益を上げている企業をいくつも見つけることができる。

世界の高収益企業に共通する特徴は、まさにこれに尽きる。彼らは収益を増やすために、「自社の商品やサービスの高価格を維持したまま、ボリュームを減らさない」という、ユニークな戦略を展開しているのである。

「価格を高く設定しても販売量を失わない商品やサービスをもっている」

一方で、日本企業の大半はいまだに「コストを削ることにより、利益を絞り出す」という発想から抜け出せていない。また、少し前の日本マクドナルドや鳥貴族のように、価格を上げたことが客離れにつながり、結果的に収益を落としてしまったケースも少なからず見受けられる。

企業を取り巻く環境は年々厳しさを増しつつある。たとえ今は業績が好調でも、それがこの先も続くという保証はない。かといって、これ以上のコスト削減は難しいだろうし、販売数量を増やそうにも国内市場だけでは限界がある。

それでも生き残るためにどうすればいいか。それは、価格を高くしてもボリュームを失わない高収益企業のやり方を参考にすることである。

本書では、「売上高一〇億ドル未満」「売上高一〇億ドル以上～一〇〇億ドル未満」「売上高一〇〇億ドル以上」の三つのカテゴリーの中から、それぞれ高収益企業を選び、その戦略を分析していく。

そこから得られる学びこそが、あなたの会社を高収益企業に変革させるカギとなるのだ。

二〇二〇年五月

大前研一

目次

第四章

経営戦略としてのワークライフバランス　佐々木常夫 109

パート2 高収益企業の研究編

第二章 トップブランドを生むCSV（企業価値） 山下 茂 207

第三章

第四章

図版制作　室井浩明（STUDIO EYES）

パート1
生産性改革編

第一章　**大前研一**
（株式会社ビジネス・ブレークスルー 代表取締役会長、
ビジネス・ブレークスルー大学 学長）

第二章　**杉本勝男**
（スキャンマン株式会社 代表取締役社長）

第三章　**岩崎裕美子**
（株式会社ランクアップ 代表取締役）

第四章　**佐々木常夫**
（株式会社佐々木常夫マネージメント・リサーチ 代表取締役）

第五章　**須田将啓**
（株式会社エニグモ 代表取締役 最高経営責任者）

第一章

生産性を高める経営

企業は〝稼ぐ力〟をいかに高めていけばいいのか

大前研一

低下する日本企業の「稼ぐ力」

近年、日本企業の〝稼ぐ力〟が大幅に低下している（図1左）。これに対し、効率化を進めることで対処しようと考えるのは、必ずしも正解とはいえない。なぜなら、たとえ経営の効率化を図っても、事業そのものが突然死を迎えることが少なくないからだ。今はそういう時代なのである。このことが理解できていないトップは、容易に経営判断を誤るだろう。

どの産業も一九九六年あたりをピークとして、緩やかに衰退してきている。それ以降、反発力がまったく見られない。これは企業だけでなく、政治にも同じことがいえる。たとえば、二〇一一年三月一一日に発生した東日本大震災の復興は遅々として進んでいない。一九九五年一月一七日の阪神淡路大震災のときは、一年後に街はすっかりきれいになっていた。それよりもっと前の一九二三年の関東大震災でも、当時の第二次山本権兵衛内閣の内務大臣であった後藤新平が、ひと晩で帝都の復興計画を書き上げたといわれている。ちなみに、横浜の山下公園は、震災の瓦礫で海を埋め立ててつくられたものだ。

かつての日本には、そういった反発力がたしかにあった。それが現在では、企業にも政治家にも官僚にもまったく見られなくなってしまった。

日本企業が大きくつまずいている経営課題は、二つある（図1右）。

図1

低下する日本企業の「稼ぐ力」

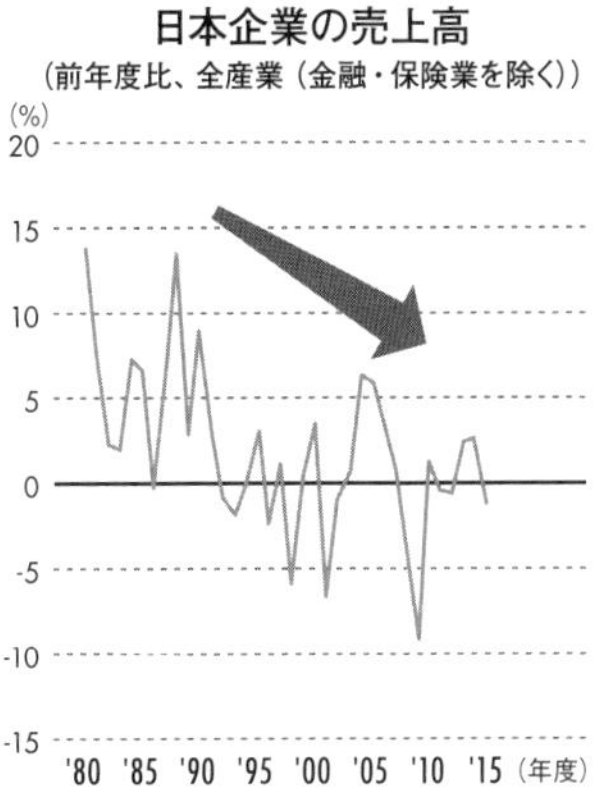

日本企業が大きくつまずいている経営課題

デジタルディスラプション	●小売業で、店頭で勝負してきたような会社は軒並みアマゾンにやられている ●ホテルや旅館には泊まらないで、Airbnbなどの民泊やクルーズ船泊、車中泊を選択する旅行者が増えている ●自動車産業でもデジタル化など技術革新によるディスラプションの波が押し寄せている
グローバル化の罠	●世界化の近道としてM&Aを行う ●準備できていたのは買収資金だけで、経営力が備わっていないケースが多い ●国内が頭打ちだからといって世界に打って出ても、そう簡単には稼げない

●たとえ効率化しても突然死を迎える時代に入った
●「稼ぐ力」が低下しているのは、トップの経営判断に問題がありというケースが多い

資料：財務省「法人企業統計調査」より作成 ©BBT大学総合研究所

1．デジタル・ディスラプション

デジタル・ディスラプションとは、デジタル・テクノロジーによるイノベーションの波が、既存のビジネス秩序を一気に覆し、破壊する現象のことをいう。

たとえば、小売業においては、これまで店頭で勝負してきた会社は、アマゾンに軒並み席巻されてしまった。しかし、その一方で頭角を現してきたのが店舗をもたない「メルカリ」や「BUYMA」である。前者はスマートフォンで簡単に売買ができるフリマアプリ、後者は海外在住のパーソナルショッパー（出品者）を通じて世界中のアイテムを購入できるソーシャルショッピングサイトだ。いずれも企業が真ん中に入ってエスクローする「C to B to Cモデル」

となっている。

旅行業界では、「Ａｉｒｂｎｂ（エアビーアンドビー）」に代表される民泊が従来のホテルや旅館を凌駕《りょうが》しつつある。日本では法律をつくってなんとかこの動きを食い止めようとしているが、もともと宿泊のキャパシティが一九〇〇万人分しかないのに訪日外国人数は三〇〇〇万人を超えているのだから、なにをかいわんやだ。

そして、これからデジタル・ディスラプションの影響を最も受けるのは、もしかすると自動車業界かもしれない。いちばんの理由はシェアリングエコノミーだ。これからは多くの人々が車を所有せずに、必要なときだけパーク24のようなカーシェアリングを利用するようになるだろう。そうすると、車の販売台数は七〇％下がると見られている。

それからＥＶ（電気自動車）化。イギリスとフランスは二〇四〇年までにガソリン・ディーゼル車の販売を禁止する方針を早々に打ち出している。環境に厳しいアメリカ・カリフォルニア州も、二〇一七年秋以降に販売するモデルは、一定数を電気自動車、燃料電池車、プラグインハイブリッド車にしなければならず、違反した場合は罰金を科すという方針（ＺＥＶ規制）を発表した。中国もこれに倣って排ガスゼロの車の比率を二〇一九年には全体の一〇％、二〇二〇年には同一二％にまで拡大するという内容のＮＥＶ規制を導入するという。これが世界のトレンドなのである。

これまで日本の自動車産業はガソリン車で世界をリードしてきたが、その市場がなくなってしまうのだ。そして、そのＥＶ化に関しては、日本のメーカーはなまじ内燃機関が強かったために転換がうまくいかず、完全に出遅れてしまっている。加えて、電気自動車では、部品数がそれまでのガソリン車に比べ一〇分の一になる。そうなると、系列の部品会社の雇用は軒並み失われる。

2. グローバル化の罠

多くの日本企業が世界展開の必要性を感じ、それを実現するいちばんの近道としてM&Aを行っている。しかし、私の知るところ、成功事例はごくわずかだ。おそらく九五％はうまくいっていない。要するに買収資金は用意できても、買収先を経営できるだけの能力がないのだ。M&Aというのは、買収後一〇〇日が勝負なのである。一〇〇日以内に親会社の理念や経営方針を叩き込み、マネジメントできるよう体制を整備しなければならない。いざというときは、自分たちの手でそれを行う能力と覚悟が必要なのだ。

ところが、M&Aの歴史が浅い日本企業には、そういうノウハウが蓄積されておらず、東芝のような大手企業でさえ、ウェスチングハウスのような素晴らしい会社を買収しておきながら、結局、相手にいいように踊らされて終わりだ。

その点、ソフトバンクの孫正義社長は、社内の人間に海外M&Aは無理だと判断して、グーグルからニケシュ・アローラ氏を連れてきたのはよかったが、わずか二年で逃げられてしまった。ソフトバンクはアローラ氏に報酬など合わせて三〇〇億円以上支払ったが、孫社長のことだからこれくらいの授業料は仕方がないと納得しているのかもしれない。一方、ソフトバンクグループが立ち上げた一〇兆円のビジョンファンドは、当初うまくいっているように見えたが、ウィーカンパニーやOYOがつまずき、ここでも「そうは問屋が卸さない！」という状況になっている。アリババの株式がなければ、孫社長も窮地に陥っていることだろう。

以上の二つの経営課題を乗り越えないかぎり、どんなに効率化を進め、生産性を高めたとしても、突然死のリスクは避けられないのである。

今のように、世の中が大きく変わりつつあるときには、とりわけトップの経営判断能力が重要になってくる。企業の〝稼ぐ力〟が低下しているのも、その責任の大部分はトップの経営判断能力にあるといわざるを得ない。

日本が直面している課題

日本は生産年齢人口が急減し、反対に高齢人口が急増する人口オーナス期に、すでに一九九〇年代に入っている（図2左）。しかし、多くの企業はいまだにそれ以前の人口ボーナス期の仕事

図2

日本が直面している課題

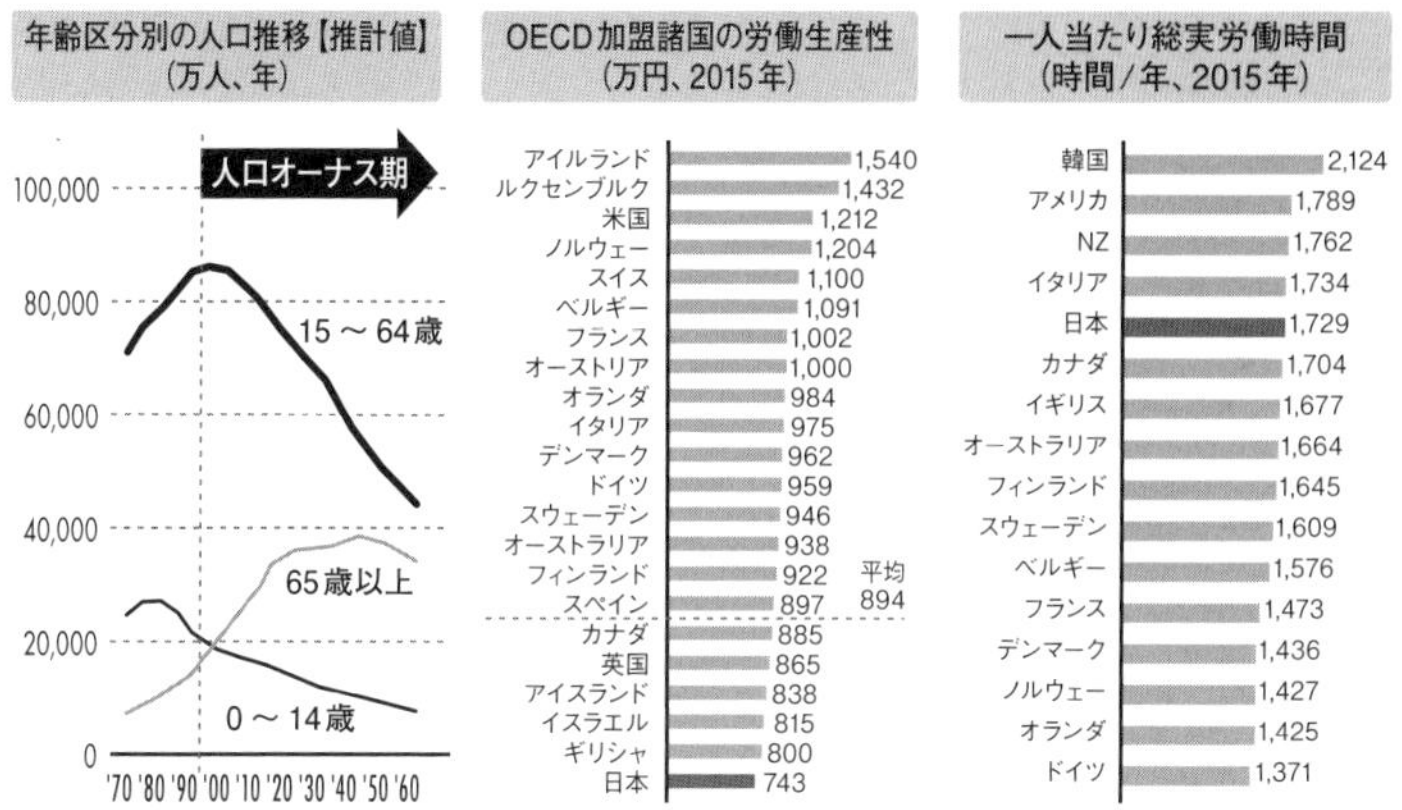

資料：国立社会保障・人口問題研究所、日本生産性本部「労働生産性の国際比較2016年版」、労働政策研究・研修機構
©BBT大学総合研究所

のやり方を続けている。これもまた、経営課題のひとつだといっていいだろう。

ＯＥＣＤ加盟諸国の労働生産性をみると、日本は最下位（図2中）。なんとあの経済危機に陥ったギリシャより下なのだ。一方、一人当たり総労働時間は上から五番目（図2右）。つまり、「低い労働生産性を長時間労働で補っている」というのが日本企業の実態なのである。

働き方論議の問題点

日本企業は、とくにホワイトカラーの労働生産性が低い。そのため、それを補うのに、どうしても残業や長時間労働を従業員に強いることになり、それが昨今大きな問題を生んでいる。最近も、すき家本部、ワタミ、監査法人トーマツ、新日本監査法人、JCB、ヤマト運輸といった名だたる企業で、違法な長時間労働や残業代未払いなどが報道され、世間の関心が高まっている（図3左）。中でも大きく扱われたのが、電通の新入社員の過労自殺。過酷な労働条件に加え、上司のパワハラもその原因のひとつとなっていたが、とにかくあの事件を境に、働き方に関する世間の関心が一気に高まった。

そして、政府の「働き方改革実現会議」でも、日本人の働き方について本格的な議論が始まったのだ。

働き方改革実現会議は、日本の労働者が抱える課題である「賃金などの処遇の改善」「時間・場所などの制約の克服」「キャリアの構築」を解決することを主眼とした「働き方実行計画」を具体化するために設置されたもので、以下の九つのテーマについて話し合われている（図3右）。

1　同一労働同一賃金などの非正規雇用の処遇改善
2　賃金引き上げと労働生産性の向上
3　時間外労働の上限規制の在り方など長時間労働の是正
4　雇用吸収力の高い産業への転職・再就職支援、人材育成、格差を固定化させない教育の問題
5　テレワーク、副業・兼業といった柔軟な働き方

図3

働き方論議の問題点

近年長時間労働や残業に関する問題があった主な企業

すき家本部	深夜時間の営業を従業員1人に任せる（ワンオペ）など、過酷な労働環境が問題化
ワタミ	女性従業員の過労自殺、従業員への賃金未払い問題などが問題となる
電通	新入社員の過労死が発覚し、大きな社会問題に発展
監査法人トーマツ	残業代の未払いが発覚し、未払い分を一括で追加支給
新日本監査法人	残業代の未払いが発覚し、未払い分を一括で追加支給
JCB	違法な長時間労働で略式起訴、罰金50万円の略式命令
ヤマト運輸	運送業務に従事する約7万人を対象に勤務実態の詳細を調査。残業代を正規に払うと700億の利益が半減すると言われている

「働き方改革実現会議」における討議テーマ

① 同一労働同一賃金など非正規雇用の処遇改善
② 賃金引き上げと労働生産性の向上
③ 時間外労働の上限規制の在り方など長時間労働の是正
④ 雇用吸収力の高い産業への転職・再就職支援、人材育成、格差を固定化させない教育の問題
⑤ テレワーク、副業・兼業といった柔軟な働き方
⑥ 働き方に中立的な社会保障制度・税制など女性・若者が活躍しやすい環境整備
⑦ 高齢者の就業促進
⑧ 病気の治療、子育て・介護と仕事の両立
⑨ 外国人材の受け入れの問題

資料：働き方改革実現推進室「働き方改革の実現に向けて」、各種報道より作成 ©BBT大学総合研究所

6　働き方に中立的な社会保障制度・税制など女性・若者が活躍しやすい環境整備
7　高齢者の就業促進
8　病気の治療、子育て・介護と仕事の両立
9　外国人材の受け入れの問題

ただし、これらのいくつかについては、いささか疑問を感じざるを得ない。

まず、同一労働同一賃金。安倍晋三首相はこれをしきりに口にするが、もしこれを本当に実施したら、日本の労働者の賃金はベトナムやバングラデシュの水準まで下がることになるが、それでいいと思っているのだろうか。百歩譲って閉鎖国家日本の中だけで行うといっても、やはり地域によっ

て生活コストが異なるので、現実的とはいいがたい。結局、同一労働同一賃金というのは、「生産性の低い人にも高い給料を支払う」という、非常に危険な発想なのである。

それから、雇用吸収力の高い産業への転職・再就職支援。雇用吸収力が高いというのは、効率が悪いということと同義なのだ。そんなところに転職して、それまでよりいい働き方ができるようになるとは、私には思えない。

外国人材の受け入れも、政府は実に都合よく考えている節《ふし》がある。つまり、日本にはあまりいない特殊なスキルをもった外国人は歓迎するが、そういったものをもっていない外国人は、日本人の職を奪うため、存在を認めたくないのだ。

政府による「マイクロ・マネジメント」の問題点

マイクロ・マネジメントとは、部下に対し、「ああしろ、こうしろ」とそれこそ箸《はし》の上げ下げまで指示を出す手法のことである。アメリカでは、このような上司が最も嫌われる。このマイクロ・マネジメントを政府が企業の人事施策に対し行っているのが、日本だ（図4）。

安倍首相は（二〇一八年一月の）施政方針演説で、「非正規という言葉をこの国から一掃する」と断言した。また、毎年のように実業界に賃上げを要請しているが、企業にしてみればどちらも余計なお世話である。

図4

政府による「マイクロ・マネジメント」の問題点

非正規社員をなくし、正社員を増やす	●正社員を増やして、賃金を上げると固定費が膨らんで、雇用の柔軟性を失う	●マイクロ・マネジメントの典型であり、規制緩和どころか規制強化 ●役人が省利権を拡大するためのマネージメント自体が目的になっている ●無知で浅薄なマイクロ・マネジメントは百害あって一利なし
企業に賃上げ要求する	●結果、企業は国内での雇用を減らし、海外進出して海外での雇用を増やすことになる ●下手をすると、連合の中核組織「自治労」に賃金上昇を認めることとなり、公務員給与（税金）が増えることになる	
残業代ゼロ法案の制定	●多くのホワイトカラーの仕事は、成果と給与の関係について再定義が必要となっている	
労働時間の上限設定	●その再定義の中で、経営者・管理職と、社員が協議していくべき論点である	
終業から次の始業までのインターバル規制	●企業からすれば、政府が介入するのは余計なお世話	
有給休暇取得率向上のための時期指定義務付け	●重箱の隅をつつくマイクロ・マネジメント	

資料：『稼ぐ力』大前研一著、大前研一通信、ほか各種記事より ©BBT大学総合研究所

私はかつて九州で生鮮食品の宅配事業を行っていたのでよくわかるが、生鮮食品の作業をパートやアルバイトではなく、すべて正社員が行うようにしたら、時給六五〇円が一気に一〇〇〇円以上になり、経営が成り立たなくなってしまう。安倍首相は企業経営の経験がないから、このような現実がわかっていないのだ。

人件費が上がれば、企業は安価な労働力を求めて海外に出ていくので、そのぶん国内の雇用機会が失われる。また、連合の中核組織である「自治労」にも賃金上昇を認めることにもなりかねない。公務員給与が上がったら当然、税金も増えるのだ。

いわゆる「残業代ゼロ法」と労働時間の上限規正も、政府の議論そのものが間違っている。ホワイトカラーというのは本来、

成果に対し報酬を受け取るべきなのだ。したがって、報酬に関しては、経営者・管理者と社員が協議して定義すればいいのであって、政府が口を挟む問題ではないのである。

終業から次の始業までのインターバル規制や、有給休暇取得率向上のための時期指定義務付けなども、企業からすれば政府の介入は余計なお世話でしかない。たしかに、「ここで何日間有給休暇を取れ」と命令されないと休めない日本人は少なくないが、それはそういう人間を採用した人事部長が悪いのだ。

このような政府によるマイクロ・マネジメントは、規制緩和の反対の規制強化といわざるを得ない。私には、役人が省利権を拡大することが目的になっているようにも見える。いずれにせよ、マイクロ・マネジメントは企業にとって「百害あって一利なし」なので、即刻やめたほうがいい。

「労働生産性」の考え方

「労働生産性」とは、企業の〝稼ぐ力〟のことで、企業の生み出した付加価値額を従業員数で割って算出する（図5左）。

これは、付加価値額を売上高で割った「付加価値率」と、売上高を労働時間で割った「一時間当たり売上高」と、労働時間を従業員数で割った「一人当たり労働時間」を掛け合わせたも

図5

労働生産性の考え方と日本の問題点

「労働生産性」の考え方

【労働生産性】

$$\frac{付加価値額}{従業員数} = \frac{付加価値額}{売上高} \times \frac{売上高}{労働時間} \times \frac{労働時間}{従業員数}$$

＝ 付加価値率 × 一時間当たり売上高 × 一人当たり労働時間

経営努力で高める余地が大いにある

労働時間の増加による付加価値の向上は限界

「売価を上げる」ことにもっと真剣に取り組む。コスト側にしわ寄せするから人間にしわ寄せすることになる

日本の労働生産性の問題点

- 問題は長時間労働ではなく、企業の「稼ぐ力」が低いこと
- 売上げを伸ばす方法として、社員をより長く働かせること以外の手段を思い付かない
- 長時間労働以外の方法では付加価値を生み出せないビジネスモデル

- 解決策の方向としては、労働時間や残業時間の削減ではなく、「生産性の向上」で売上げを伸ばす
- イノベーションや改善などで仕事の生産性を高めることに取り組む
- 結果として残業も労働時間も減少する。働き方改革は生産性向上にともなう副次的なもの

資料:BBT大学総合研究所 ©BBT大学総合研究所

のと言い換えることもできる。

付加価値率と一時間当たり売上高は、経営努力により高める余地が大いにあるが、一人当たり労働時間を増やしても、付加価値の拡大には限界がある。つまり、長時間労働だけで付加価値を劇的に高めるのは最初から無理があるのだ。

また、日本企業の場合、すぐにコスト削減をいうが、これは裏を返せば売価を上げる力が弱いからだ。これには理由が二つある。一つは、似た者同士の間での競争が激しいのでなかなか価格を上げることができない。もう一つは、自社の商品やサービスに自信がないためである。

したがって、解決策としては、労働時間や残業時間の削減ではなく、イノベーションやカイゼンによる生産性の向上で売上を

伸ばすことに力を入れるということになる。

その結果、企業の稼ぐ力が高まり、残業や労働時間も減少する。このように、働き方改革とは、生産性の向上にともなう副次的なものなのである（図5右）。

企業の〝稼ぐ力〟を高めるための論点

企業の〝稼ぐ力〟を高めるための論点は、以下の八つとなる。

1. 間接業務の生産性をいかにして向上させるか

日本企業はホワイトカラーの役割である間接業務の生産性が低く、これが生産性を引き下げる要因となっている。

2. 中間管理職は必要か

会社組織のベースとなっているのは軍隊の組織であり、軍隊の中隊長が会社では中間管理職となっている。かつては「上層部の意思決定をとりまとめ、それらを組織の下部に伝える」という明確な役割が中間管理職にはあった。ところが、現在のようなデジタル時代では、トップの命令は社員一人ひとりにダイレクトに届けることができる。中間管理職の存在意義をもう一度問い直してみるべきだろう。

3. どのような「人材／機械ポートフォリオ」を構成するべきか

4. 同一労働同一賃金を推進すべきか

5. 労働力不足をいかに解決すればよいのか

とくにクリエイティブなホワイトカラーが圧倒的に不足しているという現実に、どう対処するのか。

6. 長時間労働、残業をなくす方法はあるのか

7. 従業員の子育て支援にどう対応するべきか

介護離職の問題も同様である。日本で介護の問題が起こる原因のひとつが、縦割り行政だ。介護に付随する医療、薬、介護士の派遣などに関する行政がみな縦割りになっているので、それらに横串を通すとなると、どうしても家族にならざるを得ないのである。

それから、欧米や、アジアでも香港やシンガポールにおいては、安い金額で雇える介護人材が豊富にいるため、年収七〇〇万円の人が、親の介護が必要になったとしても、年間三〇〇万円で世話をしてくれる人を確保できるのだ。それゆえ日本のように年収七〇〇万円をあきらめて、自らフルタイムで介護にあたるという発想そのものが存在しないのである。私は、日本も外国人労働者にこういう仕事をしてもらえばいいと思うが、いまだにそういう議論が進んでいるという話はまったく耳に入ってこない。

8．働き方改革ではなく休み方改革をすべきではないのか

間接業務の生産性を向上させるには

日本企業が〝稼ぐ力〟を高めるいちばん効率的な方法は、間接業務の生産性を高めることだといっていい（図6）。

日本企業の間接業務は、定型業務とクリエイティブな非定型業務が分別されておらず、あたかも霜降り肉のような様相を呈している。ホワイトカラーは、二〇代のころは事務処理のような定型業務ばかりさせられ、ある程度の年齢になってから少しずつ企画などの非定形業務の割合が増えてくるのが通常だ。そのため、どうしても定型業務を先に行う癖がついてしまう。月

図6

間接業務の仕分けによる生産性向上策

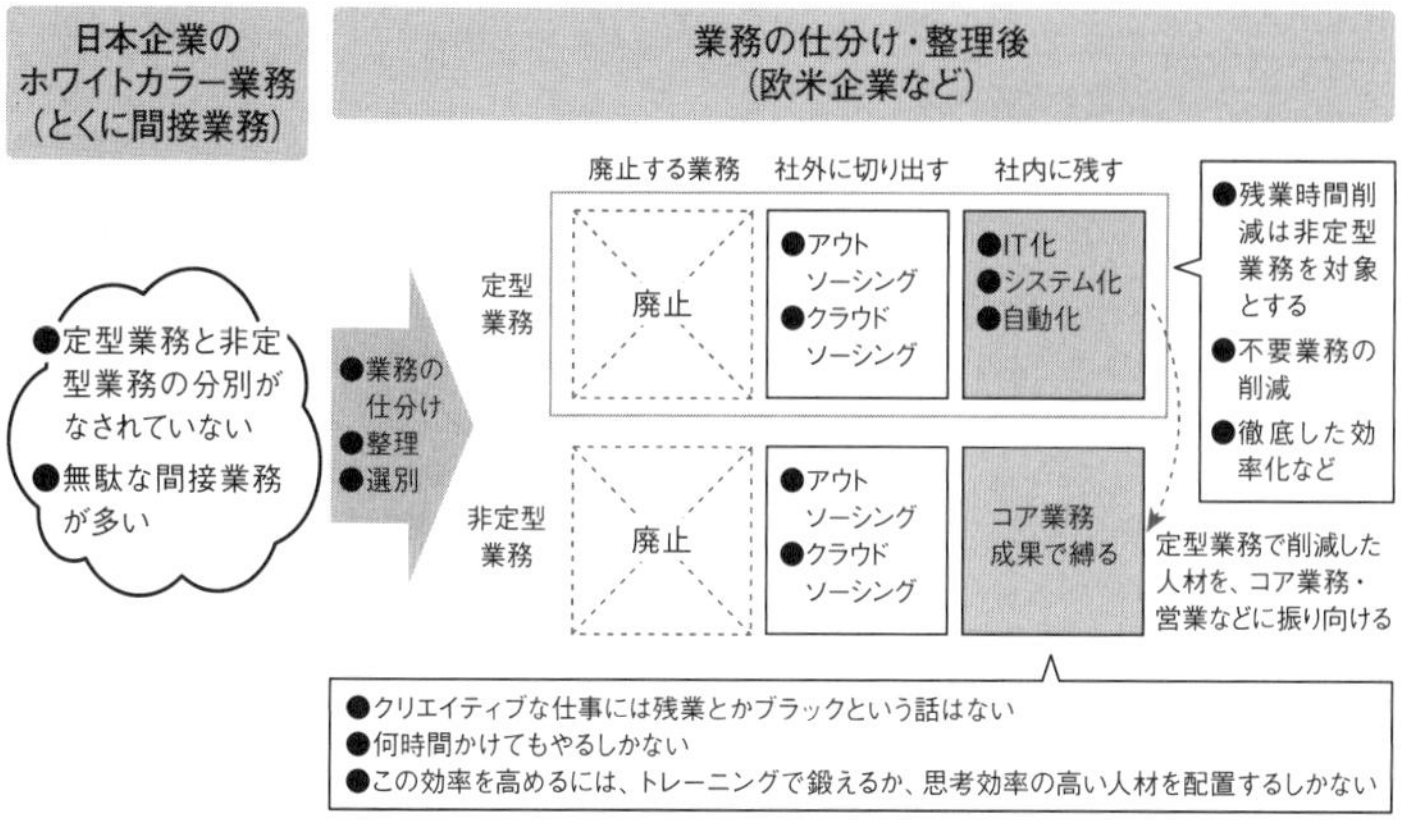

資料：マイクロソフトHPほか、各種記事文献より作成 ©BBT大学総合研究所

曜からは木曜までは決まりきったことを行って、金曜の午後に疲れた頭でようやく企画に取りかかるようでは、生産性が上がらないのも無理はない。

だから、定型業務と非定型業務を混ぜるのではダメなのだ。生産性を高めるためには、定型業務と非定型業務をきちんと区別し、前者に関してはあらかじめＩＴを最大限活用して自動化やシステム化を進めておく、あるいは、アウトソーシングやクラウドソーシングで社外に切り出す。そして、ホワイトカラーを本来の仕事である非定型業務に集中させるのである。

最近は定型業務だけでなく、非定型業務もアウトソーシングやクラウドソーシングできるようになってきているので、これらを利用すれば業務はさらに削減できる。そ

図7

企業の労働生産性改善のためのステップ

労働生産性改善のステップ	自社の経営戦略 自社の強み （コアスキル） は何か？	自社業務の仕訳 （定型／非定型業務）	業務の選定	生産性改善施策の実施
検討すべき課題と対策	●どこを自社の事業領域とするべきか ●自社のコアとなる事業を明確にする ●自社のコア事業ではない事業を洗い出す	●定型業務と非定型業務の仕分け ●コア業務・非コア業務の仕分け ●SOP*を作成、業務プロセスを標準化（モジュール化） ●⇒仕事に人を当てはめる	●廃止すべき業務の選定 ●社内に残す業務、社外に切り出す業務の選定 ●コンピュータに任せるべき業務と、人力による業務の選定	●IT導入 ●シェアードサービス ●BPO ●雇用ポートフォリオ見直し ●働き方改革

資料：BBT大学総合研究所 ©BBT大学総合研究所

うして、余った人材はコア業務に振り分けて、成果で縛るのだ。

企業のコアとなるクリエイティブな仕事には、ブラックや残業という概念はない。何時間かかろうが、成果を生み出すまで行うほかないのである。

なお、この部分の効率を上げるには、徹底的にトレーニングして社員の能力を高めるか、思考効率の高い人材を採用し配置し直すしかない。

企業の労働生産性改善のためのステップ

企業が生産性を上げるための手順をまとめてみよう（図7）。

まず、自社の強み＝コアとなる事業を明

確にする。

次に、自社の業務を定型と非定型に仕分けしたら、標準業務手順書（ＳＯＰ：Standard Operating Procedure）を作成し、業務プロセスを標準（モジュール）化、その上で仕事に人を当てはめる。

その次が、業務の選定。廃止すべき業務、社内に残す業務と社外に切り出す業務、コンピュータに任せる業務と人力による業務に分ける。

これらができると、ＩＴの導入、シェアードサービスの活用、ＢＰＯ、雇用ポートフォリオの見直し、働き方改革といった生産性改善施策を実施する。

間接業務効率化実施施策のイメージ

間接業務の中の不要な業務を洗い出し、それらを廃止や削減することでコストを低減するには、まず間接業務を細分化する。その上で、それぞれの業務を行うのに必要な人数、かかる日数や時間、一人当たり時間単価を調べ、それらを表にするのである（次ページ図８左）。そうすると、どの業務にどれくらいのコストがかかっているかが明らかになるので、次は、サービスの提供者と受益者とがこの表を真ん中において、どの業務を廃止する、あるいはＩＴ化やアウトソーシングするということを話し合うのだ（次ページ図８右）。

図8

間接業務の効率化実施施策のイメージ

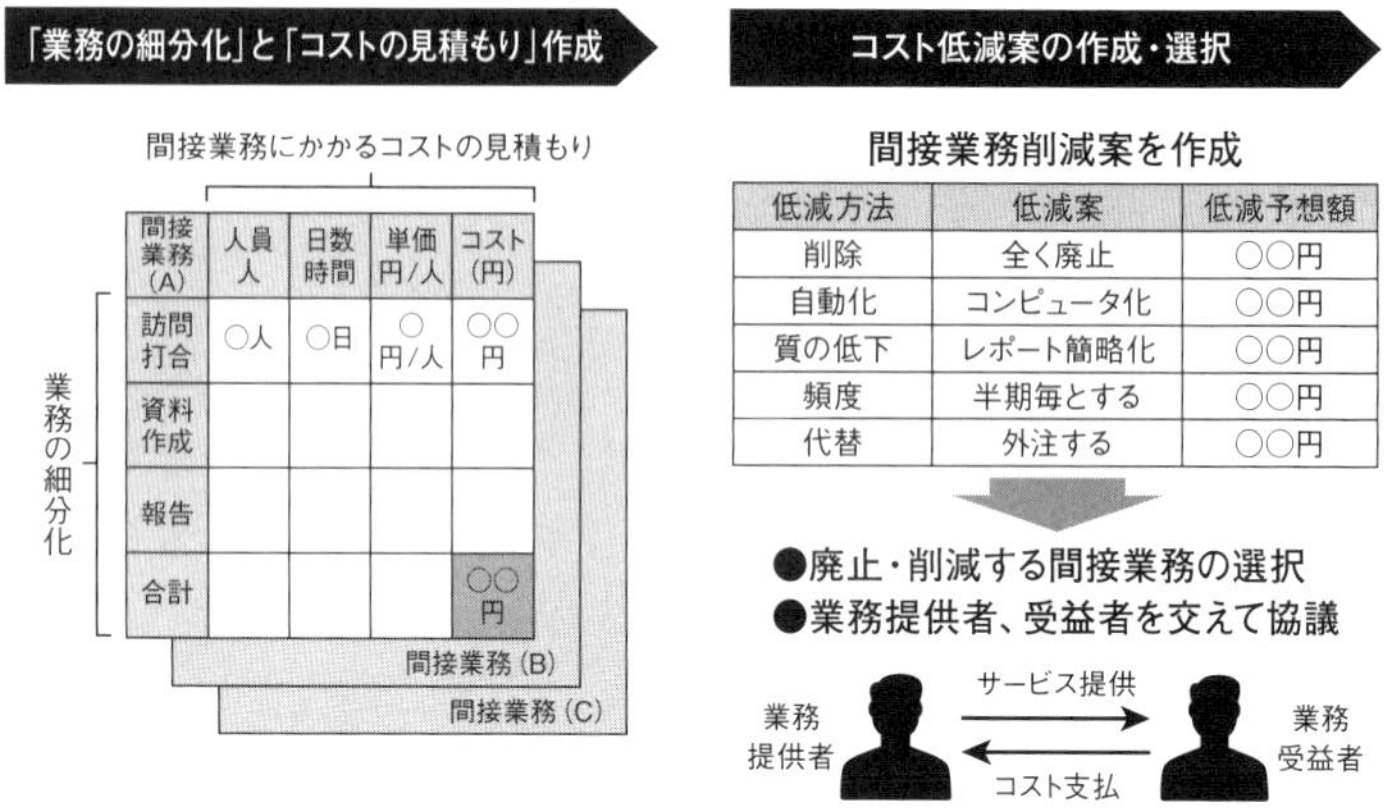

間接業務(A)	人員 人	日数 時間	単価 円/人	コスト (円)
訪問打合	○人	○日	○円/人	○○円
資料作成				
報告				
合計				○○円

コスト低減案の作成・選択

低減方法	低減案	低減予想額
削除	全く廃止	○○円
自動化	コンピュータ化	○○円
質の低下	レポート簡略化	○○円
頻度	半期毎とする	○○円
代替	外注する	○○円

●業務提供者、受益者を交えて協議

資料：『マッキンゼー現代の経営戦略』（大前研一編著）をもとに作成 ©BBT大学総合研究所

一般的に、サービスの恩恵を受けている側は、廃止や削減には消極的になりがちなので、そういう人たちの声が大きいとなかなか話が前に進まなくなってしまう。そのような事態に陥らないようにするには、受益者がコストも負担するようにすればいいのである。そうなった途端、間接業務の大半は要らないということになるかもしれない。

日本企業の場合は、間接業務コストの四割削減を目標にすべきだ。

中間管理職は必要か

日本の会社は、そのほとんどが軍隊を手本にしたピラミッド型組織だ（図9左）。ゆえに会社の方針や事業計画などは部課長と

図9

ICT時代の組織ピラミッドの変化

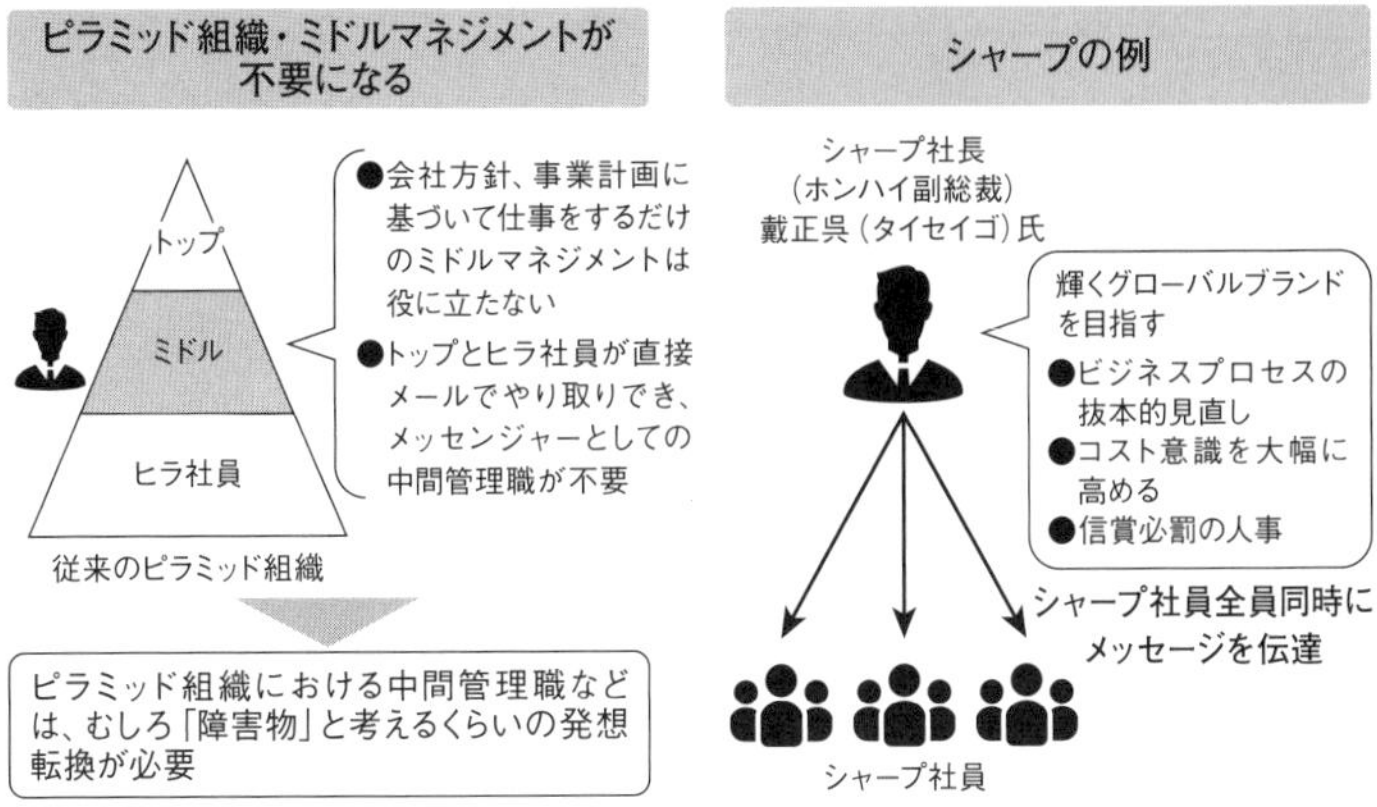

ピラミッド組織・ミドルマネジメントが
不要になる

従来のピラミッド組織

- トップ
- ミドル
- ヒラ社員

●会社方針、事業計画に基づいて仕事をするだけのミドルマネジメントは役に立たない
●トップとヒラ社員が直接メールでやり取りでき、メッセンジャーとしての中間管理職が不要

ピラミッド組織における中間管理職などは、むしろ「障害物」と考えるくらいの発想転換が必要

シャープの例

シャープ社長
(ホンハイ副総裁)
戴正呉 (タイセイゴ) 氏

輝くグローバルブランドを目指す
●ビジネスプロセスの抜本的見直し
●コスト意識を大幅に高める
●信賞必罰の人事

シャープ社員全員同時にメッセージを伝達

シャープ社員

資料：SAPIO、大前研一通信ほか各種記事より ©BBT大学総合研究所

いったミドルを介して一般社員に伝わる仕組みになっている。

では、ミドルはいったいどんな仕事をしているのか。

営業所長を例に挙げると、彼の主な役割は、部下のセールスマンの尻を叩いてやる気を出させる、それから、「お客さんがこの金額だったら買うといっているのですが、値引きしてもいいですか」といった部下の申し出に対し許可を与える、それくらいだ。

しかし、部下のやる気を喚起したいのであれば、トップが一斉メールを送れば済む話だ。また、値引きを認めるかどうかは、人よりも、むしろAIのほうが適格な判断ができるのはいうまでもない。

そう考えると、営業所長はいなくても全然困らないのである。

台湾の鴻海《ホンハイ》精密工業副総裁の戴正呉《たいせいご》氏は、買収したシャープの代表取締役会長兼社長に就任した際、イントラネットを使って全社員に直接、次のようなメッセージを発信した（前ページ図9右）。

シャープは輝くグローバルブランドを目指す。そのために、①ビジネスプロセスの抜本的な見直しを行う。②コスト意識を大幅に高める。③信賞必罰の人事。

ここからシャープは体質が変わり、業績も急ピッチで改善。わずか一年四カ月で東証一部に復帰を果たした。

このように、誰かが間に入って「今度来た戴社長はこんなことをいっています」などと伝達しなくても何の問題も起こらないどころか、むしろトップの意思が正確かつ迅速に伝わる戴氏のようなやり方のほうが、メリットははるかに大きいのである。

どのような「人材／機械のポートフォリオ」を構成するべきか

人材に関しても、すべて自前で揃える必要はない。人材と機械のポートフォリオをつくって考えるのだ（図10）。

最初に、業務を「社内でやるもの」「社外に出すもの」「自動化させるもの」に仕分けする。

次に、社内で行う業務を「正規社員が行うもの」と「非正規社員が行うもの」に分ける。

図10

企業の視点からみた「人材／機械のポートフォリオ」の考え方

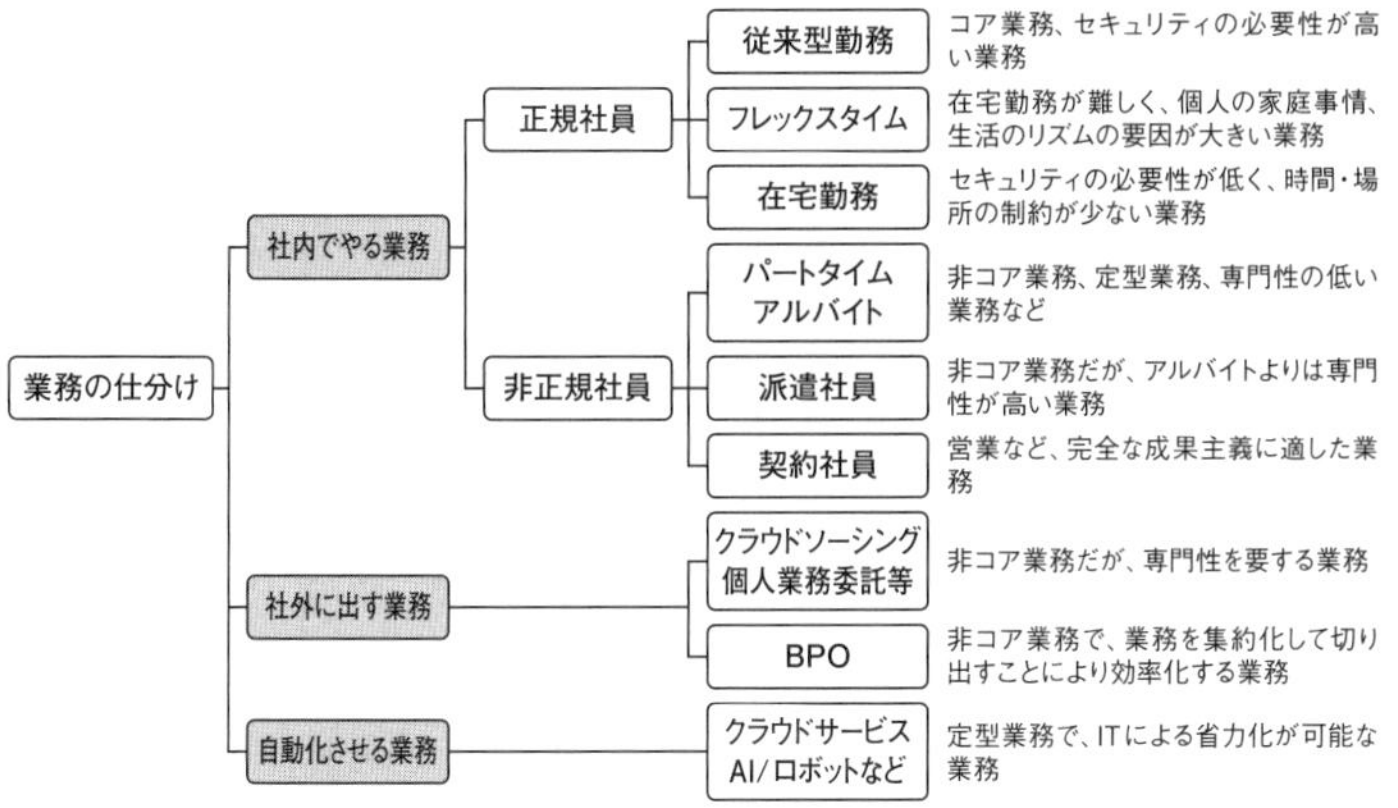

資料：BBT大学総合研究所作成 ©BBT大学総合研究所

さらに正規社員の業務は「従来型勤務」「フレックスタイム」「在宅勤務」に、非正規社員の業務は「パートタイム／アルバイト」「派遣社員」「契約社員」にそれぞれ分類する。このほかにも、社外に出す業務は「クラウドソーシング・個人業務委託」と「BPO」に、自動化させる業務は「クラウドサービスとAI・ロボット」に振り分ける。

とくに、ここ数年は社外の専門サービスが急速に充実してきているので、精査すればこれまで当たり前のように社内で正規社員が行ってきたことの中にも、外部に委託できるものがかなり見つかるはずだ。

少なくとも年に一度くらいは、ポートフォリオの見直しをしたほうがいいだろう。

図11

クラウドソーシングによる人材採用の変化

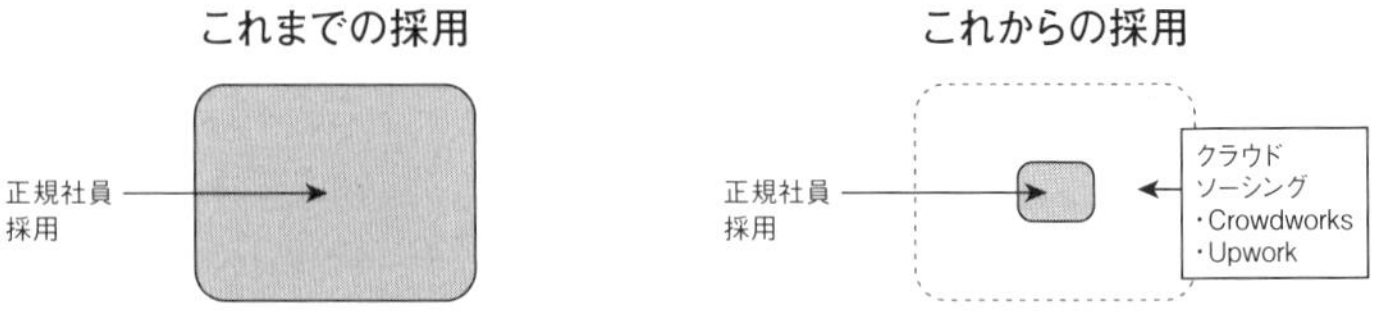

これまでの採用

- 仕事が定義されていない状態で、人材を正規雇用で採用
- 定型業務、非定型業務の整理がなされていない
- 本来であれば、定型業務はアウトソースし、非定型業務をホワイトカラーが担うべき
- 使える人、使えない人が「霜降り肉」状態となる
- 日本の場合、使えない人を簡単に解雇できない

これからの採用

- とことん正規社員を絞って、クラウドソーシングを活用する
- 仕事を定義し、無駄な業務を廃止する
- 定型業務、非定型業務を整理し、定型業務はIT/システム化するかアウトソーシングする
- 非定型業務でも、有能なリソースはクラウドソーシングで調達する
- 正社員は、尖った人材、利益を生み出せる人材、世界に通用する人材に絞り込む

資料：BBT大学総合研究所 ©BBT大学総合研究所

クラウドソーシングによる人材採用の変化

二〇一六年五月の一億総活躍国民会議で安倍総理は、『非正規』という言葉をなくす」と発言したが、あまり真《ま》に受けないほうがいい。むしろこれからはとことん正規社員を絞って、業務をどんどんクラウドソーシングに振るべきだ。

日本企業はこれまで長らく、仕事を定義しないまま、新卒者を正規社員として一括採用してきた。そうして、最初は定型業務ばかりさせておきながら、三〇代も半ばになったころに突然、クリエイティブでリーダーシップが必要な仕事を任せたりするのである。しかしながら、それまでそういった訓練をしてきていないのだからうまくいくはずもなく、対応できない人が続出する。それでも、日本の場合は法律上、そう簡単に正規社員を解雇できないことになっている。その結果、四〇、五〇代の使えない社員を大量に抱え込み、それがコストの塊《かたまり》となってしまっているのである（図11左）。

そこで、今後はまず仕事をいったん洗い直し、定型業務と非定型業務を整理したら、定型業務はIT／システム化するかアウトソースし、非定型業務もできるだけクラウドソーシングを活用するようにする。こうすることで正規社員の採用を極力減らすのだ。

さらに、これまでにないような新しい仕事を生み出せる、あるいは世界に通用するような尖った人材だけを選りすぐり、正規社員として採用するのである（図11右）。

ドイツが行った労働市場改革と社会保障改革

一九九〇年の東西ドイツ統一以降二〇〇〇年代の初めまで、ドイツは経済が混乱して経常赤字が続いていた。当時、インフレと巨額の財政赤字に苦しむドイツは「欧州の病人」といわれていたのである。しかし、二〇〇三年にドイツ社会民主党のゲアハルト・シュレーダー首相（当時）が労働コスト削減のための構造改革「アジェンダ2010」を提案・断行すると経常黒字に転換、そこからは「EUの優等生」と呼ばれるようになった。

図12

「アジェンダ2010」の主要項目

	項目	問題点	改革案	効果
労働市場改革	解雇保護法の緩和	●中断なしに6カ月以上雇用した場合、社会的に正当と認められない限り、解雇できない	●従業員が5人以下、または創業したばかりの会社では期限付きの雇用を認める ●解雇保証金による労使紛争解決ルールの導入	退職金の上積みなどで従業員のリストラが可能になり、中小企業は新規採用しやすくなる
労働市場改革	失業手当の給付期間短縮	●57歳以上の場合は最大32カ月	●給付期間を原則12カ月に、55歳以上の場合は最大18カ月に短縮	労働コストに占める失業保険料が低減される
社会保障改革	年金改革	●年金支給額の上昇率は、被雇用者平均所得に基づく ●年金支給開始年齢は65歳	●年金支給額の上昇率は、加入者の個別の所得に基づいて決める ●2011年から毎年、年金支給開始年齢を65歳から1カ月ずつ引き上げ、35年に67歳とする	労働コストに占める年金保険料が低減される
社会保障改革	医療保険改革	●眼鏡、出産費用、療養休暇など保証内容が広い ●加入する医療保険は職域で決められ自由に選択できないため、保険料率などが硬直的	●歯科治療の保険適用除外、療養休暇の短縮など保証内容の見直し ●医療保険を自由に選択できるようにして医療保険間で競争させて、保険料率の引き下げを促進	労働コストに占める健康保険料が低減される

資料：週刊ダイヤモンド2007/11/3、向研会（2013年7月「ドイツの研究　〜日本はドイツから何を学ぶべきか〜」©BBT大学総合研究所

アジェンダ２０１０で行われたのは、労働市場改革と社会保障改革の二つだ（図12）。

労働市場改革では解雇保護法を緩和し、それまでは中断なしに六カ月以上雇用すると、社会的に正当と認められないかぎり解雇できなかったのを、従業員が五人以下、または創業したばかりの会社は期限付きの雇用ができるようにした。また、解雇保証金による労使紛争解決ルールを導入し、従業員のリストラができるようにした。その結果、中小企業は安心して新規採用ができるようになったのである。

それから、失業手当の給付期間が五七歳以上は最大三二カ月だったところを、原則一二カ月とし、五五歳以上は最大一八カ月に短縮。これにより労働コストに占める失業保険料は大幅に減った。

図13

日本の一人当たりGDPをドイツの水準に引き上げたら……

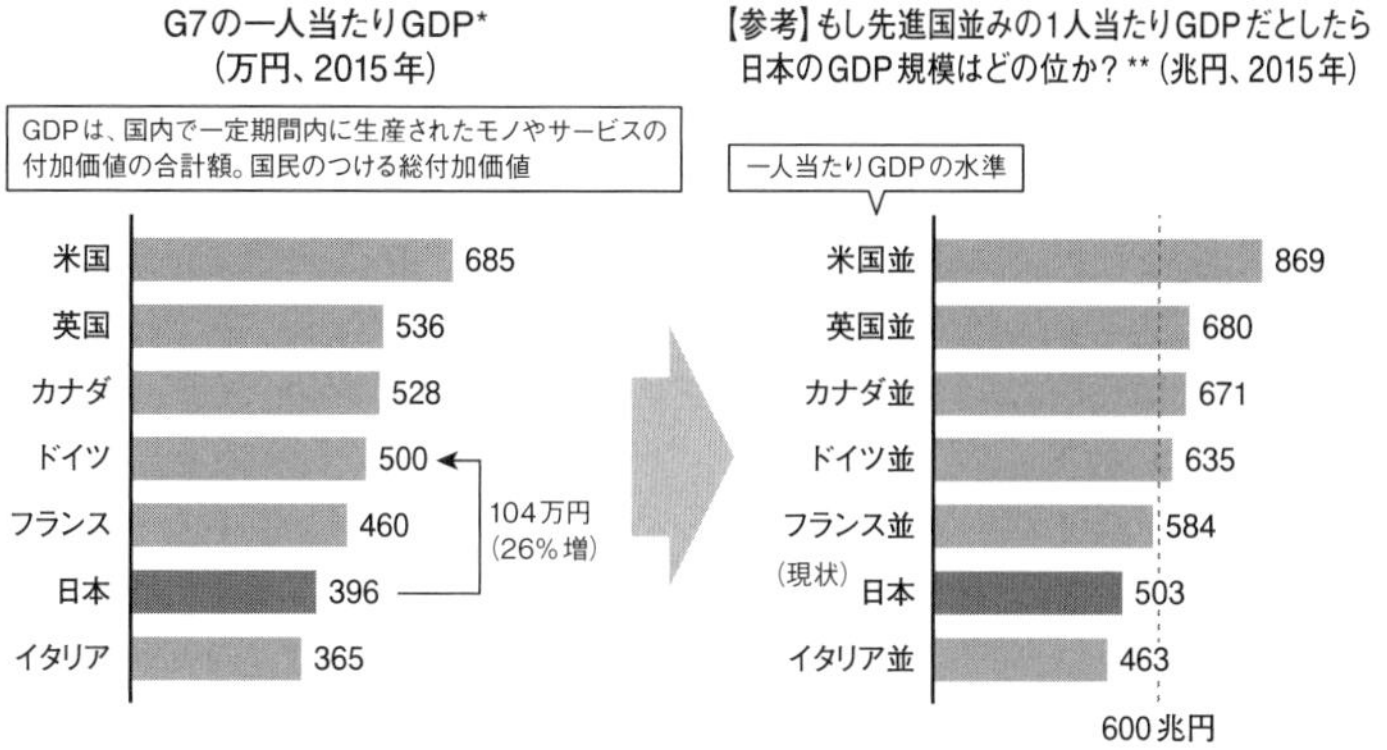

*1ドル＝122.05円で換算（2015年平均レート）　**「G7各国の一人当たりGDP」×「日本の人口（1.27億人）」で算出

資料：IMF「World Economic Outlook Database, October 2016」より作成 ©BBT大学総合研究所

社会保障改革では、年金支給年齢をそれまでの六五歳から、二〇一一年より毎年一カ月延長し、二〇三五年には六七歳にすることにした。

医療保険もそれまで眼鏡、出産、療養休暇など保障の幅がかなり広かったが、内容を見直して歯科治療などいくつかは適用除外とするなどして、年金保険料とともに健康保険料も低減させた。

G7諸国の一人当たりGDPを比較すると、日本は三九六万円で、これは下から二番目に低い額だ。ちなみに最下位はイタリアで三六五万円、トップはアメリカの六八五万円である（**図13左**）。

この一人当たりGDPを、アメリカは無理でも第五位のドイツの五〇〇万円並みに引き上げることができれば、日本のGDP

規模は安倍政権が目標として掲げる六〇〇兆円を超えることになる（前ページ図13右）。要するに、アジェンダ二〇一〇で欧州の病人からEUの優等生に生まれ変わったドイツ同様に、労働生産性を上げるための構造改革に取り組めばいいのだ。しかし、アベノミクスで行っていることは、相変わらず「財政出動」という名目のバラマキや、マイナス金利政策による景気浮揚。これではいつまで経ってもドイツ並みの一人当たりGDPには届かないだろう。

主な間接業務テック企業

政治には期待できなくても、企業には改善の余地が十分ある。

たとえば、最近はクラウドコンピューティングサービス業者が多数登場しているので、これらを最大限活用すれば間接業務は飛躍的に効率化できる（図14）。

リーガルテック（法務）、フィンテック（会計・経理）、HRテック（人材）、SFA（営業支援）、CRM（顧客管理）、その他出張手配や秘書業務といった間接業務は、今ではクラウドコンピューティングでできてしまうのだ。

間接業務には労働集約型のものが多い。それゆえ、それらをすべて自社で行うとなると、多くの社員を抱え込まなければならなくなる。クラウドコンピューティングサービスがない時代はそれが当たり前だった。しかし、今は間接業務を代行してくれるクラウドコンピューティングサ

図14

主な間接業務テック企業

リーガルテック

法務（契約書など）	弁護士ドットコム（クラウドサイン） フロンテオ

フィンテック

会計・経理・給与計算	Freee、Money Forward スマイルワークス（ClearWorks）
社外文書作成（請求書等）	Misoca
出入金管理 債権管理代行	ネットプロテクションズ（NP後払い）
経理清算	コンカー（Concer Expence）

その他間接業務

出張手配	ボーダー
秘書業務	キャスター

HRテック

社員教育・業務マニュアル管理	スタディスト（Teachme Biz）
労務管理 勤怠管理	Donuts（ジョブカン） KUFU（Smart HR）
採用	ビズリーチ（HRMOS）
人材タレントマネジメント	ワークスアプリケーションズ

SFA/CRM

営業支援	Sales Force レッドフォックス（GPSパンチ）
顧客対応	LINE（massaging API）

注：カッコ（　）内はサービス名

資料：日経ビジネス、日経コンピュータほか各種記事より作成 ©BBT大学総合研究所

ービス業者がいくらでもあるのだから、これらを利用しない手はない。

まずはそれらを実際に使ってみて、使い方に慣れることが重要だ。

たとえば、派遣型スキャン代行サービスを主要業務とするスキャンマンは、クラウドコンピューティングサービスを活用して、社外文書作成、経費精算、社員教育、電話応対、契約書のリーガルチェック、労務管理・勤怠管理、出入金管理、業務報告書・日報管理といった管理部門の業務を担当者一名でこなしている（次ページ図15）。

二〇〇〇年ごろ、世界最強のトレーディング部門を誇るゴールドマン・サックスのニューヨーク本社にあるトレーディングルームには、六〇〇人の株式トレーダーが働いていた。

図15

管理部門を担うために使っている
クラウドコンピューティングサービス

スキャンマン株式会社
本社：東京都中央区
事業：紙文章データ化サービス

①社外文書作成（請求書、見積書、納品書など）
Misoca「Misoca」使用（直接部門がデータ入力すれば、書面作成から郵送まで代行）

②経費精算
「Googleスプレッドシート」使用（直接部門が基本データを入力すれば、自動計算・処理）

③社員教育
スタディスト「Teachme Biz」使用（業務用マニュアルの編集代行）

④電話応対
NTTコミュニケーションズ「050plus」使用（スマホを設定すればどこにいても代表電話が取れる）

⑤契約書のリーガルチェック
弁護士ドットコム「クラウドサイン」使用（契約の締結や管理を代行）

⑥労務管理・勤怠管理
「LINE」使用（アルバイトの勤務希望や出勤管理はLINEで集約）

⑦出入金管理
ネットプロテクションズ「NP後払い」使用（債権管理代行）

⑧業務報告書、日報管理
グーグル「Googleドキュメント」使用（直接部門が書き込み、経営陣が直接閲覧）

資料：日経BP社「日経ビジネス2016/12/5」©BBT大学総合研究所

ところが、二〇一七年には、トレーディング部門にいるトレーダーは二人だけで、その二人を二〇〇人のコンピュータ・エンジニアがサポートするというように、様相が一変している（**図16**）。

これは、証券業務の大半がコンピュータによるシステム取引に置き換わったからだ。だから、ゴールドマン・サックスの全社員の三分の一にあたる九〇〇〇人が、今はコンピュータ・エンジニアなのである。また、二〇一六年入社の新規採用学生のうち四割近くがＳＴＥＭ（Science、Technology、Engineering、Mathematics）領域の専攻だ。

金融関連の職種というのは、もともとコンピュータによる代替可能性が高かった。そして、コンピュータやＡＩが導入され、業態そのものが変わってしまったのだ。

図16

株式トレーディング業務の変化

2000年ごろ	2017年時点

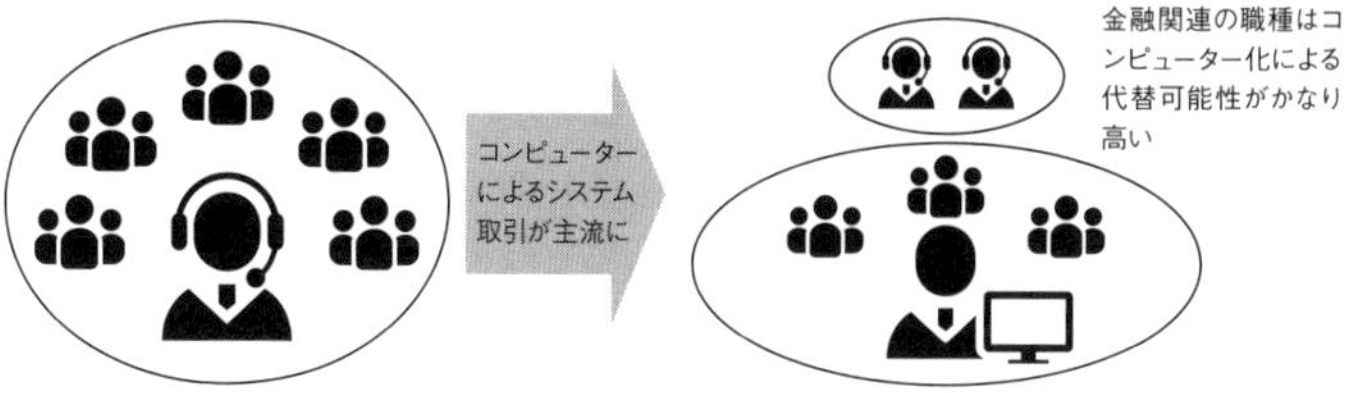
コンピューターによるシステム取引が主流に
金融関連の職種はコンピューター化による代替可能性がかなり高い

2000年ごろ

- ニューヨーク本社には株式トレーダーが600人
- 世界最強のトレーディング部門
- トレーダーによる売買業務が中心

2017年時点

- 株式トレーダーは２人
- トレーディング部門は200人のコンピューターエンジニアが支える
- GSの全社員の1/3に該当する9,000人がコンピューターエンジニア
- 16年入社の新規採用学生の４割近くがSTEM領域の専攻

STEM（ステム）とは、教育の分野を指す語で、“Science, Technology, Engineering and Mathematics”を指す

資料：週刊エコノミスト2017/3/14 ©BBT大学総合研究所

同一労働同一賃金を推進するべきか

「同一労働同一賃金」は世界的な現象であり、ボーダレスに広がりつつある。したがって、海外の安い時給で働く労働者と同じ仕事をしていれば、日本国内では従来より給料が下がらざるを得ないのだ。

企業のブルーカラーへの投資コストを比較してみると、東京が月額二三五六ドルに対し、中国の深圳が同四二四ドル、ベトナムのホーチミンが同一九三ドル、バングラデシュのダッカが同九九ドルとなっている（次ページ図17左）。ということは、同一労働同一賃金なら、東京で行っている仕事は当然ながら最終的にバングラデシュに移ってい

図17

同一労働同一賃金を推進するべきか?

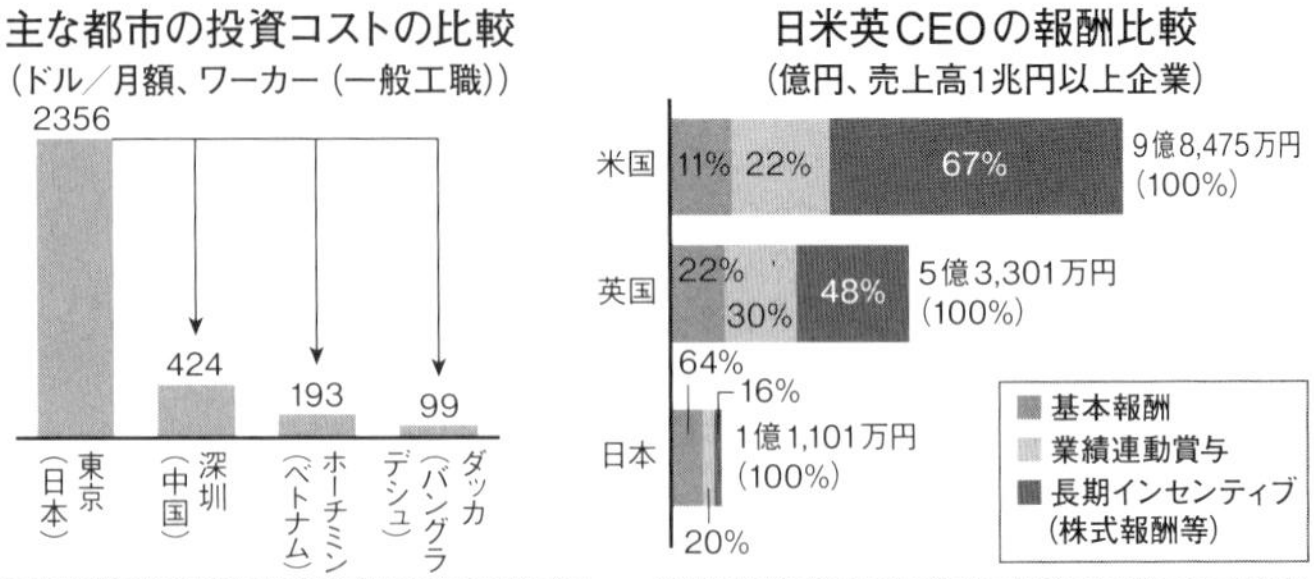

●政治が同一賃金同一労働を強いれば、大企業のトップは「わかりました」と言いながら、こっそり海外に移すだけ
●中国からベトナム、さらにバングラデシュと同一労働で低賃金のところに移っていくのが企業の務め

●その一方で、グローバル企業CEOの報酬は世界的に高騰しているが、日本企業のCEOの報酬は相対的に低い水準にある
●従業員ではなく、CEOの給料をグローバル企業と「同一労働同一賃金」にする必要はないか?

資料:JETRO「投資コスト比較」、ほかより作成 ©BBT大学総合研究所

くだろう。つまり、政府が同一労働同一賃金を強いれば、大企業の経営者は「わかりました」と口ではいうだろうが、実際には海外に工場を移転するのである。

一方で、同一労働同一賃金といいながら、エグゼクティブの報酬は、日本は相対的に低い(図17右)。部長クラスで比べると、すでに香港やシンガポールのほうが上回っていて、取締役になるとアジアでもほとんどの国が、日本より高い報酬をもらっている。

日米英の売上高一兆円以上の企業でCEOの報酬を比較したグラフがある。これをみると日本のCEOの報酬はイギリスの五分の一、アメリカの九分の一だ。

だから、海外で企業を買収すると、買収先の社長の給料が、実は自社の社長の五倍だったということがよくある。だからといって、給料を日本に揃えて五分の一にしたらその社長は辞めてしまうから、無碍《むげ》に下げるわけにもいかない。それでしぶしぶ据え置きにするのだが、日本人の感覚としてはどうにも納得できず、わだかまりが残ったままになる。このあたりのことも、日本企業の海外M＆Aがうまくいかない理由のひとつになっている。

日本で新入社員にアンケートをとると、「管理職になりたくない」という答えが半数を超えるという。責任は重くなるのに報酬はそれほど増えないとくれば、「御免被《ごめんこうむ》りたい」という気持ちになるのももっともだ。

CEOの報酬を今すぐアメリカ並みにというわけにもいかないだろうが、少なくともグローバル企業を自任するなら、世界標準に近づけるべきである。

労働力不足をいかに解決すればよいのか

少子高齢化による生産年齢人口の減少（次ページ図18左）により、外食産業などのサービス業の人手不足が深刻化している（次ページ図18右）。

税金の主な担い手は労働者であることを考えると、二〇三五年以降は労働者が収入の半分以上を税金として納めないと国家財政が成り立たなくなる。そういう観点からも、生産年齢人口の減少は非常に深刻な問題なのである。

図18

生産年齢人口の減少と深刻化するサービス業の人手不足

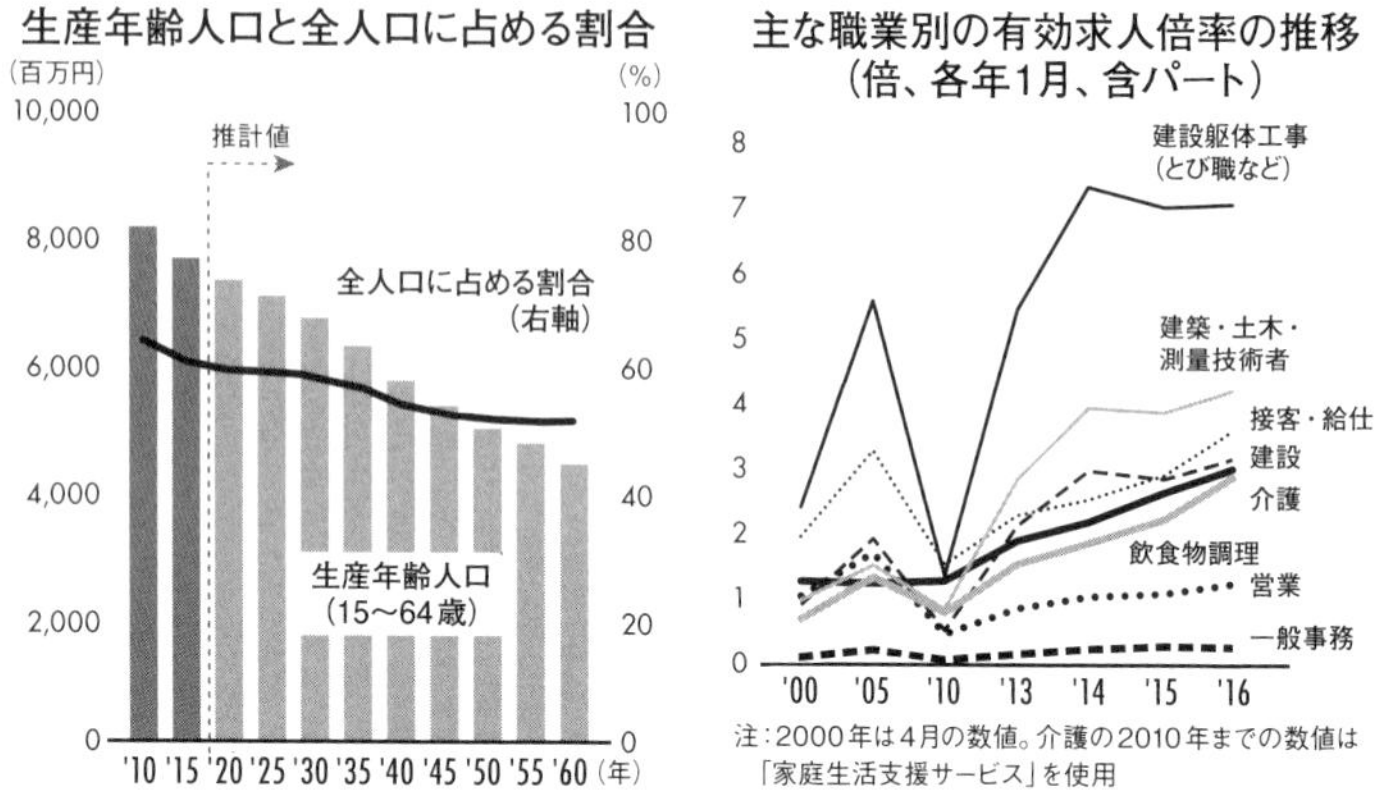

注：2000年は4月の数値。介護の2010年までの数値は
「家庭生活支援サービス」を使用

資料：国立社会保障・人口問題研究所「日本の将来予測人口」、厚生労働省「一般職業紹介状況」©BBT大学総合研究所

業種別に見ると人手不足の影響が最も深刻なのが建築関係、次が外食産業などのサービス業だ。

この人手不足の問題は日本だけでなく、アメリカ、イギリス、シンガポールなども同様の悩みを抱えている。

では、人手不足はどうやって解消すればいいのだろうか（**図19右**）。

たとえば、サービス業に関しては、労働コストが安すぎるのだ。それで人が採れないから「夜間はひとりで切り盛りしろ」というような無理なオペレーションを強いるのだから、行き着く先はブラック企業になるわけだ。

採用できるかどうかは需要と供給の関係で決まる。人が採れないなら採れる賃金に変えるべきであり、その労働コストをまか

図19

サービス業における人手不足の理由と解消策

今日のサービス業の人手不足の理由

●人が来ないなら人が来るような値段にすればよい。労働コストを安く抑えておいて、「夜は一人で切り盛りしろ」などと無理なオペレーションを強いるから、ブラック（企業）問題になる

▼

●人が採れるか採れないかはあくまで需要と供給の関係である。供給側が一方的に設定した賃金で人が集まらなくなったのだから、人が集まる賃金に変えるしかない

▼

●マーケットメカニズムの中で生き残るということは、提供する商品の価値と値段のバランスが取れているということである
●賃金を上げて潰れるような産業や会社なら、もともと需要と供給のバランスがとれていないのだから長続きするものではない

人手不足を解消する方向性（案）

①人が集まる給料を払うこと

●その労働コストを賄えるだけの値段設定でも客が来るなら問題ない。価格は顧客にとっての価値で決まる、というのが商売の大前提

②コンビニ弁当のように工場化して、生産性をひたすら高める

●コンビニのレジ周りで扱っているホットスナックのように、あとはレンジでチンすればいい状態まで低コストの海外で作る
●コンビニのレジ周りで好評の100円コーヒーのように徹底したセルフ化で、価格と満足度をマッチングさせる手もある

資料：PRESIDENT 2015年2月16日号／大前研一の日本のカラクリ ©BBT大学総合研究所

なうことができる価格設定にすればいいのだ。

そうはいっても価格は上げられないというのであれば、あとは生産性を高めるしかない。コンビニ弁当のように工場でまとめて製造する。スーパーの焼き鳥やコンビニのレジ周りで扱っているホットスナックのように、低コストの海外でつくる。コンビニの一〇〇円コーヒーのように徹底したセルフ化で、価格と満足度をマッチングさせる。

もし、それでも適正な労働コストを捻出できないのであれば、その企業が提供する商品やサービスは、もともと需要と供給のバランスがとれていないのだから、淘汰されてしかるべきなのである。

図20

星野リゾートの「マルチタスク」

マルチタスク
労働負荷の移動に対応する柔軟なサービス提供チームは、手待ち時間を減らし、顧客満足度を高める。

- 一人の人間がいくつも仕事をこなす
- フロントマンが時には掃除をしたり、買い出しをしたりする
- フロント業務などは忙しい時間が決まっているのだから、一日中張り付いてる必要はない
- 業務をマルチタスク化することによって、ホテルのようなサービス業の経営効率は二倍以上になる
- マルチタスクに慣れてくると、従来の半分の人間で仕事が回せるようになってくる

資料：星野リゾート「星野リゾートの23年の取り組みを簡潔にご説明します。」©BBT大学総合研究所

星野リゾートの「マルチタスク」

日本の古い旅館やホテルを次々と建て直している星野リゾートの再生手法の基本は「マルチタスク」だ（図20）。

マルチタスクというのは、フロントの受付が忙しくない時間帯に掃除をしたり、買い出しに行ったりするというように、ひとりのスタッフが本業以外の複数の業務をこなす働き方のことである。

アメリカのローコストキャリアであるサウスウエスト航空も、パイロットが荷物の積み込みを手伝うなどのマルチタスクで有名だ。

旅館やホテルではこれまであまり聞いたことがなかったが、星野リゾートはこれを

図21

「Amazon Go」の概要と店舗運営の特徴

「Amazon Go」の概要	店舗運営の特徴
●床面積が1万〜4万平方フィート（約930〜3,700平方メートル）のスーパーマーケットとしては比較的小規模な店舗 ●配置する商品に関しては、生鮮食料品、日用品などを中心に4000品目となる見通し	●来店客が品物を手に取って持ち帰った場合には、それを自動認識して来店客のクレジットカードに自動課金を行うことでレジを廃止 ●「Amazon Go」では店舗運営に必要な人員を極力削減するため、Amazonの配送センターで導入しているロボット技術などを導入する。品物の補充などや入れ替えに関しても出来得る限り、自動化を行う ●スーパーマーケットの店舗運営には、品物の補充などや入れ替えのために、3〜10人の従業員は必要

資料：各種報道より作成 ©BBT大学総合研究所

非常にうまく取り入れ、再建案件などで成功してきている。実際、業務をマルチタスク化することによって、ホテルのようなサービス業の経営効率は二倍以上になる。つまり、従来の半分の人間で仕事が回せるようになるのだ。

ただし、ここで注意しなくてはいけないのは、CS（顧客満足度）だ。効率化が顧客に見えてしまうと、サービス業ではマイナスになることがあるからだ。

「Amazon Go」の自動化の仕組み

アマゾンはレジがなく品物の補充や入れ替えもロボットで自動化するスーパーマーケット「Amazon Go」を運営している（図21）。

レジがない代わりに来店客が品物を持ち帰ると、カメラがそれを認識して来店客のクレジットカードに自動課金される仕組みになっている。また、完全に無人というわけではなく、三～一〇人の従業員は必要なのだという。

日本でもかつて、ヤオハンが熱海で無人のスーパーを実験的に運営していたことがある。ただ、このときは生鮮食品がガラスケースの中に入っていて直接触れられなかったため、それが主婦に不評で結局うまくいかなかった。

ヤマト運輸が目指すサービス維持の方向性

ＥＣの拡大と人手不足で、サービスの維持がほとんど限界に達しているヤマト運輸は、解決の方向性を模索している。大きなテーマは、再配達解消と人手不足の解消だ（図22）。

まず、顧客のデータベースを構築して、あらかじめ配達日時をスマートフォンに連絡することで、「配達に来たが不在」という状況を減らす。さらに、通販事業者へのシステムの無償提供も行っている。

さらに、戸建てや集合住宅などに宅配ボックス設置の普及を図っているが、これに関してはまだ数が圧倒的に足りない。

人手不足の解消に最も有効なのがアイドルエコノミーの活用だ。宅配事業でいちばんのネッ

図22

ヤマト運輸のサービス維持の方向性（案）

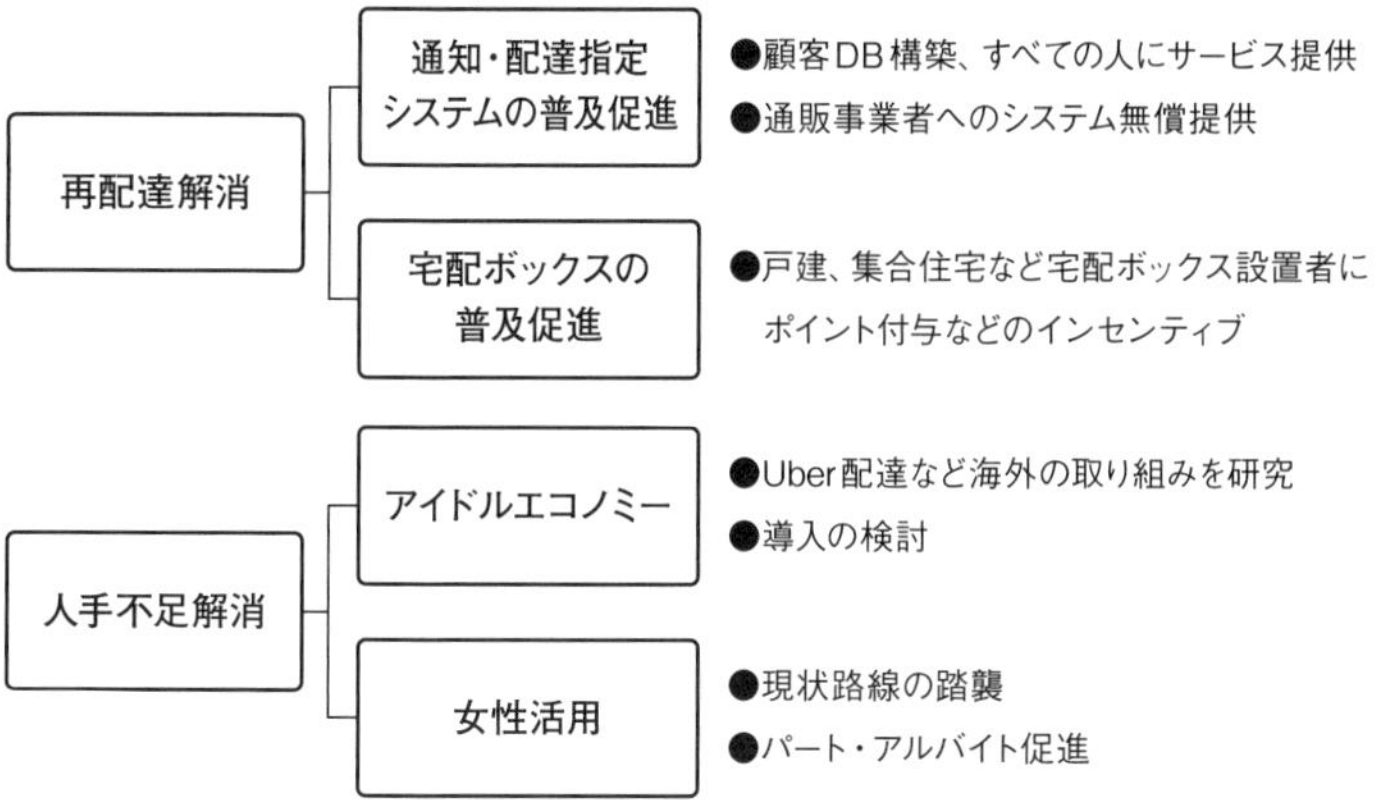
再配達解消
通知・配達指定システムの普及促進
●顧客DB構築、すべての人にサービス提供
●通販事業者へのシステム無償提供
宅配ボックスの普及促進
●戸建、集合住宅など宅配ボックス設置者にポイント付与などのインセンティブ
人手不足解消
アイドルエコノミー
●Uber配達など海外の取り組みを研究
●導入の検討
女性活用
●現状路線の踏襲
●パート・アルバイト促進

資料：大前研一ライブ2017/1/22「RTOCS/ヤマトホールディングス」© BBT大学総合研究所

クとなるのがラストワンマイル。営業所から顧客の自宅まで荷物を運ぶ人が圧倒的に足りないのである。たとえば、ここをタクシー業者に任せるのだ。タクシーというのは、朝八時から九時半くらい、昼時、夕方、夜と忙しい時間が決まっている。それ以外の時間はけっこう暇なので、その間に宅配便を届けてもらうのだ。それには法律を変えなければならないが、クリアできればなにしろ日本にはタクシーが二万四〇〇〇台もあるため、人手不足は一気に解消されるだろう。

さらに、子育て中であっても「一日一～二時間くらいだったら働きたい」という女性は意外に多く、ラストワンマイルにそういう人たちを活用するという手もある。

図23

日本の集配システムの改革案

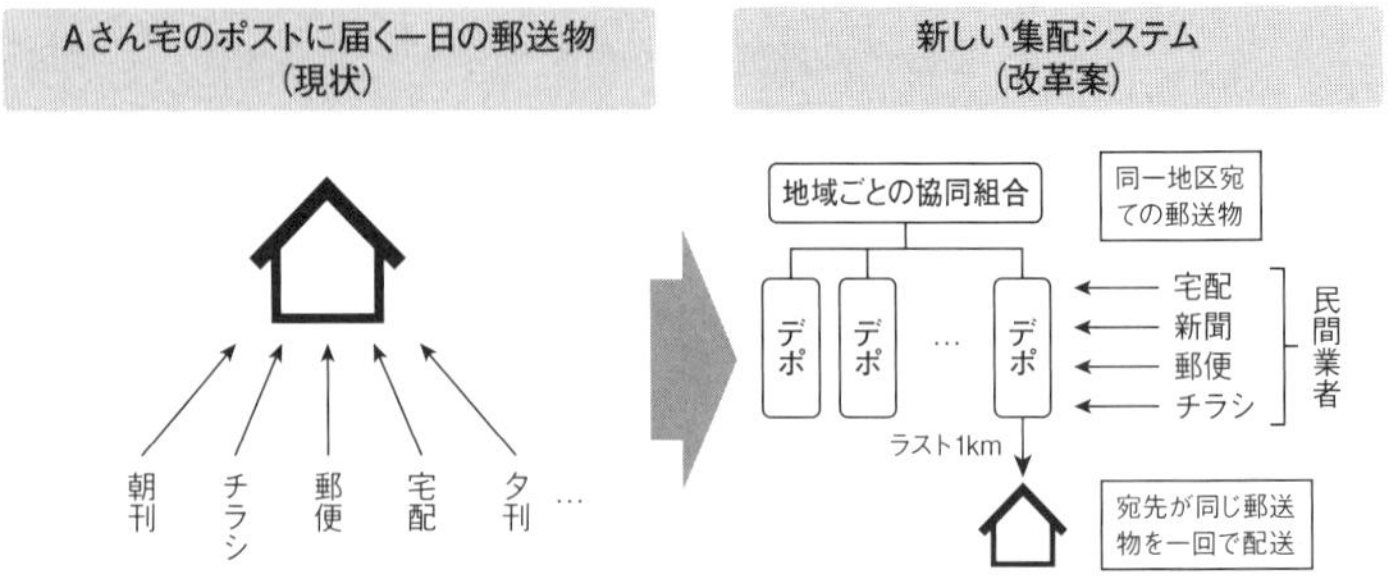

- ●同じポストに異なる配達員が、一日に5〜6人訪れる
- ●重複業務であり、日本全体のロジスティクス・コストは計り知れない

- ●地域ごとの協同組合が、ラスト1kmのユニバーサルサービスを行う
- ●各デポは必要に応じて、民間業者に入札により委託しても良い

資料：講談社『考える技術』、『新大前研一レポート』（大前研一著）©BBT大学総合研究所

日本の集配システムの改革案

また、私はかつて『新大前研一レポート』（講談社）や『考える技術』（講談社）などで、日本の集配システムの改革を提案したことがある。

郵便、新聞、チラシ、宅配便などが同じポストに別々の人間によって配達されるのは明らかに重複業務であり、このために日本全体のロジスティクス・コストが膨大になっている。その解決策として、地域ごとの協同組合がデポを設け、そこに同一地区の郵便、新聞、チラシ、宅配便などを集め、宛先の同じものを一回で配送するラストワンマイルのユニバーサルサービスを行うべきだと提案したのだ（図23）。

図24

企業の長時間労働対策はピントが外れて形骸化している

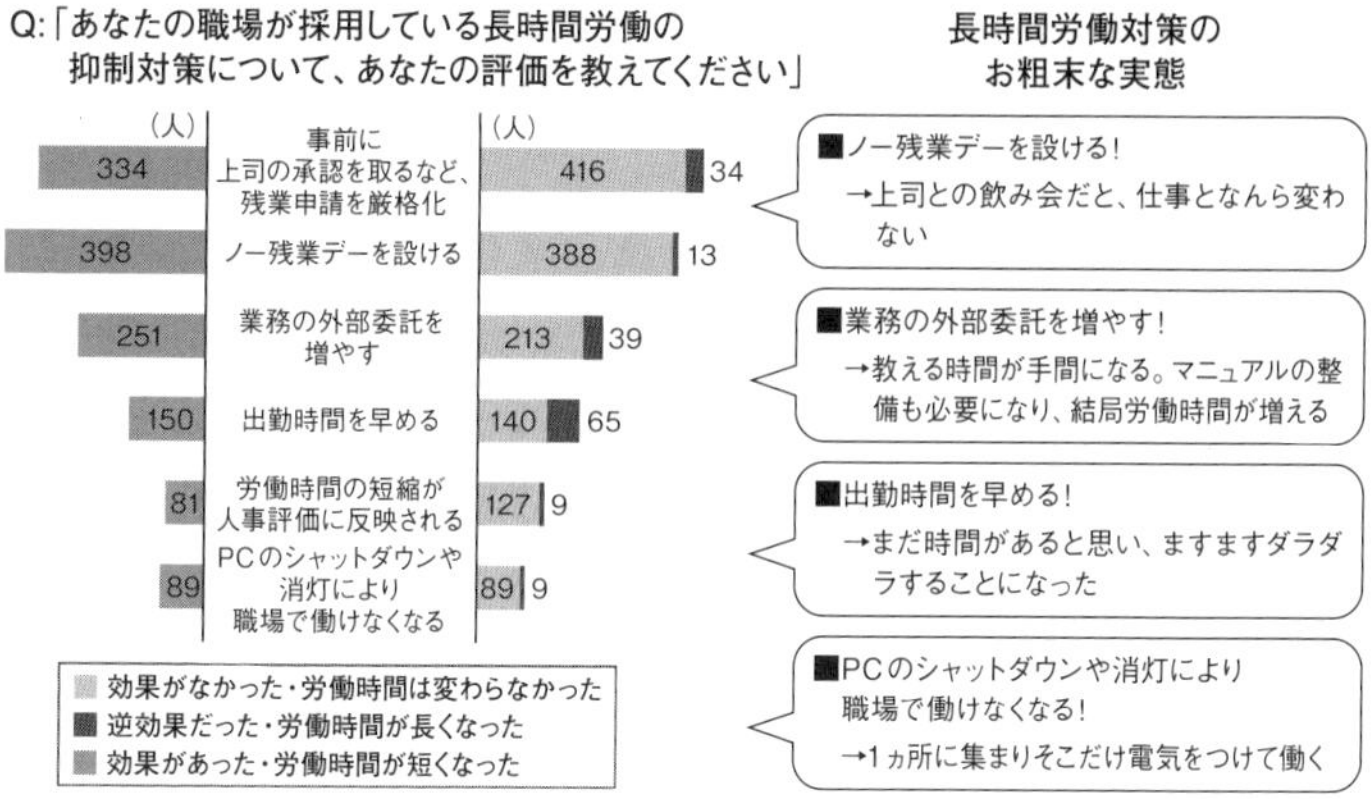
Q:「あなたの職場が採用している長時間労働の
抑制対策について、あなたの評価を教えてください」
長時間労働対策の
お粗末な実態
（人）
（人）
事前に
上司の承認を取るなど、
残業申請を厳格化
334
416
34
ノー残業デーを設ける
398
388
13
業務の外部委託を
増やす
251
213
39
出勤時間を早める
150
140
65
労働時間の短縮が
人事評価に反映される
81
127
9
PCのシャットダウンや
消灯により
職場で働けなくなる
89
89
9
効果がなかった・労働時間は変わらなかった
逆効果だった・労働時間が長くなった
効果があった・労働時間が短くなった
■ノー残業デーを設ける！
→上司との飲み会だと、仕事となんら変わ
ない
■業務の外部委託を増やす！
→教える時間が手間になる。マニュアルの整
備も必要になり、結局労働時間が増える
■出勤時間を早める！
→まだ時間があると思い、ますますダラダ
ラすることになった
■PCのシャットダウンや消灯により
職場で働けなくなる！
→1ヵ所に集まりそこだけ電気をつけて働く

資料：ダイヤモンド社「週刊ダイヤモンド2016年12月17日号」©BBT大学総合研究所

これが実現すれば人手不足はもとより、交通渋滞も解消できる。今でも最高の解決策だと思っているがいかがだろうか。

長時間労働や残業をなくす方法はあるか

企業の長時間労働対策には、ピントが外れて形骸化しているものが少なくない（図24）。

ノー残業デーを設けたら上司との飲み会が増え、結局拘束時間は残業を行っているときと変わらなかった。業務の外部委託を増やしたのに、マニュアルの整備や外部スタッフの教育などで、むしろ労働時間が増えた。出勤時間を早めたら、時間に余裕ができたぶん、仕事をダラダラやるようにな

図25

長時間労働是正の先行事例

会社名	長時間労働是正の対応策	結果
ネスレ日本	●労使交渉を経て、経験をある程度積んだ正社員を対象に、7月から新たな企画業務型裁量労働制を導入	●残業手当をなくして、浮いた資金については、月次ベースに上乗せ ●そのベースと個人の成果などを掛け合わせて最終的な月次賞与を決定
SCSK	●全正社員に対して、残業時間の有無に関わらず34時間（または20時間）の残業手当相当額を、従来の基本給に一律上乗せ支給	●2012年に26時間10分あった月間平均残業時間を18時間にまで削減することに成功 ●生活給の一部となっていた残業手当の減少を社員が案ずることなく効率的な働き方を模索していく
伊藤忠商事	●深夜勤務（22～翌5時）を禁止した上で、20～22時の勤務も原則禁止 ●その代わりに早朝勤務（5～8時）にはインセンティブとして割増賃金（150%）を支給	●導入前の12年度に約30%だった20時以降の退社割合が、15年度には約6%にまで低下 ●月平均の残業時間も49時間6分から約2時間40分が削減された

●残業代は残念ながら時間外副業アルバイトみたいな状況になってるのでSCSKのようなやり方は効く。しか、数年経つと元の木阿弥。つまり、抜本的な業務改革にっていなければ付け焼き刃
●人間の生産性を改革しないで、現象をつぶすことに政府が絡み、表面的に見えなくする、という今の主要テーマの取り扱い方ではうまくいかない。伊藤忠のやり方は人間心理を突いている

資料：週刊ダイヤモンド2016年12月17日号 © BBT大学総合研究所

ってしまった。PCの強制シャットダウンや、時間で消灯するような規則をつくったが、蓋を開けてみたら例外的にPCが使えたり、電気を点けることを許されたりしている部屋に集まって、いつまでも仕事をしている。このような笑うに笑えない事態があちこちで起こっているのだ。

しかし、そんな中で、確実に効果を出している企業も少ないながら存在する（図25）。

ネスレ日本は、労使交渉を経て、経験をある程度積んだ正社員を対象に、二〇一六年七月から新たな企画業務型裁量労働制を導入。残業手当をなくし、浮いた賃金は月次ベースに上乗せし、さらに、そのベースと個人の成果などを掛け合わせて最終的な月次賞与を決定するようにした。

ＳＣＳＫは、全盛社員に対して残業時間

の有無にかかわらず、三四（または二〇）時間の残業手当相当額を、従来の基本給に一律上乗せして支給するようにしたところ、二〇一二年に二六時間一〇分あった月間平均残業時間は、一八時間にまで減少した。

伊藤忠商事は、二二時から翌五時の深夜勤務を禁止した上で、二〇時から二二時の勤務も原則禁止とし、代わりに五時から八時の早朝勤務には、インセンティブとして一五〇％の割増賃金を支給することにした。すると、導入前の二〇一二年度は約三〇％だった二〇時以降の退社割合が、導入後の二〇一五年度には約六％にまで低下し、月平均の残業時間も四九時間六分から約二時間四〇分減少した。

このように、長時間労働の是正がうまくいっている企業は、生活給の一部となっている残業手当が減っても、そのぶんは基本給に上乗せになるなど、人間の心理を考慮した仕組みづくりを行っている。

ただし、私の経験からいうと、たとえ今はうまくいっていても、数年すればその効果は必ず薄らいでくると思っておいたほうがいい。なぜなら、現在の好結果は、単に刺激に対して社員が好意的な反応をしたという、いわゆる「ホーソン効果」の部分が大きいからだ。それゆえ、刺激が弱まれば効果も落ちる。持続するには常に新しい刺激が必要なのである。

図26

従業員の子育て支援にどう対応するべきか?

「育休」の問題点

●インターネット&スマホ革命によって、今や大半のホワイトカラーは、場所を選ばずに仕事ができるようになっている

●企業は育休を増やすよりも子育てしながら「在宅勤務」ができる制度とシステムを整備すべき

▼

●会議や打ち合わせも、パソコン&スマホでスカイプやフェイスタイムなどのソフトを使えば、どれだけ離れた場所にいても、お互に顔を見ながらリアルタイムで話し合うことができる

●在宅勤務を選ぶかどうは本人の問題である。勤務が嫌なら育休を取ればよいし、育休を取ってから在宅勤務をするという選択肢もある

在宅勤務ができる制度とシステムの事例

■BPO(ビジネス・プロセス・アウトソーシング/企業の業務プロセスを外部の専門企業に委託すること)の受託企業

●子育てをしながら在宅勤務をしている社員のために、家事が一段落して子供が寝ている間だけスイッチをオンにしておくと仕事が入ってくる、というシステムを開発して導入

▼

●入ってきた仕事は会社にいる時と同じようにこなし、然るべきタイミングで返さなければならないので、スイッチをオンにした時間によって給与が決まる(時間給はフルタイムで働いていた時と同じ)という仕組み

▼

●これなら職場に復帰した時も、休む前と同じように違和感なく仕事ができる

資料:週刊ポスト「ビジネス新大陸の歩き方」大前研一記事 ©BBT大学総合研究所

従業員の子育て支援にどう対応するべきか

育休に関しては、その概念自体が間違っているというのが私の考え方である。

理由を説明しよう。現在のインターネットやスマートフォンの環境なら、ほとんどのホワイトカラーは国内外にかかわらず、どこにいても仕事ができるはずだからだ(図26)。

また、育休で一年や一年半会社から離れてしまうと、今度は復帰するときに非常にたいへんになる。そのため、企業は育休を増やすよりも、子育てをしながら在宅勤務ができる制度とシステムを整備するべきなのだ。

図27

週休3日間という施策は効果的か?

週休3日制の問題点

●週休3日制を導入する企業があるが、離職率の高さや労働時間の長さなどから「ブラック企業」と批判されたことに対する過剰反応ではないか?

●社員の側からすると、週休2日が3日に増えることにどういう意味があるのか?学校に通う子供がいたり、夫婦共稼ぎでパートナーの休みが土日祝日だったりすれば、平日に3日休んでも、家族では活用しづらい

●正社員の副業・兼業やアルバイトを禁止していれば、週3日も休みになったら、大半の人は暇を持て余してしまうのではないだろうか

マッキンゼーの仕組み

●自分が会社で働いている時間の15%を社会貢献に割り振ることができるシステム

●具体的には、無料のボランティアで地元のバレエ団のコンサルティングをしたり、病院のコンサルティングをするなど

●そういうコミュニティ活動に使った時間が、休みではなく出勤した時間として認められる

●マッキンゼーの社員は頭脳集団だから、その能力を所属するコミュニティで有効活用することによって企業イメージを高めることができるし、社員の人脈づくりやスキルの向上にも役立つ

●マッキンゼーのような仕組みを作って、社員の社会貢献を促すのも一手

●最大のポイントは、あくまでも新しい勤務形態が顧客のためになるかどうか、である

資料：週刊ポスト「ビジネス新大陸の歩き方」大前研一記事

週休三日制は意味なし

一部企業では今後週休三日制も視野に入れているそうだが、欧米でもさすがに週休三日はあまり見かけない。たぶん、週休三日にしたからといって、残りの四日の効率が高まりはしないだろう（図27左）。それに、正社員の副業や兼業、アルバイトを禁止したまま週休三日を実施すると、大半の人は暇を持て余してしまうはずだ。

社員の社会貢献を促したいのであれば、マッキンゼーの仕組みが参考になるはずである（図27右）。

マッキンゼーでは会社で働いている時間の一五％を社会貢献に割り振ることができるのだ。それで、マッキンゼーの社員はみ

な、地元のバレエ団や病院のコンサルティングなどをボランティアで行っているのである。

私自身もマーケティング技術を使って、中曽根首相（当時）に対する選挙手法の提言（衆参同時選挙）や『新・国富論』『平成維新』などを書いて、日本の旧態依然とした制度の抜本改革案を提案したりした。

マッキンゼーの社員はいわゆる頭脳集団で、その能力を所属するコミュニティのいろいろなところで有効活用できる。そうすると、マッキンゼーの企業イメージが高まるし、人脈づくりやスキルの向上にも役立つというわけだ。

このようにして、社員の社会貢献を促してみるのも一つの手だ。

しかし、最大のポイントは、あくまで地域や顧客のためになるかどうかだという点は忘れてはならない。

働き方改革ではなく、休み方改革をすべし

休みを増やすなら週休三日よりも、きちんと有給休暇を取れるようにしたほうがいい。日本の有給消化率は五〇％で、これはＯＥＣＤ諸国の中でも最低なのだ（図28中）。

一人当たりの旅行回数も、日本人は年間一・四回で、宿泊数は同二・三日（図28左）。夏に一カ月のバケーションをとるイタリア人やドイツ人とは雲泥の差だ。

図28

今、日本に必要なのは「休み方改革」の施策

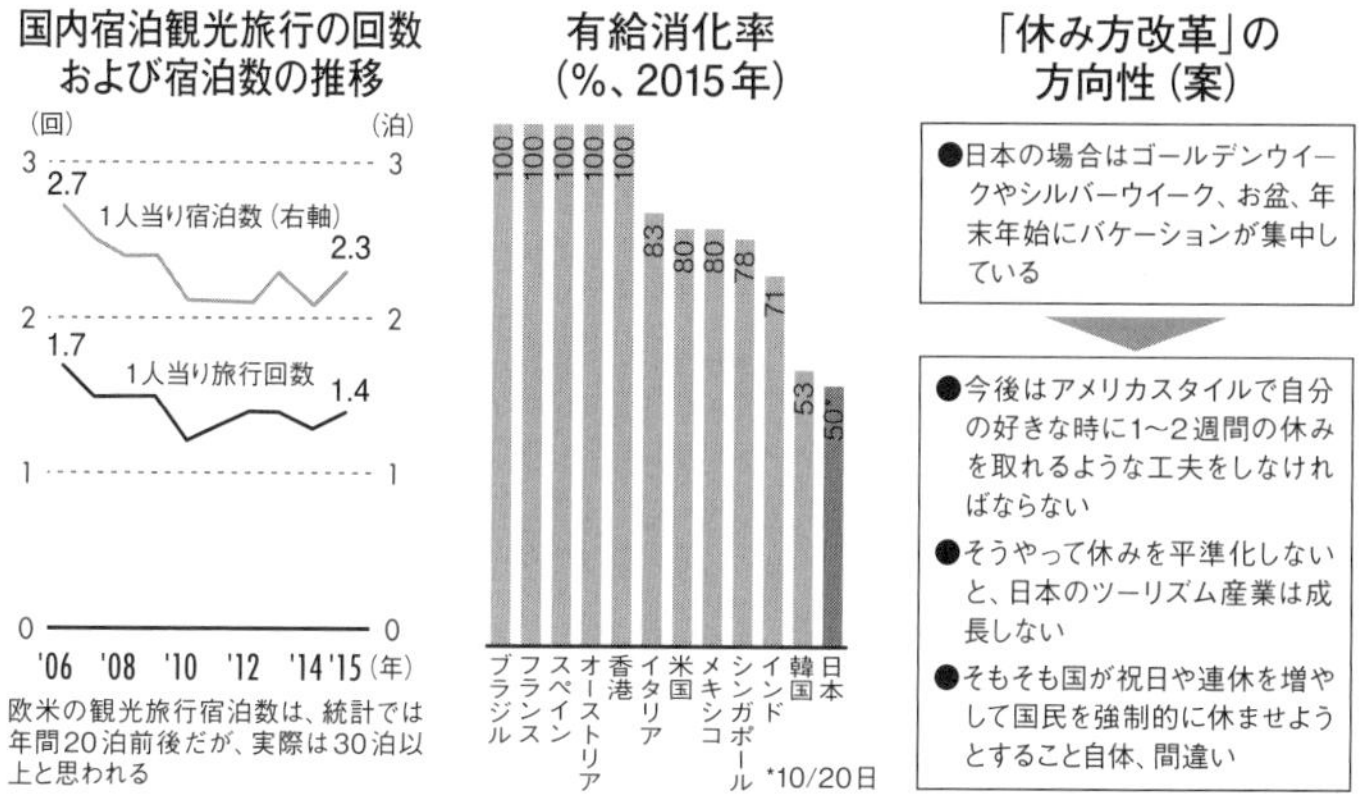

国内宿泊観光旅行の回数および宿泊数の推移
(回)
(泊)
1人当り宿泊数（右軸）
2.7
2.3
1人当り旅行回数
1.7
1.4
'06 '08 '10 '12 '14 '15 (年)
欧米の観光旅行宿泊数は、統計では年間20泊前後だが、実際は30泊以上と思われる
有給消化率（%、2015年）
ブラジル 100
フランス 100
スペイン 100
オーストリア 100
香港 100
イタリア 83
米国 80
メキシコ 80
シンガポール 78
インド 71
韓国 53
日本 50*
*10/20日
「休み方改革」の方向性（案）
●日本の場合はゴールデンウイークやシルバーウイーク、お盆、年末年始にバケーションが集中している
●今後はアメリカスタイルで自分の好きな時に1～2週間の休みを取れるような工夫をしなければならない
●そうやって休みを平準化しないと、日本のツーリズム産業は成長しない
●そもそも国が祝日や連休を増やして国民を強制的に休ませようとすること自体、間違い

資料：観光白書、エクスペディア ©BBT大学総合研究所

ただし、国民の休日は日本が世界でいちばん多い。自分で有給を消化できないので、国に堂々と休める日を決めてもらっているのだ。

だが、これだとゴールデンウィークやお盆など休む日が重なるため、その間の道路は渋滞、観光地はどこも大混雑ということになり、せっかく休んでもリフレッシュにならない。

要するに、今の日本に必要なのは、政府による強制的かつ一律的な働き方改革ではなく、国民が自由に長期間の休暇を楽しめるようにする「休み方改革」の施策なのだ（図28右）。

図29

企業はどうすればよいか?

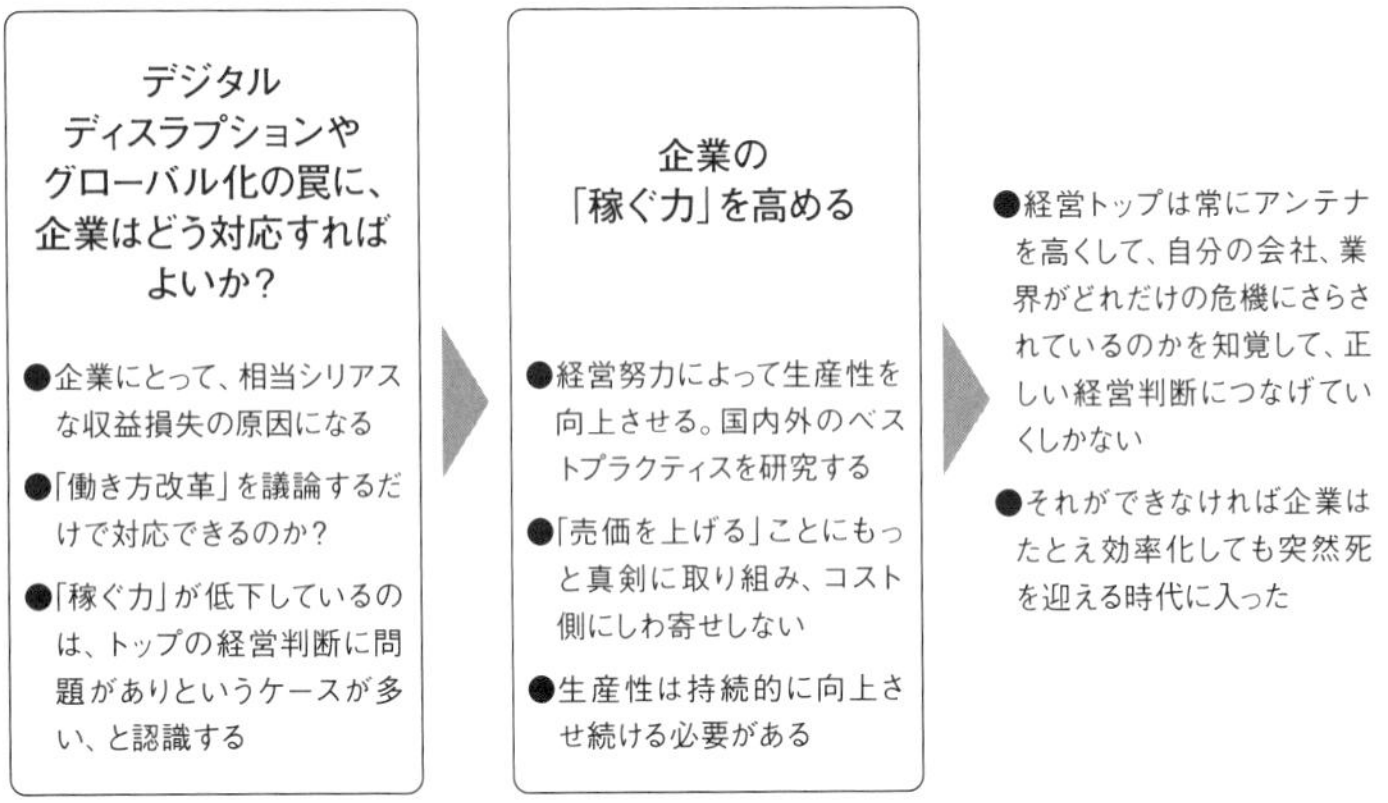

資料：大前研一 ©BBT大学総合研究所

企業はどうすればいいのか

冒頭で挙げたデジタル・ディスラプションやグローバル化の罠に、結局企業はどうやって対応すればいいのか（図29）。

結論は、〝稼ぐ力〟を高める。これに尽きる。

具体的にいうと、以下の二点が重要である。

ひとつは、経営努力によって生産性を向上させ、国内外のベストプラクティスを研究すること。

もうひとつは、「売価を上げる」ことにもっと真剣に取り組み、コスト側にしわ寄せしないこと。

さらに、生産性は持続的に向上させ続け

なければならない。

そのために、経営トップは常にアンテナを高くして、自分の会社や業界がどれだけの危機にさらされているかを正確に把握し、それを経営判断につなげていくことが必要である。

これができなければ、たとえ効率化を図っても、企業は突然死から逃れることはできない。今はそういう時代だということを、どの業界の企業のトップも肝に銘じてほしい。

以下、パート1のテーマに関して、今回のセミナーに登場してくれた四名の方々の報告を詳述する。ぜひ個別企業の独特のアプローチを吸収してほしい。


（二〇一七年九月一日「熱海せかいえ」にて収録）

第二章

クラウドサービスを活用した間接業務の効率化

杉本勝男

PROFILE

杉本勝男

Katsuo Sugimoto

スキャンマン株式会社 代表取締役社長

愛知県出身。名古屋工業大中退。大学在学中の2009年、電子書籍関連のプラットフォーム会社を立ち上げるが、その後解散。2013年8月にスキャンマン株式会社を設立、代表取締役社長に就任。

スキャンマンとは

当社は二〇一三年に設立された、お客様のご自宅やオフィスまで出向いてその場でスキャンを行うという派遣型スキャン代行サービスの会社です。

これまでスキャニング業者を利用する場合、まずスキャンするものを業者の手元に送らなければなりませんでした。しかし、当社はスタッフがお客様のところに行ってスキャンを行うため、郵送などの手間がかかりません。そこが一番の差別化のポイントです。

それから、当社はただスキャンするだけでなく、いろいろなサービスとの連携も行っています。具体的には以下のような会社です。

名刺管理なら、法人向けは「Sansan」、個人向けは「Eight」。

領収書やレシートは、「弥生会計」「メリービズ」「freee」。

契約書は、「GMO電子契約サービスAgree」「クラウドサイン」。

AI OCRによるデータ入力は、「AI inside」。

このように、単にスキャンするだけでなく、各種クラウドサービスと連携して、スキャン後のデータの保管や活用も行っています。

日本は少子高齢化が進み、これからも労働人口が急激に減っていきます。そのような中で政

図1

労働人口減少社会での働き方改革

クラウドを前提とした業務プロセスや働き方の仕組み化

府が旗を振って進めようとしている「働き方改革」のカギを握るのが、「フレキシブルな就労」と「労働生産性の向上」です（図1）。

私たちは会社を設立する際、「企業が労働生産性を高めるには、クラウドサービスの活用が不可欠」と考えました。スキャニングは大塚商会、富士ゼロックス、ヤマト運輸といった大手企業による市場がすでにできていましたが、クラウドを使いこなせばさらに生産性を上げられるため、参入の余地は十分あったのです。

オフィスの生産性を上げるために必要なこと

オフィスの生産性を上げるために気をつ

図2

ツール選定と運用のポイント

©スキャンマン

けなければならない点がいくつかあります（図2）。

まず、「ツールを選ぶ際は必ずクラウドツールを選ぶ」ことです。たとえば、経理ソフトが会社のパソコンでしか使えなければ、リモートワークや在宅ワークはできません。

それから、「業務を属人化させない」ことです。特定の人にしかできない業務があると、その人が会社を突然休んだり辞めたりした場合、途端にその業務が回らなくなります。逆に、属人化させていなければ、その業務が忙しいとき、手が空いている他の人たちに手伝ってもらうことができます。

業務を属人化させないためのポイントは次の二つです（次ページ図3）。

図3

業務を属人化させないために

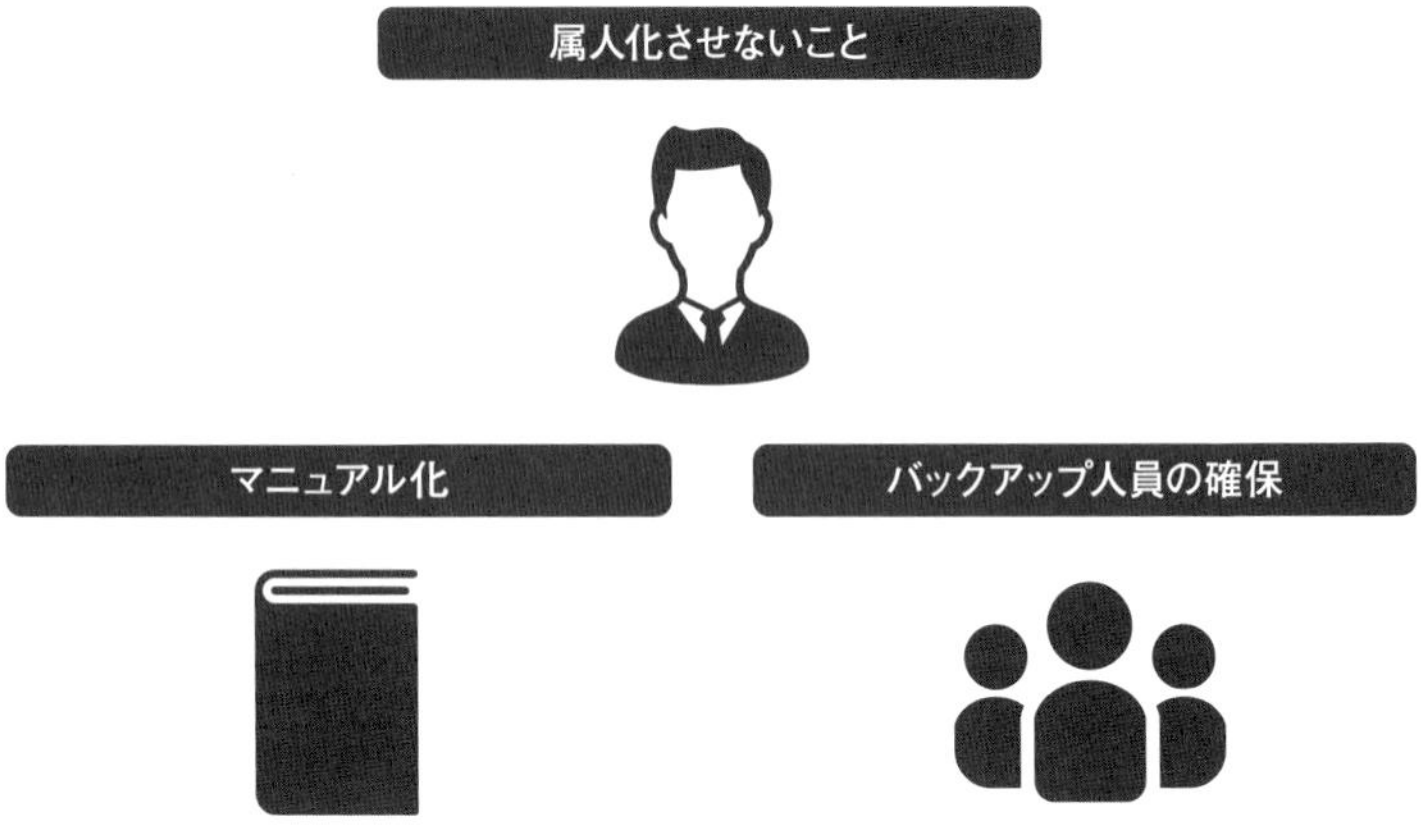

©スキャンマン

1．マニュアル化

定型業務は徹底的に標準化し、マニュアル化しておくことです。ただし、マニュアルをつくるにはかなり手間がかかる上、デザインやレイアウトがつくる人によってバラバラだと、せっかくできあがっても非常に使いにくいものになってしまいます。

そこで、おすすめしたいのが、マニュアル制作専用のクラウドアプリの活用です。たとえば、スタディストの「Teachme Biz」。これを使えば、手順どおりにスマートフォンやタブレット、パソコン内の画像やPDFデータなどをそのまま取り込むだけで、簡単にマニュアルをつくれます。もちろん、そこにテキストや矢印などを書き込むこともできるほか、動画の編集も可能です。さらに、つくったマニュアルを公開する範囲の指定も可能です。

2. バックアップ人員の確保

社内にそのための人を抱える必要はありません。ネットを使ったアウトソーシングで対応すればいいのです。ちなみに私たちはコア業務以外の雑務はほぼすべてマニュアル化し、「CASTER BIZ」というオンラインアシスタントに依頼しています。

さまざまなバックオフィス効率化ツール

ほかにも、オンラインで利用できるさまざまなバックオフィス効率化ツールがあります。このうち当社が使っているものをいくつか紹介しましょう。

「050 plus」

スマートフォンからかける電話料金が安くなるIP電話アプリです。これがあればオフィスに固定電話を用意する必要はありません。また、これ自体がクラウドサービスなので、担当者が自分のスマートフォンに出られない場合、このアプリをインストールしている他の人が受けることができます。

「G Suite」

ビジネスに必要なツールがひとつのパッケージで利用できるグループウェアです。パソコン、スマートフォン、タブレットからシームレスで作業ができます。

「Trello」

タスク管理ツールです。壁面に付箋を貼るような感覚で、カードを動かしながらタスクを視覚的に管理できます。クラウドサービスであるため、複数の人間が同じ画面を見ながらアサインの調整ができて便利です。

「LINE WORKS」

企業向けに開発されたビジネスチャットツールです。これでシフト希望を出してもらい、それを「Trello」にコピー・アンド・ペーストしてアサインします。ドラッグ・アンド・ドロップでできるので非常に簡単です。

「Googleフォーム」

「Google スプレッドシート」と連携したフォーム作成サービスです。毎日の業務日報や勤怠報告をこれで作成しており、スタッフがスマートフォンから作業開始時間と終了時間、現場でスキャンした枚数などの業務報告、交通費などを記入し、それが Google スプレッドシート上にリアルタイムで反映されるので、管理者はタイムラグがなく最新の情報を閲覧・編集できます。

「CASTER BIZ」

「リモートワークを当たり前にする」をミッションとしている株式会社キャスターによって運営されているオンラインアシスタントサービスです。ひと言でいうとオンライン秘書です。私たちはこれで、LINEで毎日上がってきた業務報告や勤怠管理をモレなくチェックしています。費用は月三〇時間で一二万円、時給換算をすると四〇〇〇円です。これだけみると、アルバイトを雇ったほうが割安のような気がしますが、実はそうともいいきれません。なぜなら、アルバイトではどうしても待機時間が発生することが避けられず、その間も賃金を支払うことになりますが、「CASTER BIZ」のほうは実働に対してだけ課金されるというシステムだからです。また、業務内容を説明している時間も課金の対象外となっています。そう考えると「CASTER BIZ」のオンライン秘書は、実際には非常にコストパフォーマンスが高いのです。

「NP後払い」

株式会社ネットプロテクションズが提供する後払い決済サービスです。当社のスキャン代行サービスは、現場で作業を行ってはじめて「何枚でいくら」というように料金が確定するので、基本的に前払いができません。また、個人のお客様が中心のため金額はそれほど大きくないものの、件数が多いという特徴があります。そうすると、どうしても入金漏れが一定数発生し、督促の手間がかなりかかっていました。そこで、「NP後払い」を導入したのです。

利用方法は、まず請求先の情報や請求金額などをテンプレートに従ってアプリに記入して「NP後払い」に送ります。すると、「NP後払い」のほうでそれを審査し、問題なければ「NP後払い」がお客様宛ての請求書を発行してくれるのです。請求金額は、「NP後払い」が立て替えて当社に振り込んでくれるという仕組みになっています。未払いは発生せず、入金確認も督促も必要ないので、「NP後払い」導入後は業務が格段に効率化しました。

「Misoca」

見積書・納品書・請求書を簡単に作成、管理するクラウドサービスです。アプリの所定の欄に必要な情報を入力するだけで見積書や請求書が自動的にできあがります。見積書から請求書、請求書から領収書などへの変換もボタン操作だけでできるし、クラウドに保存したものを相手に郵送してもらうことも可能です。スマートフォンのアプリなので、打ち合わせが終わったら近くのカフェで見積書をつくってすぐに相手にメールするといったこともできます。

「freee」

クラウド会計ソフトです。会計ソフトとしてだけでなく、経費精算機能もあるので、これを活用しています。勘定項目と金額を記入し、領収書の写真を添付して、申請ボタンを押すとそれが「freee」に送られます。同時に、労務部の給与計算担当者のスマートフォンにも通知が届きます。

「SmartHR」

労務手続きや情報管理を楽に行えるようにするクラウド人事総務ソフトです。たとえば入社手続きにおいては、行政にいろいろな書類を提出しなければならず、労務担当者はかなりの負担を強いられます。しかし、「SmartHR」を使えば、住所氏名や扶養者情報など必要な事項を、本人に自分のスマートフォンで入力してもらえば、自動で書類がつくれてしまうのです。年末調整も本人が「はい」「いいえ」といったアンケート形式の質問に答えていくだけで、簡単にできます。

このように、電話対応、メール対応、案件管理、シフト調整、スタッフ連絡、報告書提出確認、決済、請求、立て替え精算といった業務は、いずれも人を雇わなくても、クラウドサービスを利用すれば間に合ってしまうのです。

【質疑応答】

Q1　貴社がバックオフィス業務をクラウドサービスで効率化していることはよくわかった。本業に関してはどのように効率化を図っているのか。

杉本　当社の本業はスキャニングです。これはものすごく泥臭い仕事で、ＩＴやクラウドサービスに置き換えるのは難しく、今のところ人の手でやるしかないと思っています。ただ、ひと口に「スキャニング」といっても、現場ごとにやり方が微妙に異なるため、各現場に応じた仕事のマニュアルは厳密につくり込んでいます。それが、効率化を促進しているといってもいいかもしれません。

Q2　営業を効率化するクラウドサービスはあるか。

杉本　当社では「Senses」というクラウドの営業支援ツールを使っています。このサービスのいい点は、「G Suite」と連携しているところです。「Gmail」で案件の進捗状況、何度目の訪問でどの程度まで進展していて契約金額はどれくらいになりそうかといった情報を送ると、それがそのまま「Senses」のクラウドに保存されるので、再入力の手間を省くことができます。また、「Senses」に保存した情報は社員間で共有することもできます。

Q3　どのクラウドサービスを利用するかは、誰がどのように決めているのか。

杉本　ツールの選定は、基本的に社長の私が行います。ネットの世界では新しいサービスがどんどん生まれるため、常にアンテナを張って情報をキャッチし、「これは当社の効率化に効果がありそうだ」と思うものがあればすぐに使ってみます。それで、効果が認められれば継続するし、「当社には合わない」と判断したらやめます。クラウドツールの場合、最初はたいてい無料のお試し期間があるため、そこで判断するのです。

Q4　これだけのクラウドツールで効率化を図っていると、ミドルマネジャーはもはや必要ないのではないか。

杉本　ご指摘のとおり当社にミドルマネジャーはおりません。ただ、バックオフィスには、担当を一人つけています。

Q5　スキャニングというと、どうしても顧客の個人情報に触れることになるが、情報管理はどうしているのか。

杉本　たしかに、名刺や契約書類といったお客様の個人情報がスキャニングの対象となることは少なくありません。しかしながら、私たちのやっているスキャン代行はあくまで派遣型、つまりお客様のオフィスに当社のスタッフが出向いてその場でスキャンを行い、その場で納品して、何ももたずに帰るので、プライバシーマーク取得の要件に当たらないのです。お客様にしても、たとえプライバシーマークを付与された業者であっても、個人情報を預けるのはやはり不安だと思います。その点、当社の場合、作業はすべてお客様の目の前で行いますから、安心感は高いのではないでしょうか。

Q6　貴社では、毎月どれくらいの金額をクラウドサービスに支払っているのか。

杉本　月額約一五万円です。同じ業務を人を雇って行うとなれば、この何倍もかかります。

Q7　クラウドサービスを手始めに導入するとしたら、具体的にどれがいいか。

杉本　コミュニケーションツールの「Chatwork」は、即業務の効率化が実感できると思います。それから「GMO電子契約サービスAgree」。これを利用して契約書を電子化しておけば、保管コストや郵送代、印紙税などの節約になるだけでなく、更新月をアラートで知らせてくれたり、覚書との紐付けが簡単にできたりするなど、さまざまな便利な機能を利用することができます。

Q8　クラウドサービスを導入するにあたっては、ITの知識やスキルは必要か。

杉本　ないよりあったほうがいいでしょう。ただ、今はどれも驚くほど簡単に使えるようになっています。まずはいくつか試してみて慣れること。そうすれば、すぐに感覚的に使えるようになります。

（二〇一七年九月一日「熱海せかいえ」にて収録）

第三章

ほぼ全員残業ゼロでも10年連続増収を果たしている理由

岩崎裕美子

PROFILE

岩崎裕美子

Yumiko Iwasaki

株式会社ランクアップ 代表取締役

1968年北海道生まれ。1988年に藤女子短期大学卒業後、大手旅行会社に入社。その後、15年間広告代理店に勤務し、1999年から取締役営業本部長として活躍。2005年化粧品を開発・販売する現在の会社を起業。オリジナルブランド「マナラ化粧品」は、ヒット製品である「ホットクレンジングゲル」をはじめ、多くの女性から支持され、年間の売上高は100億円を超える。現在、社員65名に対して40%の社員がワーキングマザー。2016年には「東京ライフ・ワーク・バランス認定」企業の長時間労働削減取組部門に選ばれた。

社員五九人中、四七人が女性

当社は「たった一人の悩みを解決することで、世界中の人たちの幸せに貢献する」を企業理念に掲げる、通信販売の化粧品会社です。

私たちはお客様に製品を通して感動をお届けするために、お客様へ以下の五つの項目をお約束しています。

〈感動化粧品マナラであるための五つの約束〉

1　実感できない製品は売りません
2　肌の負担になる成分は配合しません
3　売れる製品より、人の役に立つ製品をつくります
4　華美な容器ではなく中身にお金をかけます
5　お客様の気持ちになり、誠実に対応します

社員数は五九人、売上高が一一四・六億円ですから、社員一人当たりの売上高に換算すると約一・九億円です（二〇一九年九月期）（次ページ図1）。

図1

ランクアップの売上高推移

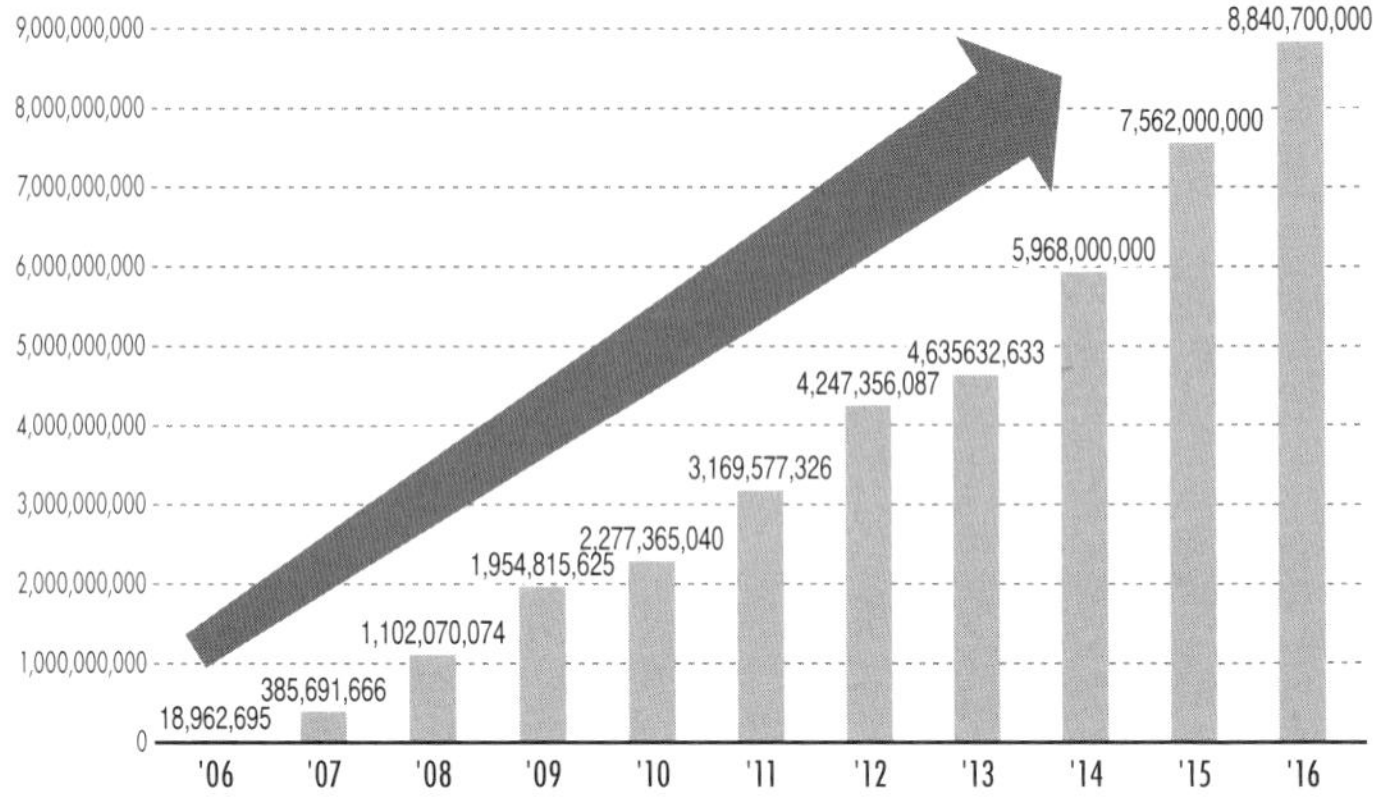

©ランクアップ

社員五九人のうち四七人が女性ということもあり、女性が働きやすい会社を目指しています。東京都主催の「ライフ・ワーク・バランス認定企業」の育児・介護休業制度充実部門（二〇一三年）、長時間労働削減取組部門（二〇一六年）に選ばれました。

残業をしない会社をつくった理由

なぜ私が残業しない会社にこだわるのか、その理由を説明しましょう。

私は新卒で大手旅行代理店に入り、お客様に海外旅行を販売する仕事をしていました。もともと旅行が好きだったこともあり、その意味では仕事に不満はありませんでした。しかし、北海道の地元の先輩が、起業して大成功していることを知ってから、いつしか「経営者になりたい！」と思うようになったのです。

そこで、大手よりも経営の勉強になるのではないかと考え、大手旅行代理店を辞め、ベンチャーの広告代理店に転職しました。

そこで私は、新規広告の営業マンになりました。初めての広告営業は本当に大変でした。まったく仕事がとれずクビになりそうでしたが、残業もいとわずに営業を続けた結果、少しずつクライアントを獲得できるようになり、クビの皮がつながりました。その後もコツコツと営業を続けた結果、上司からも認められて主任に昇格。本当に嬉しかったです。

その後、その上司が独立したことをきっかけに、私もその会社へ転職し、会社を拡大するために昼も夜も働きました。

小さなベンチャー企業はどこもリソースが十分でなく、その不足分を埋めるために社員が夜遅くまで働いています。私自身もそれを当たり前と思い、毎晩終電まで仕事をしましたし、部下も遅くまで働かせていました。

「仕事もプライベートも大切にしたいから、もっと早く帰りたい！」と文句をいってくるメンバーもいましたが、当時の私は「ワークライフバランス」という言葉が大嫌い。「そんなことをいう暇があれば、働いて結果を出してくれ」という感じでした。

これが当時の私の答えであり、それは後に取締役に就任しても変わりませんでした。

しかし、そのようにして売上を伸ばしても、会社の経営状態は常に不安定でした。その原因は、社員の離職率が高いことでした。長くて二年、短い人なら一週間で、「やっていられない」と辞めてしまう。最初のころは、「辞めたらまた採用すればいい」と考えていました。しかし、あれこれ教えてやっと仕事を覚えたと思ったら辞めていくということが続くと、さすがに教えていた課長たちが疲弊していきます。

その結果、信頼していた課長たちが疲れ切って会社を去ったときには、さすがに「このままでは会社がもたない！」と本気で反省しました。

そこで、「残業を減らさないと、社員がみんな辞めてしまいます。仕事の進め方を考え直しましょう」と思い切って社長に直談判したのです。

ところが、返事は「ノー」でした。「残業を減らして売上が落ちたらどうするんだ」といわれると私も反論できません。

そこで、それまでのテレアポ中心の営業スタイルから、インターネットのリスティング広告や、本や雑誌などの媒体を使った集客に移行してみたのですが、結果が出るには時間がかかり、すぐに残業をやめることはできませんでした。

当時の営業部は全員女性でした。優秀な女性ほど仕事が好きなので「将来結婚しても仕事を続けたい！」と思っていました。しかし。こんなにも残業が多いこの会社では、結婚も出産も難しく、その結果、ほとんどの女性が三五歳までに退職していきました。引き止めようにも、実際彼女たちのいうとおり。子育てと仕事の両立なんて絶対に無理なので、引き止めようがなかったのです。

そして、私自身も例外ではありませんでした。仕事は大好きでしたが、客観的に見て子どもを産んだ後も働き続けるのは、この会社では不可能なのです。当時はまだ独身でしたが、せっかく女性に生まれたのだからいつか子どもを産みたい。でも、たった一人子どもを産んだだけで、もう退職するしかない。その決断が重すぎて前に進めなかったのです。

しかし、悩み続けた末に出した答えは、「それならば、女性が結婚しても出産しても活躍できる会社を自分でつくるしかない」ということでした。

こうして私は会社を辞め、起業することを決意したのです。

たった一人の悩みを解決する製品づくり

「女性が一生活躍できる会社をつくりたい！」

そう思い、二〇〇五年六月に、株式会社ランクアップを立ち上げました。

起業してからは苦労の連続でしたが、今では、ほとんど残業せずに一〇年連続で売上を上げ続け、しかも女性が結婚しても出産しても活躍し続ける会社をつくることができたのです。

最近「どうして残業しないで売上を伸ばすことができたんですか？」とよく聞かれるので、その理由をお話しさせていただきます。

私たちのような中小企業が生き残るには、他社と差別化した製品づくりが不可欠です。こう話すと、みなさんから「それが難しいんです」といわれます。

でも、私たちにとっては簡単なのです。その理由は、私たちのミッションにあります。

私たちのミッションは「たった一人の悩みを解決することで、世界中の人たちの幸せに貢献する」というものです。

これは、本当に救いたいたった一人を決めて、その人の悩みを本気で解決するということです。

だから、私たちの製品開発はいつもたった一人の悩みを解決することから始まるのです。

「売れそうだから、流行っているから」という理由では絶対に製品をつくりません。

私たちの会社の人気製品である「マナラ ホットクレンジングゲル」は、もともと化粧品とは無縁だった私が一から企画してつくりました。今では年間六〇億円売れています。

この製品を開発した理由をお話ししましょう。

すでにお話ししたように、前に勤めていたベンチャーの広告代理店では、毎晩深夜まで残業するのが当たり前でした。睡眠不足の上に、食事は外食ばかり。不規則な生活で当時の私は実年齢よりも明らかに老けていました。なんと、当時三五歳だったのに四五歳に間違えられるほどだったのです。

肌をきれいにしたくて、たくさんの化粧品を試したけれど全然きれいになれなかったので、「だったら自分で化粧品をつくろう！」と思い、化粧品会社を始めることにしたのです。

化粧品について勉強を始めたおかげで、私は、なぜ自分の肌がボロボロになったのか、わかったのです。それは、メイクを落とすクレンジングのせいでした。本当に驚きました。なぜなら、クレンジングが肌にダメージを与えるなんて全然知らなかったからです。

クレンジングは、メイクを落とすための洗剤なので、肌が弱い私は、使えば使うほど肌が荒れ、乾燥が止まらなかったのです。どんなに高いクリームを使っても、毎日、洗剤でメイクを落としているので、肌がまるで良くならないのは当たり前です。ショックでした。

そこで、私は「洗剤が入っているクレンジングはもう使いたくない！」と思い、素人ながら考えたのが、美容液でクレンジングをつくることでした。美容液でクレンジングをつくれば、肌はきっと乾燥しない！　そう思い、美容液成分だけでクレンジングをつくることを決めたのです。

しかし、理想はあっても、それまで化粧品会社に勤めたことがなかった私は、化粧品をどうやってつくったらいいのかさえわかりませんでした。そこで、ドラッグストアを回って化粧品を買い集め、製品の裏に書いてある製造会社に「私、化粧品販売会社を立ち上げたのですが、相談に乗っていただけませんか」と片っ端から電話をかけたのです。アポが取れた会社を直接訪ねて、「美容液のようなクレンジングをつくってください」とお願いして回りました。

もちろん、二つ返事で引き受けてくれる会社が見つかるはずがありません。「やりましょう」といってくれる会社にたどりつくまで、五〇社以上にアプローチしました。

ちなみに、日本で売れ筋のクレンジングの価格帯は一〇〇〇円ほどです。しかし、当社の「マ

ナラ　ホットクレンジングゲル」は三八〇〇〇円という価格設定でした。マーケティングをして、売れる価格帯をしっかり分析すれば、一〇〇〇〇円でクレンジングをつくれば一番売れることになります。しかし、もしも一〇〇〇〇円でクレンジングをつくると、私の理想とした美容液成分は入れることができないし、無添加にすることもできません。一〇〇〇〇円で販売している他社と同じように石油系界面活性剤という洗剤をたくさん入れたクレンジングができてしまうのです。

それは絶対に嫌でした。なぜなら、私はそもそも、儲けたくて会社を始めたのではなくて、「本当に自分の肌をきれいにしたい、そしてその製品で私と同じ悩みをもっている女性を救いたい！」と思って会社を始めたのです。

だから絶対に成分に妥協せず、肌に良いといわれた成分だけを詰めこんで私の理想のクレンジングを完成させたのです。

結果として、この「マナラ　ホットクレンジングゲル」は、現在まで累計で約二五〇万人の方にお買い上げいただくという大ヒット製品となりました。

「マナラ　ホットクレンジングゲル」はたった一人、私のためだけにつくったのにもかかわらず、発売すると、私と同じ悩みをもっていた人が二五〇万人以上いたのです。

もう一例をお話しします。

当社の最近のヒット商品に「履くだけで脚が細くなる（※減量ではなく、着用によるサイズダウンのこと）」をコンセプトにした「マナラ　着圧美脚タイツ」があります。これは一足一万円と非常に高価ですが、飛ぶように売れています。

足が太くて悩んでいる女性は、世の中にごまんといます。当社の副社長の日高由紀子もそうでした。彼女が足をなんとか細くしたくて長年エステに通い続け、つぎ込んだお金はなんとポルシェ一台分です。それでも思ったように効果が出ず、悩んでいました。

女性の足は、男性と違って筋肉量が少なくてむくみやすく、血液がなかなか戻りません。そのため、毎日むくみを取らないとむくみがひどくなり、足自体が太く固まってしまうのです。

そこで、浮腫《ふしゅ》の患者さんが治療用に使用する医療用品からヒントを得て、着圧美脚タイツを開発しました。これを秋から履き始めれば、春には信じられないほど足が細くなっていることを実感できます。ただ、商品化するにあたっては、一万円という価格が高すぎるのではないかと社内で議論になりました。

もちろん、レベルを落として半額の五〇〇〇円にして売り出すことは可能です。しかし、そうすると効果も半減してしまいます。

私は思いました。美脚を謳いながら足が細くならないタイツを売っても仕方がない。ならば、たとえ売れなくても、使用したお客様が必ず満足する製品を売ろう、と。その結果、「マナラ着圧美脚タイツ」はあっという間にヒット商品となりました。

ただ、ひとつだけ問題がありました。この美脚タイツは夏は暑くて履けません。そのため、タイツを履かない夏の間に足がまたむくんで太くなってしまうのです。そのような声が多かったため、さらに研究を続け、「マナラ 着圧美脚ストッキング」を製品化しました。おかげで今は一年中細い足でいられます。

このように、当社の製品はどれも、「たった一人の悩みを解決する」ためだけに生まれたものなのです。それがそのまま他社との差別化になっているといえます。

残業をゼロにするための四つの仕組み

会社が何も策を講じなければ、どうしても社員は残業するようになります。そこで、残業ゼロを実現するために、次の四つの仕組みをつくりました。

1. 全社員に定時退社を順守させる

創業当初の定時退社は、一八時でした。社員はみな三〇分から一時間くらい残業して帰っているような感じでした。

かつて広告代理店で連日深夜まで働いていた身としては、午後七時なんて、まだ昼間。この時間で毎日帰るのが早すぎて、習い事をしていたほどです。

それなのに、「一八時の定時で帰ることを徹底させなければならない」と思ったのは、自分が四一歳で第一子を出産し、実際に子育てを経験したことがきっかけです。

子育てなんて誰でもできる。私はブラック企業出身だから、子育てを完全に舐《な》めていました。しかし、子育てはブラック企業で働くよりもずっと辛く、倒れそうになったのです。

いちばん辛かったのは夜泣きでした。せっかく寝かしつけても二〜三時間おきに起こされるので、昼間の疲れが抜けず蓄積していきます。もともと体力にはかなり自信がありましたが、このような生活を二年間続けていたら、ついに体を壊しました。

当時、社内で子どもがいたのは私だけでした。他の女性社員たちには「何人子どもを産んでもいいよ」と言っていましたが、実際に彼女たちが子どもを産んで私のように現実の過酷さに直面したら、みんな辞めてしまうでしょう。その前になんとしても今のうちから残業ゼロを実現しなければと、定時退社の徹底を宣言したのです。

2. 業務の棚卸しと業務の選別

定時退社の実施に対して、最初は大ブーイングが起こりました。「仕事があるから残業しているのに、定時退社なんて無理に決まっている」。誰もが口を揃えてこういいました。

そこで、実際にどんな仕事で残業しているのか確認するため、残業の多い社員に、どの作業にどれくらいの時間をかけているかを表にして、見える化してもらいました。その上で、仕事を仕分けしました。「やる仕事」「今はやらない仕事」「誰かにお願いする仕事」などです。

3. システム化

入力作業のような業務は、システム化しました。

具体的な例をひとつ挙げると、毎週行われる会議の資料です。これを会議のたびに一日六時間かけてつくっていた社員がいました。そこで会議を隔週に減らし、さらに最終的にはシステムをつくって、会議資料を自動でつくれるようにしました。

その他にも、細かいルールで時間を短縮しています。

①社内資料はパワポ禁止

時間のかかるパワーポイントをやめて、資料はワード一枚のルールにしました。

②会議の時間は三〇分

三〇分を厳守して解散するので、ダラダラと話し合うことがまったくなくなりました。

③社内メールの冒頭に「お疲れさまです」を書かない

これは社員からのアイデアです。これで一メールにつき五秒短縮できるのです(笑)。

④スケジュールは勝手に入れる

社内のスケジュールはグループウェアを使って、空いていれば相手の承諾を得ずに勝手に入

図2

「残業なし」の成長サイクル

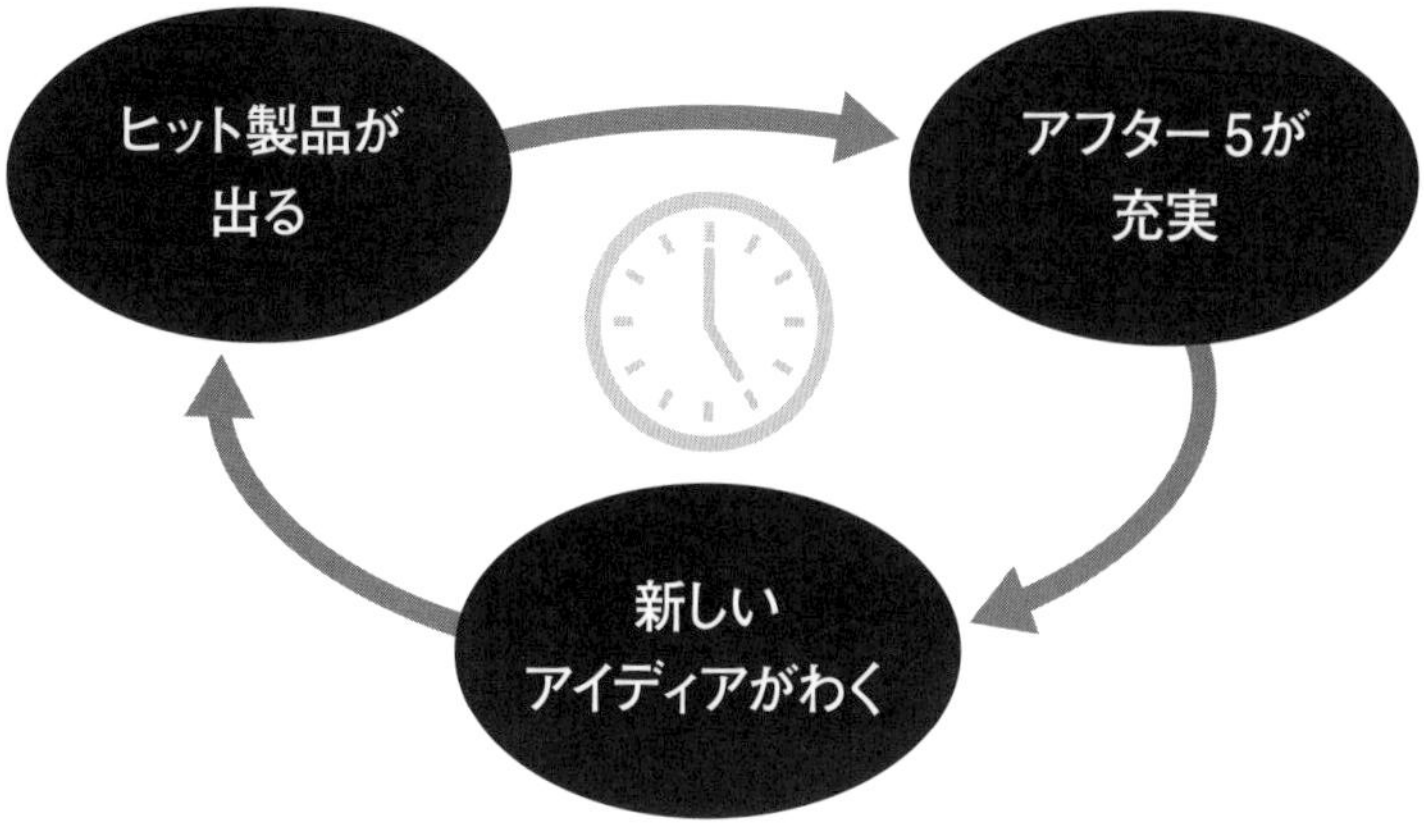

©ランクアップ

れていいことにしました。社長のスケジュールも、許諾なしでどんどん入れられます。

4．アウトソーシングの活用

「餅は餅屋にお願いする」という方針です。お金はかかりますが、プロにお任せしたほうが、品質も上がるし時間も短縮できるのです。

こうして、残業を減らす努力をした結果、ほとんどの社員が残業しなくなり、仕事の帰りに映画を観たり、セミナーに行ったりできるようになると、そこから新しいアイディアがどんどん出てくるようになったのです。そして、それが年間何億円、何十億円のヒット商品となっていくのです（図2）。

振り返れば、広告代理店時代は睡眠時間を削って必死に働いて、ようやく対前年を超えるような状態でした。それが、今では残業をしなくても、売上は右肩上がりで毎年順調に増えているのです。

そういえば、広告代理店で働いていたときも、いくつかの取引先で「そんなに仕事ばかりしていたら、いいアウトプットが出ないよ。もっと仕事以外のいろいろなことを体験しなければ」といわれたことがありました。当時は、そんなの迷信だと思っていましたが、今ならそれが真実だったとわかります。

仕事にやりがいを感じられなかった社員の前で謝罪した

創業以来、売上は毎年伸びたおかげで借入をする必要もなく、経営状態はきわめて良好でした。ただ、問題がなかったわけではありません。それは、社内の雰囲気です。私と副社長以外の社員がみんな暗いのです。

残業はない、給料もちゃんと払っている、厳しいノルマもない……どう考えても暗くなる理由がわかりません。そこで、ある企業サーベイを実施したのです。各社員に一〇〇項目ほどのアンケートに答えてもらいました。その結果を見て愕然《がくぜん》としました。なんとほとんどの社員が、仕事にやりがいを感じていなかったのです。

「これは大変」と焦った私は、社員を二泊三日の意識改革研修に送り込みました。

事前に同じ研修を受けた管理職はみな、充実した研修内容に満足していたので、これで社員も明るく変わってくれるだろうと胸をなでおろしたのもつかの間、研修所からの電話で、私はショックを受けます。

「岩崎さん、今すぐ研修所に来て、社員に謝ってください」

研修の最終日、社員たちに「自分はこういうことで会社に貢献する」と他の参加者の前で宣言するという課題を出したところ、「私たちは会社にまったく認められていないのに、そんな宣言はできません」と、みんなが泣き出してしまったというのです。私はあわててタクシーで研修所に駆けつけると、社員の前で頭を下げました。

思えば、会社を立ち上げてからずっと、私はすべてを自分で決めて、それを社員に指示するだけの、権限委譲など頭にないワンマン経営者でした。そのことに、このときようやく気づいたのです。

制度よりも、社員にやりがいを持たせるほうが先

なんとか社員が笑顔で働く会社に変えたい。でも、どうすればいいのだろう。

途方に暮れた私は、外部のコンサルタントに助言を仰ぐことにしました。すると、みなさん

が判で押したようにこういうのです。

「きちんとした人事評価制度をつくりなさい」

この会社では、何をすれば認められるかがはっきりしていないから、社員もモチベーションが上がらない、だから人事評価制度の整備が解決策になるということでした。でも、本当にそうなのでしょうか。どうも納得できませんでした。

初めて腹落ちしたのは、何件目かのコンサルタントからいわれた「人事評価よりも、本当に譲れない価値観を社員の前で表明しなさい」というアドバイスです。

たしかに、私が転職先を選ぶとしたら、最も気になるのはその会社がどんな価値観を大事にしているかでしょう。

当社の価値観は何なのか。私は副社長の日高と話し合った末、それは「挑戦」であるという結論に至りました。

もともと、私も日高も挑戦が好きなのです。だからこそ起業したといっても過言ではありません。そこで、勇気を出して私たちは社員の前で「この会社の価値観は挑戦である」と発表したのです。

社員からの反応は、めちゃくちゃしらけていました。「昨日、『カンブリア宮殿』でも観たのかな」「またどこかのコンサルタントに入れ知恵されたのだろう」くらいに感じていたのだと思います。でも、私も日高も、今回は本気です。なんとしても社内に挑戦の風土を根づかせてみせる。その気持ちに迷いはありませんでした。

「挑戦」というポスターをつくって社内に貼りまくる。参考になる会社の視察に幹部社員を連れていく。理念浸透研修を行う……など、手を替え品を替え、社員を刺激し続けました。

すると、最初は懐疑的だった社員のほうから、ママを対象にしたイベント、テレビショッピング事業、海外展開といった新規事業の提案が出てくるようになってきました。費用対効果を考えると躊躇《ちゅうちょ》せざるを得ないものもありましたが、「挑戦したいという気持ちがあれば、それをやらせてもらえる会社なんだ」ということをわかってもらうほうが大事なのだと思い、それらを片っ端から実行していったのです。その結果、社員の顔は見違えるように明るくなりました。

さらに、「挑戦」という価値観を社内に浸透させるために、新卒採用も始めました。このときも、社員全員から反対されました。「こんなに小さな会社が新卒採用をしても、教育できない」「新卒がかわいそう」「社長は、私たちがいうことを聞かないから新卒採用に走ったんだ」と非難ごうごうでしたが、「これも挑戦だ」と半ば強引に事を進め、二〇一四年四月に初めての新卒者を三人迎え入れました。

そうしたら、まさに案ずるより産むが易し。たしかに大手のような新人研修制度が整っているわけではありませんが、右も左もわからない新人を誰も放ってはおきません。先輩社員が親身になって仕事を教えてくれたおかげで、三人とも思った以上に成長してくれました。

その後は、毎年新卒採用を行っています。その結果、社風は私の望む方向に、加速度的に変わっていきました。

当社は、「残業しない」という点ばかりが注目されがちですが、当初は、残業しなくても、社員の表情は暗かったのです。しかし、今は違います、ものすごく明るくなりました。

そう、大事なのは制度ではなくやりがいなのです。

社員が仕事にやりがいを感じ、生産性を高めるためにあれこれ知恵を絞り、その結果残業もなくなる。これが正しい順番なのです。制度よりもやりがいが大切だったのに、それに気がつくのに本当に時間がかかったのです。

出産後の復帰を促す制度

女性社員の比率が圧倒的に高い当社は、出産しても働きやすいように、次のような制度を導入しています。

1. 時短勤務制度

出産したら、子どもが小学校三年生まで六時間勤務を認めています。

2. ベビーシッター使い放題

子どもが病気になったときでも、会社で仕事をしたければ、うちの会社ではベビーシッター代金をほぼ全額負担しています。一日使うと、費用が約三万円かかりますが、社員の負担は三〇〇〇円のみです。

3. 時間休

予定に合わせて、一時間、二時間、三時間、四時間、五時間、六時間と、一時間単位で有給休暇を取れるようにしています。

価値観の次は行動規範

数年前まで当社は、企業サーベイで半分以上の社員が「仕事にやりがいを感じていない」と答えるような会社でした。それが最近は、九三%の人が「働きがいがある」と回答しています。「挑戦」という価値観を掲げ、それが浸透することで、会社は大きく変わったのです。

明るく元気な会社に変わり、ほっとしていますが、会社は生き物です。常に風通しを良くしていないとすぐに淀んでしまいます。これからも私たちは、社員が明るく元気に仕事ができる環境をつくっていきたいと心から思っています。

【質疑応答】

Q1　女性が多い職場ならではの難しさのようなものはあるか。

岩崎　女性は面倒くさいといわれることがあります。その理由は、立場をわきまえないからだと思うのです。そう、忖度《そんたく》しないのです。正義感が強いので、悪いことや嘘を許しません。

おかげで、うちの会社には嘘がまったくありません。女性が多いと正義感が強くなるので、おすすめです。

Q2　新製品のアイディアや開発に関しては、トップダウンとボトムアップのどちらが多いのか。

岩崎　当社の初期のアイテムのほとんどについては、私が自らアイディアを出し、開発の指示も出していました。今は製品開発部が中心となって、たった一人の悩みを解決する製品を開発するようになっています。

Q3　小さい会社だと、ヒット商品を出してもすぐに資本力のある大手に真似されるのではないか。

岩崎　たしかにそれはあります。とくに化粧品の場合、特許を取るのが難しいため、すぐに類似品が出てくることが悩みの種です。ただ、最近は「真似されるのは名誉！　自分たちでアイデアを出してどんどん製品をより良く改良していこう」と考えるようになりました。

Q4　「挑戦」という価値観を打ち出す以前の採用では、どのように自分の会社をアピールしていたのか。

岩崎　最初のころは求人媒体に条件を提示するだけで、理念や未来に対するビジョンなどはいっさい語っていませんでした。また、採用する社員に対してこちらが求めるものも、美容や広告宣伝に関するスキルだけでした。

当時は、理念はあったものの、理念を説明して採用するのではなく、猫の手も借りたくてスキル採用をしていたので、仕事ができる社員は採用できても、価値観の相違などの問題が発生するのも無理はなかったといえます。

（二〇一七年九月一日　熱海「せかいえ」にて収録）

第四章

経営戦略としてのワークライフバランス

佐々木常夫

PROFILE

佐々木常夫

Tsuneo Sasaki

株式会社佐々木常夫マネージメント・リサーチ 代表取締役
2001年、東レ同期トップで取締役となり、2003年より東レ経営研究所社長となる。何度かの事業改革の実行や3代の社長に仕えた経験から独特の経営観を持ち、現在、経営者育成のプログラムの講師などを実践している。一方、社外業務としては経団連理事、内閣府や総務省の審議会委員、大阪大学客員教授、神戸大学・同志社大学・桜美林大学の講師などの公職も歴任する。

人生の転機となった長男と妻の病気

最初に、簡単に自己紹介をさせていただきます。私は一九六九年に東レに入社し、二〇〇一年には同期の先頭を切って取締役になりました。前田勝之助氏、平井克彦氏、榊原定征氏と三代の社長に仕え、二〇〇三年からは私自身も東レ経営研究所の社長となります。

その東レ経営研究所時代に、私は自分と自分の家族のことを本に書きました。東レ時代は毎日目が回るような忙しさでしたが、社長になるとけっこう時間ができるのです。

初めての著書『ビッグツリー』(WAVE出版)はかなり話題となり、テレビや新聞、雑誌など、多くのメディアが取り上げてくれました。

その本にも書いた私の家族の話をしましょう。私には子どもが三人いて、いちばん上が自閉症です。自閉症とは「コミュニケーション能力に欠陥がある」障害で、長男は自分の関心あること以外に興味を示しません。そんなわけで彼は幼稚園を二カ月で退園、小学校でもトラブル続きで、私はしょっちゅう学校に呼び出されていました。今も私が世話をしていますが、社会性は相変わらずありません。ただ、三人の子ども同士はたいへん仲が良く、楽しくやっています。

妻もまた病気を抱えています。一九八四年に急性肝炎で入院し、以後三年間で五回入院しました。少し落ち着いたと思ったら、今度は肝硬変とうつ病を発症し、一九九八年から四〇回ほど入退院を繰り返しました。

そして、二〇〇〇年には自殺未遂を起こすのです。妻からの「今から死にます」という電話が会社にかかってきて、大慌てで帰宅すると、すでにそこは血の海でした。幸い発見が早く一命はとりとめましたが、その後三週間の入院生活を余儀なくされました。

その後も妻のうつ病は回復せず、翌年にまた自殺未遂を二回も起こします。最後の自殺未遂のときは本当に危ない状況でしたが、七時間半もの大手術の末、このときもなんとか最悪の事態だけは免れることができました。

すでに三回目ですから、これからも同じことを繰り返すかもしれません。だからといって、そんな彼女を二四時間監視し続けるのは不可能です。そう考えるとさすがに楽観的な私も、絶望感で目の前が真っ暗になりました。

妻はなぜうつ病になったのか。思い当たる原因のひとつは、障害のある子を産んでしまったという自責の念。そして、もうひとつが極端な完璧主義です。妻はとにかく何でも完璧でないと気がすまない性格で、家の中はいつもピカピカ、食事も常にパーフェクト。決して手を抜くということをせず、本人もそういう自分にプライドをもっていました。それなのに、病気になって入院しなければならなくなり、本来自分の役目である家事や障害のある子どもの世話を、仕事が忙しい夫がやっている。妻はそういう状況が許せず、「離婚したほうがいい、私など死んだほうがいいのだ」と自分を責めていたのです。

悪戦苦闘の時代（前半）

私は、この苦境を次のようにして乗り越えてきました。これには二つの時期があります。最初は一九八四年から一九八七年にかけて、妻がほとんど病院で過ごしていたときです。家には私と小さい子どもたちだけなので、私は毎朝五時半に起きると、全員の朝食と三人の子どもの弁当をつくるのが日課でした。

その後、部下よりも一時間早く出社して、その日の自分と部下の仕事の段取りを整え、日中はわき目も振らず仕事に集中し、夕方六時に会社を出ます。

午後七時に帰宅すると、今度は夕食の準備です。コンビニ弁当のような出来合いのものではなく、必ず素材からつくりました。夕食後は子どもたちに宿題をさせ、終わったら風呂に入れ、明日の準備をさせてから寝かしつけ、これでようやく一日が終わります。

土曜日は妻の見舞いです。一週間に一度しか行けないため、病院に行ったらなるべく長くいるようにしていました。

日曜日は一週間分の洗濯、それから掃除と買い物で一日が暮れていきます。

残業ができないため、会社ではできるだけ仕事を効率的に進めるようにしました。たとえば、会議の数を半分に減らし、時間も短縮するために、資料は事前に提出させるといった具合です。

また、部下の仕事の効率化を図るために、「ビジネスは予測のゲーム」であることを常にいい聞かせていました。仕事に追いかけられるのではなく、いつも次に何が起こるかを予測して、先手先手で仕事を進めることで、無駄を減らすことができるのです。

ただ、私が毎日定時に帰れたのは、やはり私が課長で、どの仕事をどのように進めるかを自分で決められたことが大きいといえます。上司の命令に従わなければならない一介の社員だったら、こうはできなかったはずです。

小学五年生の長女が、母親の料理の才能を受け継いでくれていたことも、私にとってはラッキーでした。最初は私が料理をつくるのを手伝ってくれていたのですが、そのうち自分で料理の本を買ってきて、煮物、揚げ物、焼き物と順番にマスターし、三カ月ほどでひととおりの料理をつくれるくらいになりました。そうなると私の帰宅が遅くなる日は、彼女が夕食を用意してくれるため、非常に助かりました。さらに、彼女は自閉症の兄の面倒も見てくれました。当時、私はそんな彼女のことを、感謝の気持ちを込めて「戦友」と呼んでいました。

ところが、彼女の負担は思った以上に大きかったようで、一九九六年になると、「もう限界だ」と彼女は家を出ていきました。文字どおり戦友の戦線離脱です。そこから二〇〇三年が次の時期となります。

悪戦苦闘の時代（後半）

当初は、娘の助けがなくても自分ひとりでなんとかなると思っていた私でしたが、現実はそれほど甘くありませんでした。

一九九七年から、妻の入退院の頻度が急激に高まりました。それも、三回に一回は救急車のお世話になるのです。

私は、これまで以上に、計画的かつ戦略的行動を徹底することで、この危機を乗り切ろうと考えました。ところが、状況がそれを許してくれないのです。そのころの私は、会社で経営企画長という役職に就いていました。簡単にいうと、トップマネジメントのスタッフです。直接の上司は社長で、それ以外にも会長、副社長、専務のスタッフとしても働かなければならないため、上司が七、八人いるような感じでした。また、当時の東レは会議が多くて長い上、毎回の資料が読み切れないほど膨大で、とにかく時間を取られました。課長時代なら私の権限で会議の回数を減らしたり時間を短縮できたりしましたが、トップに仕える経営企画長という立場ではそれもできず、それまでのように午後六時に帰ることができなくなりました。

それでも絶望することなく、『ビッグツリー』の中でも書いたように、「これは神様が私に試練を与えたのだ」と考え、「そのうち神様も飽きて、来月になったら妻も元気になる、来年は楽になる」と信じて毎日を過ごすことができました。これは私がもって生まれた楽観主義者だったからでしょう。ただ、まさかこんな日々が七年間も続くとは思ってもいませんでした。

苦境はさらに続きます。家を出ていった娘も一時期精神を病み、自殺未遂を起こしたのです。

しかし、彼女のうつ病はそれほど重くなく、ほどなく回復に向かったのは不幸中の幸いでした。

二〇〇三年に私は、東レ経営研究所の社長に就任しました。もう誰にも遠慮は要りません。

さっそく部下に、「つまらない会議はやらないように」「会議の時間はできるだけ短くするように」「資料は簡潔に」と指示を出し、全員が午後六時に帰れる体制を整えました。

妻からは相変わらず、日に五回も六回も会社に電話がかかってきます。たいてい、「すぐに帰ってきてほしい」という内容です。そういわれても東レ時代は、自分の都合で帰ることはできませんでした。でも、今度は社長ですから、なんとかやりくりすれば帰ることができます。それで、三回続けて帰ると、妻から「もう帰ってこなくていい」といわれました。以前は電話をしても絶対に帰ってきてくれなかったのに、今ではすぐに帰ってきてくれるということがわかって、妻の心に平安が訪れたのです。

以後、彼女のうつ病は目に見えてよくなっていきました。あれだけ入退院を繰り返していたのに、二〇〇三年以降は一度も入院をしていないのです。

長く働くよりも、眠っている脳細胞を叩き起こす

このように、私は家族の障害と病気のために自分の時間を確保しなければならず、そのためにたいへんな苦労をしたのですが、よく考えたらそれはみなさんも同じだと思います。

映画を観たい、本を読みたい、友だちと会いたい、自己啓発の勉強をしたい……したいことはたくさんあるのに、思うようにできない最大の原因は、長時間労働と非効率労働です。

仕事の成果と労働時間には、明確な相関関係はありません。アガサ・クリスティの『オリエント急行殺人事件』に登場する探偵エルキュール・ポアロの口癖は「灰色の脳細胞を使え」です。彼にいわせると、一般の人は脳の六%しか使っていないが、自分はその倍の一二%使っている。だから、犯人を突き止めることができるのだそうです。ある脳科学者のレポートにも「九四%の脳細胞は眠っている」とあり、どうやらこれは本当らしいです。

つまり、長く働くよりも、眠っている脳細胞を叩き起こして戦略的かつ効率的に仕事をやることが重要なのです。

ワークライフバランスで最も重要なのは「タイムマネジメント」

安倍政権が進めている政策のひとつに「働き方改革」があります。要するに、ワークライフバランスを重視しようといっているのです。

このワークライフバランスを日本語に訳すと「仕事と調和」になります。ただし、これは「仕事を定時に終えて自分の生活を充実させよう」という意味ではありません。本当の意味は、個人と会社がともに成長する経営戦略のことです。だから、午後八時や九時まで会社に残って働いていた人が定時に帰るようになっても、それまでと同じかそれ以上の結果を出さなければいけません。それゆえ、ワークライフバランスにおいては「タイムマネジメント」が重要だといえます。

私が東レで課長になったとき、最初に部下に提示したのが「仕事の進め方10カ条」です（図1）。そして、これをそれこそ耳にたこができるくらい、部下にいって聞かせました。職場が変わってもその繰り返しです。私が課長になった三八歳から東レ経営研究所の社長を辞めるまでの二〇数年間、本当に毎日同じことをいい続けてきました。

少々能力が足りなくても、良い習慣の持ち主は、毎日確実に成長して、やがて才能だけの人を抜き去ります。良い習慣は才能を超えるのです。では、ビジネスパーソンにとって良い習慣

図1

タイムマネジメント（生産性向上）はすべての基本

仕事の進め方の基本（良い習慣は才能を超える）

1. 計画主義と重点主義	仕事の計画策定と重要度を評価する　すぐ走り出してはいけない
2. 効率主義	最短コースを選ぶこと　通常の仕事は拙速を尊ぶ
3. フォローアップの徹底	自らの業務遂行の冷静な評価を行い、次のレベルアップにつなげる
4. 結果主義	仕事はそのプロセスでの努力も理解するが、その結果で評価される
5. シンプル主義	事務処理、管理、制度、資料、会話はシンプルを持って秀とする
6. 整理整頓主義	仕事の迅速性に繋がる
7. 常に上位者の視点	自分より上の立場での発想は仕事の幅と内容を高度化する
8. 自己主張の明確化	しかし他人の意見を良く聴くこと
9. 自己研鑽	向上心は仕事を面白くする
10. 自己中心主義	自分を大切にするということは人を大切にすること

とは何か。それがこの「仕事の進め方の基本」なのです。

1．計画主義と重点主義

仕事は絶対に計画的でなければなりません。当たり前のことですが、これができている人が意外に少ないのです。

私は、一年の初めに部下全員と二日間ほど議論して、その年にやるべき仕事を明確にします。部下はこれに自分で優先順位をつけるのですが、それが正しいとはかぎりません。そこで、部下のつくった計画を見ながら、「ここは優先順位が逆」「ここには書いていないがやってほしいことがある」と、一緒に修正していきます。そして、一年経ったら計画と結果を比較し、できなかったところは「なぜできなかったか」「どうすれば実行できたか」を部下に考えさせ、それをもとに翌年の計画を立ててもらうのです。

また、私自身も年、月、週、一日の計画をつくり、それぞれのタスクにデッドラインを決めて、自分を追い込んで仕事をするようにしています。しかし、ほとんどの人はこれをしないで、会社に着いたらなんとなく仕事を始めてしまいます。計画性がないから残業が増えてしまうのです。

2. 効率主義

仕事は常に最短コースを選びます。通常の仕事は時間をかけて丁寧にやるより、むしろ拙速のほうがいいのです。

3. フォローアップの徹底

仕事は経験することが大事なのではありません。経験を振り返って深く内省することで、その経験が識見に変わる。これが大事なのです。

4. 結果主義

過程における努力は関係ないとはいいませんが、仕事で評価の対象となるのはあくまで結果です。

5. シンプル主義

東レ経営研究所時代、朝礼で毎日二人ずつ三分間スピーチをすることにしました。ところが、最初のころはみな五、六分かかり、なかなか三分以内に収まりません。全員が三分でスピーチができるようになるまで三カ月かかりました。思いつくまま時間を気にせず話をすることは簡単ですが、それを三分にまとめるのは大変です。資料も五枚より一枚で済ますほうが難しい。けれども生産性を考えたら、簡潔にできるようにしておかなければなりません。事務処理、管理、制度、資料、会話はすべてシンプルであるべきです。

6. 整理整頓主義

仕事のスピードアップを図るには、まず整理整頓です。

7. 常に上位者の視点

たとえば、課長に対しては、課長教育をするのではなく、あえて部長教育をします。そうすれば、その人が部長になったとき、スムーズに部長としての仕事ができるようになるからです。また、自分より上の立場で考えると、仕事の幅が広がり内容も高度化します。

8. 自己主張の明確化

自分の考えをきちんともつことが大事です。ただし、他人の意見もまたよく聞かなければなりません。

9. 自己研鑽

向上心をもって自分を磨くと仕事が面白くなります。

10. 自己中心主義

自分を大切にする。これがいちばん大事なことです。自分を大切にするというのは、他人を大切にするということでもあるのです。

タイムマネジメントの本質

タイムマネジメントとは、「最も大事なこととは何か」を正しくつかむことです。組織の仕事は、意外に雑用がその多くを占めています。そういうものは拙速にやって、肝心かなめの仕事を完璧に行うのです。この「仕事の管理こそがタイムマネジメントの本質であって、時間の管理のことではない」ということを理解してください。

私の著書『部下を定時に帰す仕事術』（WAVE出版）は、「計画先行・戦略的仕事術」「時間節約・効率的仕事術」「時間増大・広角的仕事術」の三本柱による構成となっています（図2）。

1．計画先行・戦略的仕事術

「戦略的計画立案は仕事を半減させる」というのが私の持論です。同じ仕事でも二週間かかる人と一週間で終わらせる人がいますが、それは能力が二倍違うということではありません。ひと言でいうなら、段取りの差、あるいは「仕事の重要度をどう考えているか」の差なのです。

図2

ワークライフバランスを実現する仕事術

1. 計画先行・戦略的仕事術

- ●戦略的計画立案は仕事を半減させる
- ●仕事は発生したときに品質基準を決める　過剰品質の排除
- ●デッドライン（締め切り）を決めて追い込む
- ●最初に全体構想を描き出す
- ●時間予算の把握（確実に使えるのは3割）
- ●報告書などは様式を決めておく
- ●部下力を強化する（上司の注文を聞く、上司の強みを活かす、上手なコミュニケーション）

2. 時間節約・効率的仕事術

- ●プアなイノベーションより優れたイミテーション
- ●仕事は発生したその場で片付ける
- ●ビジネスは予測のゲーム
常に予測しフォローアップ
- ●口頭より文書が時間節約
- ●長時間労働は「プロ意識」「想像力」「羞恥心」の欠如
- ●eメールは正確、簡潔に
ときにメールより電話
- ●人は決め付けろ
そして修正しろ

3. 時間増大・広角的仕事術

- ●パレートの法則（2割は8割）
仕事を捨てる やらないで済ます　他の選択肢の提案
- ●出ない　会わない　読まない
本当に人に会わなくてはならないのか
- ●上司との付き合い方は最重要課題
- ●2段上の上司との上手な付き合い方
- ●会議は最小限に
ミーティングは頻繁に
- ●隙間時間の活用

©佐々木常夫マネージメント・リサーチ

私が東レで課長になったとき、いちばん最初に行ったのが、部下一三人が過去一年間にどんな仕事を何日間かけてこなしたかの分析でした。私の課ではもともと、業務週報という一週間の業務を記録したメモを上司に提出することが習慣的に行われていたので、そこに各々の仕事にどれくらい時間をかけたかと、重要度を評価する1～5の数字を書き加えるよう指示を出し、結果を一カ月単位の表にしたのです。

そうすると、A君は重要度3の仕事を、なんと二カ月もかけて行っていました。しかし、重要度3ならそんなに時間をかけてはいけません。せいぜい五日間です。

また、B君はほとんどの仕事の評価が5なのですが、そんなことがあるはずありません。私にいわせれば、会社の仕事の大半

は雑用です。それなのに、本人はそれらをすごく大事な仕事だと思い込んでいる。だから、手書きの書類を渡せば済むものを、わざわざパワーポイントでつくって、その作業のために何日も費やすような無駄が発生するのです。

明らかに、二カ月かけてもやり遂げなければならない重要度5の仕事なのに、未完成のまま三週間でやめてしまっているC君のようなケースもありました。

部下に自分の仕事の重要度を正しく認識させることは、上司の重要な役割のひとつです。私は業務週報をチェックしながら、「これは重要度4ではなく2だ」「これは重要度3だから一週間でやるべき」と、部下一人ひとりに対し、仕事の重要度の評価を修正していきました。

最初は、私の指摘に難色を示す部下も少なくありませんでした。そこで私は、重要度を見直して、それぞれの仕事に必要な日数を再計算し、「実際には、かかった時間の四〇％で終わらせられたのだ」と具体的に示してみせたのです。「これなら残業なんてしなくても、みんな毎日午後四時には帰れるじゃないか」というと、ようやくみんな納得してくれました。

さらに、私は部下に、仕事にかかる前に業務計画書をつくって提出することを義務づけました。私がそれを見て承認するか、もしくは「君の計画書ではこの仕事は重要度4で完成まで三週間となっているが、正しくは重要度3だから一週間で終わらせなさい」と修正指示を出した場合に、本人がそれに応じたら、そこで私から部下に仕事の発注がなされたことになります。私はこの方法で、それまで六〇時間あった課の残業を一桁にまで減らしました。

これが本来の上司の仕事ですが、ほとんどの管理職は部下に対し、「この仕事をやっておいてくれ」で終わりです。やり方もかける日数も部下任せ。これではタイムマネジメントなどできないし、部下も育ちません。最近は「プレイングマネジャー」という役職名もあるようですが、本来マネジャーにはプレーしている暇などないはずなのです。

では、私のように、部下に仕事を「発注」する上司でない場合、部下はどうしたらいいのでしょう。これは、部下のほうから上司に働きかけるしかありません。自分で年間計画を立てたら、それを上司に報告し、意見を聞く。仕事が発生したときは、最初に品質基準を尋ね、さらに作業の途中で「ここまできましたが、この方向でいいですか」と随時、上司に確認をとる。このように部下力を発揮して、無駄な作業をしないようにすることが大事だといえます。

2. 時間節約・効率的仕事術

私は三〇代前半に、倒産しかかった会社の再建に携わったことがあります。そのときは、平日は常に終電、週末もほとんど出勤で、毎月の残業時間は二〇〇時間を超えていました。

そんな日々が三年続き、なんとか黒字化させることに成功すると、ようやく東レに復帰します。東レでは企画部に配属となり、そこで出向先での三年間を自分なりに振り返ってみました。そうしたら、驚くほど無駄なことばかりやっていたことがわかり、愕然としました。戦略を練ってやればはるかに効率的にできたはずなのに、それに気づかなかったのです。

企画部には、昭和二〇年代くらいからの経営会議、販売会議、研究開発会議などの資料やさまざまな累積データ、出張レポートなどが書庫に山積みにされていました。企画をつくるにはそれらの資料が必要なのですが、このままでは使い勝手が悪すぎます。そこで、書庫の整理を呼びかけたものの、誰もしようとしません。仕方がないので自分ですることにしました。

朝出社すると作業着に着替えて書庫に入り、書類を端から読んで、残すものと捨てるものに分け、残すものに関してはカテゴリー別に重要度を付けたファイルをつくるという作業を一日かけて行いました。結局、書庫の整理には丸一カ月かかり、書類の半分を捨てました。

その結果、私の仕事は格段に速くなりました。当たり前です。会社の仕事は基本的に同じことの繰り返しで、たいてい誰かがすでに似たようなことを行っています。だから、上から仕事の指示があったら、まずは書庫に行って似たケースのファイルを探します。これは頭に入っているからすぐに見つかります。そうしたら、そこから考え方、着眼点、フォーマットをそのままいただき、さらに最新のデータと自分のアイディアを加えれば、あっという間に完成です。

なぜこの方法が有効なのかについては、どういう書類や資料が会社に残されているかを考えればわかります。そう、そこにあるのはある課題やテーマに関する、最も優秀な作品だけだからです。ならばそれを使ったほうが、一から自分で考えるよりも、早くいいものができるに決まっています。

「プアなイノベーションより、優れたイミテーション」。これが時間節約のコツなのです。さらにいえば、優れたイミテーションを繰り返していると、そのうち優れたイノベーションも起こせるようになります。

それから、時間節約のためには「仕事は発生したその場で片づけること」も重要です。私が経営会議や常務会の議事録を書く仕事をしていたときは、絶対に次の日にもち越さず、必ずその日のうちに書くことを徹底していました。

そのためには、会議が終わってからではなく、会議中から書き始めるのです。会議というのは、全体の三分の一くらいはそれほど集中していなくても問題なく進行します。だから、その時間を使ってまとめてしまうのです。もちろんそれだけでは十分ではありませんから、会議が終わったらそのままそこに残って残りを仕上げるのです。

海外出張のレポートも同じです。ニューヨークで仕事を終え、成田行きの飛行機に乗ったら、一杯飲んで眠りたい気持ちをグッと抑えて、最初の一時間は出張レポートの作成に専念します。

会社に帰ってから書こうなどと考えていると、不在にしていた一週間分の書類の処理もあるし、上司もあれこれ頼もうと待っているため、なかなかその時間がとれません。そうして後回しにしていると、どんどん書けなくなるし、書いても品質が落ちてしまいます。

私が課長や部長を務めていたころの東レは、どの職場も長時間労働が当たり前でした。しかし、長時間労働がいいことだとも必要だとも思っていなかった私は、新しい職場に着任するとすぐに、

「長時間労働とは何か」という私の考えをA4用紙に書き出して、それを掲示するようにしていました。もちろん、部下の意識改革のためです。

これには五項目あるのですが、今日は三つだけご紹介します。

①「プロ意識の欠如」

限られた時間の中で結果を出すのがプロであって、だらだら夜中までやるのは、たとえそれで結果が出せたとしても、プロではありません。アマチュアです。

②「想像力の欠如」

きちんと休まず毎日夜遅くまで働いていたら、身体を壊すかもしれませんし、メンタルをやられるかもしれません。人に会ったり本を読んだりする時間もとれないので、自分を磨く機会も失われます。そういう誰でもちょっと考えればわかることがわからないから、平気で長時間労働を受け入れてしまうのです。

③「羞恥心の欠如」

時間がかかるのは自分の生産性が低いからで、恥ずかしいことなのです。それなのに、そんなことはおくびにも出さず会社に残業代を請求するのは、羞恥心が欠如しているからにほかなりません。

3. 時間増大・広角的仕事術

私は先ほど、「仕事は発生した時点で重要度を判断せよ」といいましたが、ワークライフバランスを実現するためにはもっといい方法があります。それは「仕事をしない」ことです。

私はあるとき東レで仕えていた会長から、国際会議の挨拶原稿を書くよう命じられました。その国際会議は三年前から毎年開催されています。そこで、一回目と二回目の議事録を手に入れて挨拶の部分を読んでみると、二回目はあまりパッとしないのですが、一回目はそこにいろいろな人の知恵が詰まっており、しかも格調高い文章で書かれていました。そこで、私はこの一回目の挨拶原稿の日時と場所と出席者の名前を最新のものに入れ替え、それをそのまま会長のところにもっていったのです。

さて、会長の反応はどうだったでしょうか。

「よくできている、これでいこう。さすが佐々木だ」

「してやったり」と思わず私のほおが緩んだのは、いうまでもありません。

会長は三年前にこれと同じ文章を読んでいるのです。でも、人間はそんなことをいちいち覚えていないのです。そして、いいものはいいに決まっています。

私がこの原稿を仕上げるまでに要したのは、わずか一時間です。もし一から書いていたら、おそらく三日はかかっていたでしょう。でも、一時間で合格点どころか最高の評価をもらっているのですから、三日かける必要なんてまったくありません。

このように、仕事が発生したら、しないで済ます方法はないかをまず考えます。どうしてもしなければならないときは、人に聞いたり、参考になる資料やデータを利用したりして、時間短縮を図るのです。

やはり東レで営業経験がないまま営業課長になったときは、このままでは部下に馬鹿にされてしまうと思ったため、着任前にある準備をしました。「私は営業の経験がありません。私に営業の基本を教えてください」という内容のメールを、社内で「営業の神様」と呼ばれている五人に送って教えを請うたのです。

彼らは、短い人で一時間、長い人は二時間半もかけて、私に営業の心得やノウハウを教えてくれました。すると、「お客様との約束は必ず守る」「クレームはすぐに会社に報告する」「嘘をついてはいけない」「礼儀正しくせよ」といった肝になる話はだいたい同じで、どうやら「人間として正しいことをしていればいいのだ」ということがわかり、それで未経験ながら自信をもって営業の仕事に就くことができたのでした。

そのほか、広い視野で仕事をするにあたって意識づけをしていただきたいことに、以下のようなものがあります。

①会議に出ない

これは万人にお勧めできることではありませんが、確実に自分の時間を増大してくれます。

私は東レ時代、後で議事録を読めば済むような会議には、極力出ないと決めていました。全員参加が義務づけられていたり、偉い人が出席するので出ざるを得なかったりする場合は、いちばん目立たない席で人の話など聞かず、ひたすら自分の仕事をするのです。政府の審議会も、官僚による事前の説明などは時間ばかりかかるので全部断り、資料だけ先にもらってそれを読んでから、わからないところがあれば電話やメールで確認するようにしていました。

②上司との付き合い方は最重要課題

ビジネスパーソンにとっていちばん大事なものは何かといったら、それは自分の評価を決め、人事権をもつ上司です。私が東レのときにしていたのは、上司のスケジュールをチェックして、いちばん暇そうなところにアポイントメントを入れ、仕事の報告をするということでした。中には嫌がる人もいましたが、無理にでも会ってもらっていました。

目的は、「今、自分はこんなことをやっている」ということを理解してもらうためです。さらに、そうやって、逆に私がしたいことができるよう、上司を誘導してしまう。そうすれば、自分の仕事がどんどんしやすくなります。

③二段上の上司との上手な付き合い方

直属の上司が課長なら、二段上の上司とは部門長や取締役です。上司は評価と人事権をもっていますが、その上の上司にはそれをひっくり返す権限があります。だから、もし直属の上司に問題がある場合は、二段上の上司にお願いしてなんとかしてもらう。それができるような付き合い方をしておくのです。

④会議は最小限に、ミーティングは頻繁に

会議に意味がないとはいいません。議論は大切です。ただ、会議は時として関係ない人も巻き込みます。また、司会が下手だと時間ばかりかかってしまう。それよりも、テーマに関係する人だけを集めたミーティングのほうが効率的だといえます。

トップが変わらなければ会社は変わらない

自分がどういう生き方や働き方をしたいのかには、決意と覚悟が要ります。それがないと人間というのは、簡単に周りに流されてしまうからです。

私は四〇歳のとき、これからは毎年一度、自分にこのことを問おうと決めました。具体的には、年末年始の休みを利用してＡ４一枚にまとめ、出社と同時に部下全員それから上司にもこれを

配るのです。一緒に働く人たちにも私の考え方を理解し共有してもらうのが目的ですが、公表することで責任が生じるという意味もあります。

これを始めたおかげで、自分の成長の軌跡がよくわかるようになりました。ちなみに、自分がビジネスパーソンとして最も成長したのは四〇代です。二〇〜三〇代は伸びしろが大きい一方で、経験が足りず知識も十分でないため、どうしてもミスや回り道が多くなりがちですが、四〇代になるとそういうことが少なくなる。これは、多くの人に当てはまるのではないでしょうか。

また、私はどの部署でもタイムマネジメントの重要性を説き、効率的な働き方で生産性を向上させてきましたが、私が異動すると、あっという間に元に戻ってしまうのです。結果として、東レという会社自体はあまり変わっていません。会社を変えようと思ったら、トップが意識と行動を変えるよりほかないのです。

日本の製造業は競争力が高いのに、ホワイトカラーの生産性は先進国で最下位グループに甘んじています。これはすべてトップの責任、経営の怠慢なのです。

島根県松江市にある長岡塗装店は、社員一〇人の建設会社です。数年前まで離職率の高さで悩んでいました。小さい会社ですから、一人辞めても仕事に支障が出てしまいます。

そこで、社長の古志野功さんは、個々の社員に寄り添う経営に舵を切りました。

社員に子どもが生まれたらお祝い金一〇万円、育児休暇は好きなだけとっていい、子ども手当は一八歳まで毎月一万円支給、保育や介護の費用は会社が三分の一を補助、資格取得のため

図3

自分と人を活かすマネジメント

① 自分なりの考え方を確立させる 主体性を持つ	② 目的を明確に 自分のミッションは
③ 優先順位を決める 何が重要なことか	④ 仕事の効率化の両輪は コミュニケーションと信頼関係
⑤ その人に合わせた対応を 人の強みを引き出す	⑥ 多くを語るな 多くを聴け
⑦ 時間的（精神的）余裕を 持つ	⑧ 自分流のリーダーのあり方を 自然体で

の費用補助、定年を七〇歳まで延長など、働きやすい環境づくりを進め、制度を整備した結果、退職者が激減、今では転職希望者が殺到しているそうです。

このように、トップが変われば会社は変わるのです。

自分と人を活かすリーダーのマネジメント

タイムマネジメントを成功させる鍵を握っているのはリーダーです。そこで、ここでは自分と人を活かすリーダーのマネジメントについてお話しします（図3）。

1．自分なりの考え方を確立させる。主体性をもつ

リーダーは、「自分はどう働くのか」をはっきりさせ、常に当事者意識をもって事に当たらなければなりません。どう働くかは、どう生きるかということでもあるのです。

2. 目的、ミッションを明確にする

リーダーには「成果を上げる」ことのほかに、「部下を育てる」というミッションもあります。だから、管理職がプレイングマネジャーになってはいけないのです。

3. 優先順位を決める

仕事を行っていると、次々と新しい案件が入ってきます。そうしたら価値のなくなった仕事はどんどん捨てます。仕事の断捨離ができることが、いいリーダーの条件です。

4. 仕事の効率化の両輪はコミュニケーションと信頼関係

上司と部下の間にコミュニケーションと信頼関係があれば、上司が部下の仕事の品質基準をチェックしたり、上司が間違っても部下が「それは違う」と指摘したりできるので、必然的に仕事の効率はよくなります。

5. その人に合わせた対応をして強みを引き出す

組織を構成する人は十人十色ですから、一律に管理しようとしたら失敗します。とくに、少し遅れ気味の人や、ちょっと変わっている人は、少し手をかけてやると、すぐ二、三割伸びるので、そういう人たちにより多くの時間を割くべきなのです。

6. 多くを語るな、多くを聴け

私が仕事に関する話をたくさんできるのは、職場で議論の場を提供してきたからです。「この仕事を成功させるためにはどうしたらいいか」について、一〇人で議論すれば、二人や三人は必ずいいことをいいます。それが積み重なって組織のパワーになるのです。そして、それは私の財産にもなっています。

7. 時間(精神)的余裕をもつ

東レの場合、いちばん忙しいのは課長です。残業代も出ないというのに、どの部署でも課長がいちばん遅くまで残っています。でも、課長がそんな働き方をしていたら、部下も相談に来ないため、いい情報も悪い情報もなかなか入ってこず、結果的に仕事が後手に回ってしまうのです。

8. 自分流のリーダーのあり方を自然体で

リーダーの指南書を読むと、「明るくなければいけない」とか、「部下をほめろ」などと書いてありますが、あまり鵜呑みにしないほうがいいでしょう。たとえば、野村克也監督はお世辞にも明るいとはいえないし、選手をほめるどころか、ぼやいてばかりです。しかし、押しも押されもせぬ名監督です。結局、リーダーというのは自分自身をさらけ出さなければやっていけません。ですから、怒りっぽい人は無理に笑顔をつくらなくても、怒ればいいのです。そんなことより、「成果を上げ、部下を育てる」というミッションに真剣に取り組んでいれば、部下は自然とついてくる、そういうものです。

リーダーの定義と必要な要素

私は、リーダーを次のように定義しています。

勇気と希望を与える人。
会えてよかったと思える人。
一緒に仕事をしていて楽しく、成長できると感じさせてくれる人。

また、リーダーに必要な要素は次の二つです。

思いやりがある。

真摯である。

仕事に取り組む姿勢

私は二〇一〇年に『働く君に贈る25の言葉』（WAVE出版）という本を出版しました。そこに書いた言葉の中から、とくに強調しておきたい五つを紹介します。

1　目の前の仕事に真剣になりなさい。
2　欲をもちなさい、欲が磨かれて志になる。
3　自分を偽らず素のままにいきなさい。
4　人は自分を磨くために働く。
5　それでもなお人を愛しなさい。

会社に入って二年や三年で、その仕事が自分に合っているかどうかなどわかりません。まずは、目の前の仕事に真剣に取り組むこと。同時に、どうやったら効率的にできるのかを自分で考え、わからなければ上司に尋ね、同僚と議論をする。

「偉くなりたい」とか、「お金を貯めたい」とかいう欲を仕事のモチベーションにするのは悪いことではありません。ただし、欲だけではなかなか結果がついてきません。「チームのため」「お客様のため」「社会のため」というように、欲が磨かれて志になることで大きな成果が出るようになるのです。

志というのは、「自分以外の何かに貢献する」ことだともいえます。そして、そうすることで人は自分自身も磨かれます。そう考えると、仕事というのは畢竟《ひっきょう》、自分を成長させるためのものなのです。

そして、最後にぜひ伝えておきたい言葉があります。それが、これです。

「運命を引き受けよう」

これは、私の母の口癖です。本当に人生というのは一筋縄ではいきません。がんばっても結果が出ないこともあります。でも、がんばらなければ結果は出ないのです。だから、運命は運命として引き受けてがんばりましょう。

【質疑応答】

Q1　リーダーがチームに勇気と希望を与えるために、具体的にどうすればいいのか。

佐々木　それらは、その人がどういう生き方をしてきたかや、どのような価値観をもって仕事をしてきたかによってかたちづくられ、にじみ出てくるものなので、ノウハウのようなものはありません。

Q2　「人はなぜ働くのか」という問いは、部下や組織のモチベーションを高めるために必要なのか。

佐々木　人はなぜ働くかというと、ひとつは何かに貢献するため、もうひとつは自分を成長させるためです。さらにいうなら、この二つの目的は、最終的に自分の幸せにつながるのです。私は自己愛が強い人間なので、いつも自分が幸せになりたいと思っています。

残業を減らして生産性を高めるというのも、そうすることで自分が大きなリターンを得られるからで、だからこそ真剣に取り組み、成果を上げることができたのです。そういう意味では、部下や組織よりも自分のモチベーションを高めるために必要だったといったほうがいいかもしれません。

二〇一七年九月二日「熱海せかいえ」にて収録

第五章

「BUYMA」による海外購買のイノベーション

須田将啓

PROFILE

須田将啓

Shokei Suda

株式会社エニグモ 代表取締役 最高経営責任者
慶応義塾大学大学院理工学研究科計算機科学専攻修士課程修了。2000年博報堂入社。2004年株式会社エニグモを設立。2005年ソーシャル・ショッピング・サイト「BUYMA（バイマ）」サービス開始。2012年世界経済フォーラム（ダボス会議）Young Global Leaderに選出。

「BUYMA」のビジネスモデル

当社が運営する「BUYMA」という通販サイトは、一見すると普通のショッピング・サイトですが、実は〝CtoC（個人間取引）〟サイトになっています。

一方、同じCtoCサイトでも、中古品が中心の「メルカリ」や「ヤフオク！」と違って、「BUYMA」が扱っているのはすべて新品で、海外ファッションブランドに特化しているのが大きな特徴です。これは、出品者の多くが海外在住者だからです。

また、CtoCサイトといえば、「クオリティコントロールができない」と思われがちですが、「BUYMA」は偽物の発生件数が一〇万件に一件以下と、安全性が非常に高いのも特異な点です。

「BUYMA」のビジネスモデルを簡単に説明すると、CtoCサイトなので「個人の売り手」（出品者）と「個人の買い手」（購入者）、さらにマッチングを行う「プラットフォーム」（「BUYMA」）の三つで成り立っているマーケットプレイスです（次ページ図1）。

売買の流れは、次のようになります。

まず、私たちが「パーソナルショッパー」と呼んでいる出品者、具体的にイメージしているのは、日本企業の駐在員の奥様のような海外在住の女性ですが、彼女たちが、たとえばサンフラ

図1

BUYMAのビジネスモデル

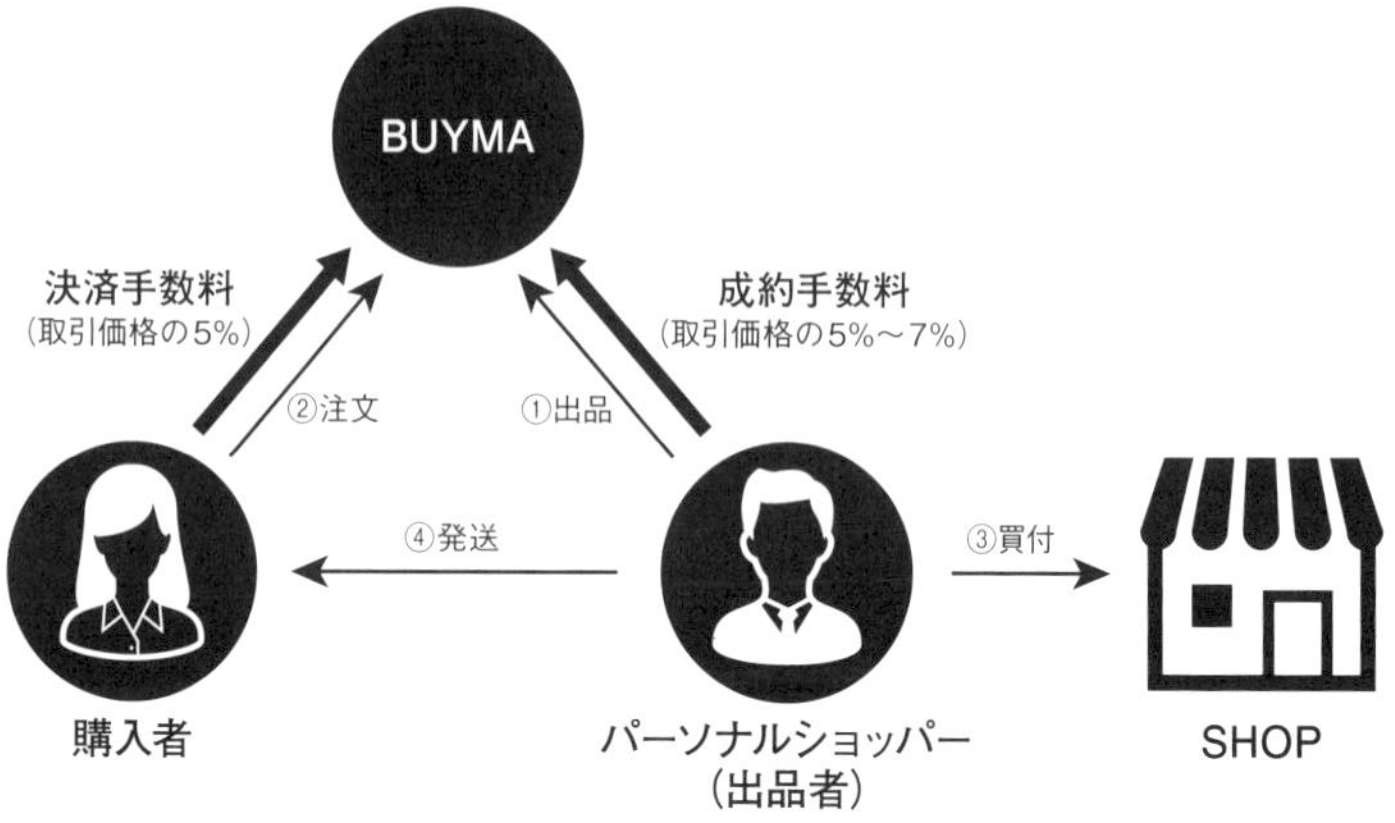

ⓒエニグモ

ンシスコの店で一〇〇ドルで売っている有名ブランドのバッグを見つけ、二万円の値段をつけて「BUYMA」に出品します。それを見た人（購入者）がサイトの注文ボタンを押すと、パーソナルショッパーがそのバッグを買って購入者に発送します。

購入者は注文時にクレジットカードやコンビニで代金を支払いますが、実際に商品が届くまではパーソナルショッパーには振り込まれません。実際に注文した商品が購入者の手元に届き、それを見た購入者が納得して到着ボタンを押すと、その時点で決済が確定するというシステムです。

購入者にとって、決済は商品が届いてから行えばよく、途中で何かアクシデントが起こっても「BUYMA」が補償するので、安心して取引ができます。

出品者であるパーソナルショッパーにとっても、購入者から注文が入った後に買いにいくことになるため、在庫を抱えるリスクがありません。また、正しい商品が購入者に届けば、「BUYMA」の決済システムにより、商品代金が必ず支払われるので、代金回収リスクもゼロです。

このように、出品者にとっても、在庫リスクがなく、非常に安心で、簡単にビジネスが始められる仕組みになっています。

当社の収益はC to Cの手数料で、「取引が成立すると、出品者・購入者双方から五%ずついただく」というのが基本モデルです。出品料や広告費などは取っていません。

「BUYMA」の特徴と収益性

「BUYMA」には、次のような四つの特徴があります（次ページ図2）。

1．旬で豊富な品揃え

百貨店やセレクトショップのバイヤーの数はせいぜい数十名、一人当たりの買い付け額にも限界があると思います。実際、海外には山のように商品が存在しますが、バイヤーの人数や仕入れ金額が限られているため、日本で買える商品はどうしても日本人好みの色や日本人に合った

図2

ビジネスモデルの特徴と優位性

BUYMA	ショップやEC等の既存ビジネス
旬で豊富な品揃え 在庫コストと買付仕入に制限されない旬で豊富な品揃え	●仕入れ金額に依存 ●売れ筋に偏る ●現地の流行とタイムラグ
在庫の効率化 世界中の在庫から調達可能	在庫は分散。 売り切れた商品は入手困難
価格適正性 価格調整、中間・在庫コストに影響されない適正価格	店舗や在庫などの 運営コストが上乗せされる
収益力 プラットフォーム型ビジネスによるスケーラビリティと収益力	売上と運営費は比例 （店舗数、原価等）

©エニグモ

サイズのものに限られてしまいます。しかも、取引する際に現地と日本との間で時間的にずれが発生することも避けられません。

しかし、私たちはバイヤーの仕事を世界中にいる個人にアウトソースしているため、このような物理的制約を取り払うことができました。

現在、世界一三五カ国に私たちの「パーソナルショッパー」が約一〇万人いて、世界中のさまざまな商品がリアルタイムで「BUYMA」に出品されています。圧倒的な品揃えだけでなく、ブログやインスタグラムで見た服を「BUYMA」で検索すればすぐに見つけられます。ニューヨーク限定販売の商品も、発売当日に出品されているといったスピード感は、まさに「BUYMA」ならではです。

実は、「ＢＵＹＭＡ」を立ち上げた当初は、ファッションだけでなく何でも買えるサイトにしようと考えていました。しかし、今はファッションに特化してよかったと思っています。

在庫を抱えて販売する小品種多ロット商品の場合、仕入れて売るほうがボリュームディスカウントができるため、どうしても大手企業が有利にならざるを得ません。これに対しファッションは、多品種で世界中にいろいろな商品があり、しかもシーズンごとにアイテムが入れ替わったり、サイズや色によってＳＫＵ（Stock Keeping Unit　在庫管理の際の最小単位）も変わったり、型番がない商品もあります。そのため、ひとつの企業が取り扱える商品はどうしても限定的になってしまいます。むしろ私たちのように個人を使って商材を集めるほうが有利だということが、事業を行っている途中からわかってきたのです。

2. 在庫の効率化

私たちもパーソナルショッパーも在庫をもっていません。その代わり、世界中にあるお店の在庫にパーソナルショッパーを通じてアクセスできるようになっています。たとえば、銀座で売り切れになった新作のバッグも、パリの本店やクアラルンプールなど意外な店に在庫があるかもしれません。それらの在庫を「ＢＵＹＭＡ」を通じて買うことができます。

従来は、お店の店員が連絡を取り合い、在庫の取り寄せを行っておりましたが、それも限界がありました。どうしても在庫の多い店と足りない店は出てきますが、このような在庫の非効率な部分を、「ＢＵＹＭＡ」を利用することで、簡単に世界中の在庫にアクセスし、入手できるようになり、いわば在庫を効率化していると思います。これも「ＢＵＹＭＡ」のユニークな特徴ではないかと思っています。

3．価格適正性

「ＢＵＹＭＡ」では個人が独自に値づけを行いますが、当然そこには競争が発生するので、最終的には適正価格に落ち着きます。「ＢＵＹＭＡ」の価格が本当に適正なのかについて、以前抜き打ちで調査したところ、半分以上の商品が日本の小売価格よりも安い金額でした。

4．収益力

今はファッションしか扱っていませんが、このプラットフォームなら今後商材を増やしていくことになったとしても、新たな運営チームをつくればいいだけであるため、倉庫を買うといった新たな投資を行う必要もなく、スケーラビリティ（拡張性）があります。また、売上が増えても固定費はほとんど変わらないため、利益だけが増えていきます。「ＢＵＹＭＡ」のプラットフォームは、非常に収益力の高いビジネスモデルなのです。

「品揃え」が成功の要因

「ナンバーワンの品揃え」という部分について、もう少し説明します。

海外のものが買えるというのは、「BUYMA」の特徴であり優位性のひとつですが、この点については、「将来、海外のファッションサイトから誰でも直接商品が買えるようになれば、優位性はなくなるのでは」という指摘を以前からいただいていました。

実際はどうでしょうか。ここ数年、日本から直接アクセスできる海外の通販サイトが非常に増えています。しかし、「BUYMA」はそれによる影響をほとんど受けていないのです。

私は、その理由を「BUYMA」の品揃えの豊富さだと思っています。オンラインで買えるものは当然買えるし、オフラインでしか買えないものも買うことができる。アウトレットモールの商品やいろいろな限定商品も、「BUYMA」に来れば見つけることができます。日本ではほとんどセールを行わないラグジュアリーブランドも、例外ではありません。このように、「何でも揃っている」ということが、「BUYMA」の圧倒的な強さの源泉になっているのです。

円高のころはラグジュアリーブランドがよく売れていましたが、現在いちばん出品数が多いのは一万円未満の層です。また、トレンドアイテムや日本では入手困難なものも扱っており、プライスレンジは非常に広いといえます。

品揃えに関しては、私たちが考えていることももちろんありますが、同時にユーザーからの提案や工夫からサービスが進化していくこともよくあります。

日本にはまだ情報が入ってきていない商品が出品されて、突然ブームになったこともありました。たとえば、タイ発ブランドの「チュアンピサマイ」の花柄水着は、最初タイに住んでいるパーソナルショッパーが出品し、それを某アイドルグループのメンバーが買ってインスタグラムにアップしたところ、注文が殺到しました。その反響は非常に大きく、タイの工場が「年間出荷量を超えたから」という理由で生産をやめてしまったほどです。

「BUYMA」を支えるパーソナルショッパー

「BUYMA」最大の強みは、世界一三五カ国に一〇万人いるパーソナルショッパーのネットワークでしょう（図3）。「大手に真似されたらどうするのか」とよく聞かれるのですが、「世界中の人をネットワークして教育する」という部分は、そう簡単に真似できるものではありません。

ここが当社のいちばんの強みであり、ある意味で資産なのです。

パーソナルショッパーは、元スタイリスト、元客室乗務員、ファッション好きな主婦などさまざまな背景をもつ方々です。商品を送る前にそれらの状態をチェックして汚れを落としたり、

図3

135カ国10万人のバイヤーネットワーク

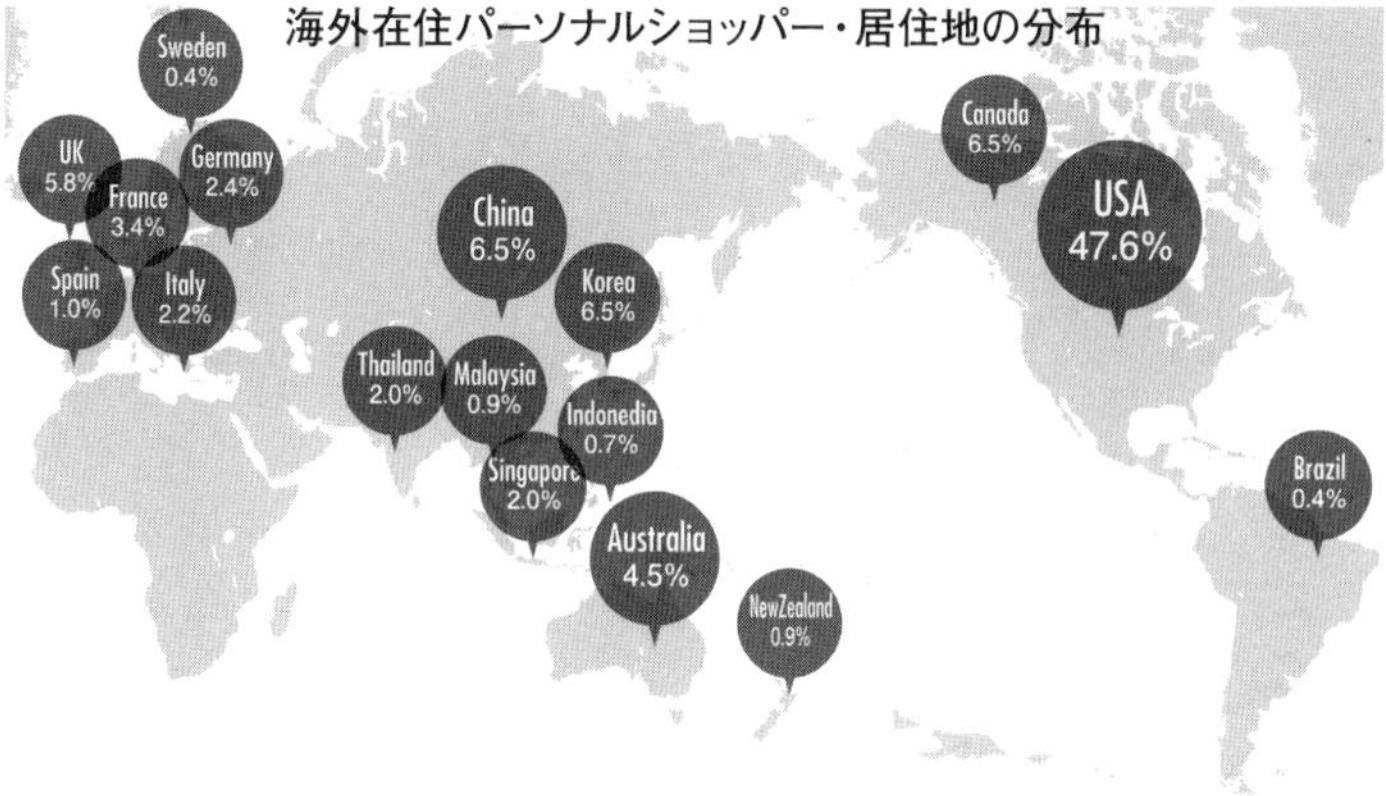

©エニグモ

丁寧に梱包したりなどの細かな気づかいができるのが日本人の素晴らしいところで、ここもやはりパーソナルショッパーが全員日本人であるという「BUYMA」の強みです。

もちろん、私たちもただお任せしているだけではなく、運営経験に基づいたバイヤー教育を行っています。具体的には、①新人バイヤー研修、②カスタマーサービスによるチェック&アドバイス、③バイヤー評価システムによる啓蒙、④プレミアムバイヤー制度などです。

このうちバイヤー評価システムは、C to Cサイトで一般的に用いられている「良い」から「悪い」までの五段階評価ではありません。もっと細分化して「配送までのスピード」「返信の速さ」「梱包のきれいさ」など、eコマースのユーザーがとくに気にする各ポイントを評価し、なおかつこれらの結果を可視化して、個々のサービスのクオリティを上げるのに役立つようにしています。

さらに、評価が上がると「BUYMA」の中で検索順位が上にくるようになっていて、「ユーザーの満足度が高いほどたくさん売れるようになる」というのも特徴のひとつです。大手のECサイトでは、お金を使って広告をたくさん出している業者が上位に表示されて売りやすくなるという発想をお持ちの方が多いかと思いますが、私たちはそこを「ユーザーに高く評価された人ほど売れる」という仕組みに変えました。

とくに私たちのサイトにおける評価が高い人は、プレミアムバイヤーに認定されます。そうするとユーザーの信頼感が一段上がるため、より売りやすくなる。これが「プレミアムバイヤー制度」です。

ただし、そのようにしてパーソナルショッパーの質が上がっても、ずっと海外にいると、「日本で何が流行っていて、どんなものが売れるか」に対する感覚がずれてしまうことが避けられません。そこで、そのような点に関しては、私たちの運営チームが情報収集と分析したものを提供して、それらのずれを修正してもらうようにしています。

「BUYMA」で何が検索されているか、街ではどんなものが流行っているか、店で売れているのは何か、インスタグラムでよく取り上げられているアイテムは何か……そういった情報を見て、今注力すべきブランドやカテゴリーを抽出したら、それぞれ得意なパーソナルショッパーに伝えるのも、私たちの役割です。

ほかにも為替の動きを見て、ポンドが下がったらイギリスの人に出品を促したり、気温に注目して、ニューヨークが暖冬だとわかると余っているアウターを出してもらうよう、現地の人に依頼したりしています。

このように日本人にとって魅力的なラインナップは、パーソナルショッパーのみなさんと私たちとの連携でつくりあげているのです。

取引に対する信頼感を高めるために

C to C取引では、どうしても偽物の出品が問題になりがちです。そこで「BUYMA」では偽物が出ないような取り組みを行っています。

そのひとつが、購入者が出品者に直接お金を払うのではなく、私たちがいったん預かって、取引が無事終了してから出品者にお金を支払うという仕組みです。出品した商品が偽物だと判明すると、それを出品した人はお金を受け取ることができません。このようにして偽物を出すインセンティブをなくしているのです。また、抜き打ちで私たちが商品を購入して検査をするといったことも行っています。

C to C取引ならではの圧倒的な品揃えは、強みである半面、商品に対する信頼感が低くなりがちです。しかし、「ＢＵＹＭＡ」は偽物の発生率を一〇万件に一件以下に抑え、さらに、もし買った商品が偽物の場合は全額補償することで、ユーザーの信頼感をきわめて高いものにしています。

このように「品揃え」と「信頼感」という、相反する価値を両立させているＣtoＣサイトは、世界でも「ＢＵＹＭＡ」だけです。ちなみに、私たちはこれを「コントロールされたＣtoＣ」と呼んでいます。

売上は二〇一七年一月期の段階で三三〇億円を突破し、会員数は同約四〇〇万人となっています。

売上、営業利益率、ＲＯＥ（自己資本利益率）ともに四〇％を超えており、ビジネスモデルとしては順調に育ってきているといっていいのではないでしょうか。

今後の成長戦略

当社の今後の成長戦略について見ていきましょう。

「ＢＵＹＭＡ」は「ＥＣ」と「ファッション」という二つの市場に軸足を置いています。現在、リテール市場全体で見ると下がり続けていますが、ＥＣだけを見ると間違いなく成長市場です。スマートフォン市場の急拡大により、その成長速度はさらに拡大していくと予想します。一説によれば、五年で二倍になるともいわれています。

ファッション市場は日本では、二〇一三年の一八兆円が二〇二〇年に一九兆円になるという緩やかな伸びですが、世界規模でみると二〇一三年から二〇二〇年までに二〇〇兆円が三〇〇兆円超ですので、こちらもEC同様、成長市場です。

このように、「BUYMA」が置かれている環境は非常に恵まれているといっていいと思います。

二〇一二年に東証マザーズに上場するまでは、二〇～三〇代の女性がターゲットでした。現在は男性にもターゲットを広げていて、さらに今後は一〇代や四〇～五〇代も取り込んでいきたいと考えています。

私たちが取り扱う商材は、これまでのファッションに加え、ビューティ（美容）、子供用品、スポーツウェア、インテリア、雑貨などにも拡大中です。アメリカ西海岸が好きで、これまでバッグしか買っていなかった人に対し、同じ西海岸テイストのバッグ以外の商品をお薦めするということをすでに行っています。

そして、取引の収益率の向上も成長戦略の一環です（次ページ図４）。

そのひとつが補償サービスです。これまでもトラッキング（追跡）が付いている商品に関しては、途中で紛失したり、傷が付いたりしたら補償していましたが、普通郵便で送られたものは紛失などがあっても、それを客観的に証明できないため、補償の対象外でした。実際、そうい

図4

取扱高あたりの収益率の向上

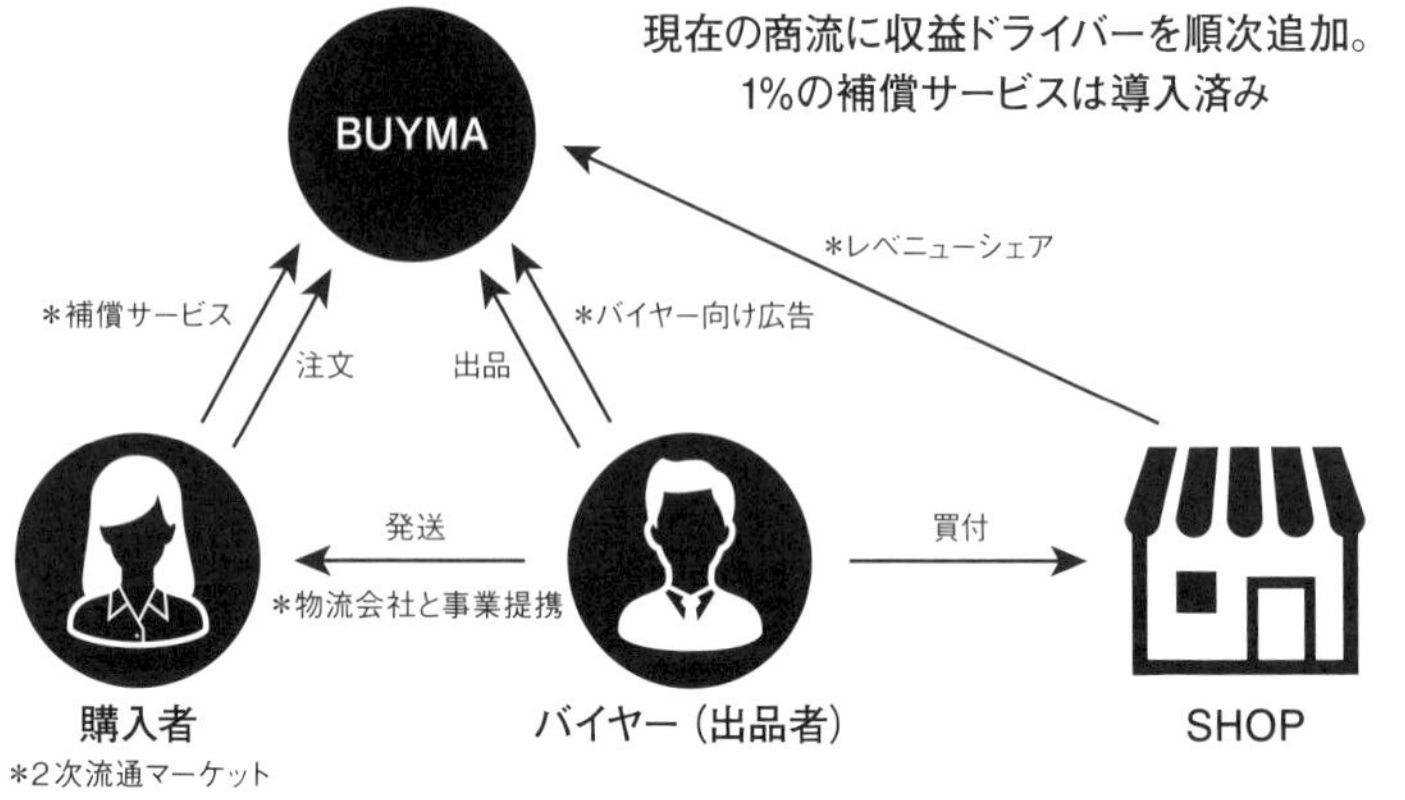

©エニグモ

うケースが起こることはほとんどありませんが、それでもそのようなことが起こることが心配で購入を躊躇する人は一定数存在したのです。そのような人の背中を押す意味も込めて、一％の補償手数料を支払っていただければ、普通郵便であっても全額私たちが補償するというサービスを始めました。

たとえば、二万円のバッグを購入した際、配送方法でフェデックスを選択するとトラッキングができるため、途中で紛失等があっても全額補償となりますが、その代わり配送料が二〇〇〇〜三〇〇〇円かかります。一方、一％の補償手数料なら二〇〇円ですので、これならそれまで配送料が足かせとなっていた人も迷いなく買えますし、当社にとってもその一％が新たな収益となるのです。

また、アメリカでは物流会社と事業提携をしていて、パーソナルショッパーが商品を送る際にその会社を使えば、配送料は正規金額より安くなります。もちろん、その際、私たちにもキックバックが入り、新しい収益となっています。

パーソナルショッパーに対するファイナンスの仕組みも、収益を増やすのに役立っています。これはパーソナルショッパー向けのクレジットカードのようなもので、当社が与信を行い、貸付枠は最高一〇〇〇万円です。主婦のパーソナルショッパーの場合、クレジットカードの限度額が月三〇万円から五〇万円であるため、複数のユーザーから注文が入ってもその範囲でしか買えないという不便な面があります。しかし、当社のファイナンスシステムを利用すると、審査が通れば月一〇〇〇万円まで使えるため、その分多く買い付けることができるようになるのです。

当社の利益率は、もともと出品者と購入者から五%ずつの手数料を取るのが基本で合計一〇%。それがひとつの取引の中にいろいろなマネタイズのポイントを追加することで徐々に上がっていき、二〇一七年一月の段階では一一・七八%となっています。

海外展開の展望

これからの長期戦略では、海外のファッション市場を取り込んでいくことを念頭に置いていま

図5

世界のファッション市場規模

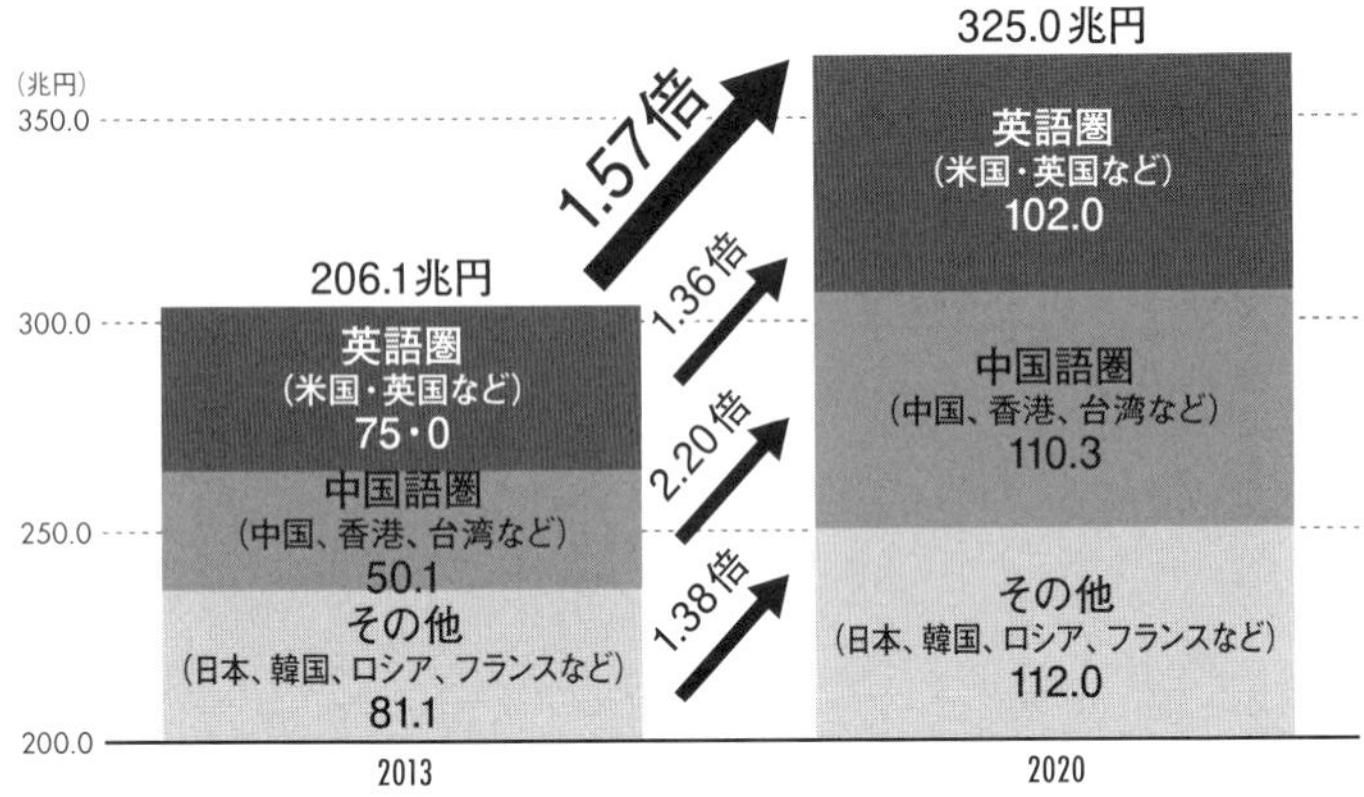

©エニグモ

す。なにしろ二〇一三年に二〇六兆円だった市場が、二〇二〇年には三二五兆円以上に膨らむ（図5）のですから、これを見逃さない手はありません。

その中でも英語圏の一・三六倍に対し、中国語圏は二・二倍ですから、ここをいちばんのターゲットにしたいと思っています。

他人がもっていないものやすごくレアなものがほしいといった、続々と変化する富裕層の多様化するニーズにも、豊富な品揃えと安心感という強みをもった「BUYMA」であれば十分対応できるはずです。

グローバル化に関しては、さまざまな国でサービスを始め、評判のいい国を探している状態です。配送実績は二〇一七年一月の時点では、六二カ国と順調に伸びています。

出品数を増やすとサイトを訪れる人の数が確実に増えるので、当社のKPI（Key Performance Indicator：重要業績評価指標）は出品数です。したがって、まず出品数を増やし、さらにオーガニック（自然）検索の数や、そこから会員になる人の割合（Conversion Rate：CVR）を上げていくのが、進出の手順となります。

香港では、すでにCVRが日本と同程度まできていて、日本と同じボリュームのお客様を集めることができれば、売上も日本並みになると私たちは確信しています。要するに「BUYMA」は香港のマーケットにフィットしたのですから、中国やアジア圏の富裕層も「BUYMA」のサービスに魅力を感じてくれるだろうと実感しています。

これまでの話をまとめると、日本で「BUYMA」と、物流、金融、さらにリセール品の売買といった「BUYMA」に関連する市場とで収益を上げながら、それらを使って世界の市場でホームランを狙うというのが私たちのこれからの戦略ということになります。

また、海外展開では言語の違いが問題になりがちですが、「BUYMA」の場合、出品者はみな海外在住で英語を苦にしない人が多く、アンケートでも七二％が「英語で顧客対応ができる」と回答しています。どの国でも日本の「BUYMA」と同じクオリティでサービスを提供できる。

これは「BUYMA」の海外展開において、大きな強みとなるはずです。

現在（二〇一七年）の営業利益は、一七〜一八億円ですが、これを五〇億円にするのが当社の当面の目標です。

起業のきっかけ

最後に、当社の歴史を簡単にお話しさせてください。

起業のきっかけは博報堂時代の同僚との雑談からです。二〇〇二年のクリスマスに、二人で起業のアイディアを出し合っていたら盛り上がり、冬休みの間にそれぞれが企画書をつくり、新年早々動き出すことになりました。

ただし、当時はまだ「スタートアップ」という言葉も一般的ではありませんでした。そのため、ベンチャーキャピタルを探して企画書を送ったり、事業会社にプレゼンに行ったりしていました。

その後、あるベンチャー企業と組んでサービスを始めたのですが、結局これはうまくいきませんでした。やはりアイディアはそれを考えた人が自分でかたちにしなければ、パッションが伝わらず、ディテールも変わってしまうのです。

それで、今度は五〇人くらいの友人から計六〇〇〇万円ほど出資してもらい、二〇〇四年二月に自分たちで会社を立ち上げました。これが現在のエニグモです。

本当はその年の夏にサービスを開始する予定で、それに向けたイベントなども準備していたのですが、ローンチ直前になって開発チームが夜逃げするなど、予想外のことが起こり、結局、「BUYMA」のスタートは二〇〇五年二月まで待たなければなりませんでした。

ウェブサイトのデザインコンセプトは、海外を感じさせるイメージで、メジャーリーグのホームページの色づかいなどを参考にしました。

準備段階から、「これはオープンしたらすごいことになる」とワクワクしていましたが、蓋を開けてみると売上が最初の月は一万八〇〇〇円、翌月が一万七〇〇〇円、三カ月目も四万一〇〇〇円。六人の創業メンバーが死ぬほどがんばった結果がこれかと、暗澹《あんたん》たる気持ちになりました。

ただ、ネットベンチャーは、これが当たり前で、そこから試行錯誤をしながら改良を重ねて、徐々に売上を伸ばしていくのです。しかし、当時は誰も経験者がいなかったため、そういったこともわからず、社内の空気はかなり悪かったです。みなうつむいて暗い顔をしていました。

とにかく、サービスは開始したものの、何を扱ったらいいかわからず、千葉の漁師さんに出品していただいたアサリを料理のレシピ付きで売ったりしていました。

当初はそうやって、いろいろなものが脈絡なく出品されていて、外から見ると何を売っているサイトなのかよくわからなかったと思います。したがって、せっかくアクセスしていただいたお客様も「ほしいものがない」とすぐに去り、二度と訪れていただけない。まさに負のスパイラルです。

何を行っても、ユーザーがまるで反応してくれません。そこで、エネルギーの投入先をサイトから営業にシフトすることにして、広告のサービスを新たに立ち上げました。それが「プレスブログ」です。

ブロガーにプレスリリースを送り、取り上げてくれた人には謝礼金をお支払いする。個人の発信力がだんだん大きくなり、ブログでもマスメディアと同じように広告効果が得られるのではないかと思い、このようなサービスを始めたのです。

すると、これがかなり評判となりました。おかげで「プレスブログ」で稼ぎながら、「BUYMA」を育てることができるようになりました。

二〇〇六年になるとソネットから六億円の資金調達が決まり、さらに新しく始めた広告サービスも順調に利益を上げ、会社の業績も日に日によくなっていきました。

ベンチャーは少なくとも二〇〇%の成長率で売上を伸ばしていくしかないと思い、ひたすら営業人材を雇い、拡大戦略を続けていたところ、二〇〇八年に起こったリーマン・ショックでクライアントが一気に減り、たちまち赤字に転落、膨らんだ固定費だけが残ってしまいました。

様々な方法でテコ入れをしてみたものの、状況は一向に好転せず、このままでは会社は一年ももたないというところまで追い詰められ、ついに私はリストラを決断します。

当時社員は七〇人ほどになっていました。そのうち二〇人にリストラのパッケージを提示して辞めていただき、経営陣も五人を三人に減少。五つあった事業は「BUYMA」ひとつに絞り、残りは撤退しました。オフィスは家賃の安いところに引っ越し、ついでに会社のロゴも変えて、心機一転を図りました。

結果として、「BUYMA」に集中したことで会社にも一体感が戻り、そこから業績は回復していきます。二〇一二年七月には東証マザーズ市場に株式を上場するまでになりました。

「広げて、選んで、集中する」が成長のカギ

現在の「BUYMA」につながるきっかけとなったのが「アバクロ」です。海外で人気の「アバクロ」のTシャツが日本にはまだ入ってきていないとき、パーソナルショッパーに、「とにかく『アバクロ』を出してくれ」とお願いし、私たちのほうはユーザーが検索したキーワードに連動して表示されるリスティング広告を買って、強引にマッチングを生み出すようにしました。

この「広げて、選んで、集中する」という「パー・チョキ・グー戦略」が、その後も「BUYMA」成長の鍵となっていきました。現在のグローバル展開も、まずはいろいろな地域に進出し、その中で香港の富裕層の反応がいいとわかったら、そこにグッと押し込む。それで香港が当たれば、それを他のエリアにも広げていき、次に集中すべきエリアを探すという戦略です。

初期のころは、本当にイケてないサイトでした。そこで、もう少しきちんとしたサイトにしようと外部のコンサルタントに相談し、女性とファッションに絞ることにして、デザインも女性ファッション誌のように赤を基調にし、画面の左上に大きくロゴを入れたのです。すると、狙いどおり女性ユーザーが増えてきました。

そうしてサイトがにぎわってくると、安いものだけでなく高価格帯の商品の出品比率も上がってきます。そこで、次は黒を基調にした落ち着いたデザインにリニューアルしました。

このように、戦略に合わせてブランディングを微妙に変えていったのも、「ＢＵＹＭＡ」の成功の一因だと分析しています。

パーソナルショッパーの成長も見逃せません。もともと主婦だった人が、今では年間五億円も売っていたり、三階建てのバイヤーハウスを建てて現地の人を何人も雇っていたりといったケースもあります。

商品の仕入れの仕方や税金対策などに関しても、「そんなやり方があったのか」とびっくりさせられることも少なくありません。逆に、パーソナルショッパーからいろいろな知恵やアイディアを引き出すのも、プラットフォーマーの役目だと思っています。

「ＢＵＹＭＡ」の黎明期には、「素人にバイヤーが務まるはずがない」と叩かれたこともありましたが、今ではある有名なセレクトショップの社長に、「少ないプロのバイヤーが集めたものより『ＢＵＹＭＡ』のラインナップのほうがリアルで魅力的だ」といってもらえるほどになりました。

個人の能力が可視化され、それを束ねることで新しい価値を生み出すことができ、それはプロをも凌駕《りょうが》する。今はそんな時代なのかもしれません。

【質疑応答】

Q1 現在は「コントロールされたCtoC」ということだが、今後、メーカーと組んでBtoCサイトとして特徴ある商品をつくっていくようなことも考えているのか。

須田 大手ブランドの多くはいまだに「BUYMA」のことを煙たく思っているようですが、逆に新興のブランドからは、「『BUYMA』と組みたい」という話をいくつかいただいており、すでにそういったブランドの商品を一部出品しています。また、私たちはどんな商品が売れるのか、ある程度わかっていますので、それを生かしたプライベートブランドの開発は当然視野に入っています。

Q2　日本のものを海外に売るという、これまでとは逆のパターンのビジネスにも可能性があるのではないか。

須田　それができる英語のサイトはすでにあります。ただ、売れるのは「サマンサタバサ」や「ヨウジヤマモト」のように、海外でも知られている日本のブランドのものがほとんどで、ボリュームとしては大きくありません。もう少しサイトが大きくなれば、「日本では、どんなものが流行っているのだろう」と「BUYMA」に探しにくるお客様も増えてくると思います。

Q3　一〇万人のパーソナルショッパーは、モノだけでなくコト消費にも対応できるのではないか。

須田　その可能性は大いにあると思います。たとえば、地元の人しか知らない精肉店直営のレストランを予約したり、日本からだと取りにくいオペラのチケットを代わりに取ってあげたりして、そこでお金をいただく。すでにある当社の海外に住む人のネットワークを利用すれば、そういった価値を生み出せると思います。

Q4　中国やアメリカといったビッグマーケットは、これからどうやって攻めていくのか。

須田　中国は香港で手応えを感じているので、かなり可能性を感じています。アメリカも魅力的で入り込みたいのですが、こちらは解決しなければ課題がいくつかあります。

たとえば、コンバージョンレートが低くて、香港の三分の一ぐらいしかありません。ただ、「PayPal」が使えないとか、サーバーをシンガポールに置いているためアメリカで見るとスピードがやや遅いとか、原因はわかっているため、これから一つずつ潰していきます。少し時間はかかるでしょう。

Q5　一〇万人のパーソナルショッパーをどのように集めたのか。

須田　ターゲットは、海外に住んでいる日本人です。彼らのよく行く飲食店やレンタルビデオ店にチラシを置いていただいたり、フリーペーパーに広告を出したり、大学のOB会を通じて駐在員の集まるところで宣伝していただいたり、そういう地道な活動で集めました。ある程度、認知度が上がってからは、地元のコミュニティ内の口コミで自然と広がっていき、今ではほとんどお金をかけず、年間一万人以上登録者が増えています。

Q6　メーカーから見て、「BUYMA」のサービスはグローバルな地域割りテリトリーを無視した並行輸入となる可能性もある。地元の代理店からクレームが入ることはないのか。

須田　かつてはアジア系のバイヤーが転売目的で大量買い付けをして、問題になったこともたしかにありました。ただ、「パーソナルショッパーが自分の代わりに好みの商品を買って送ってくれる」というのが私たちのサービスの趣旨なので、メーカーにもそのように説明しています。

Q7　新たにパーソナルショッパーになった人に対しては、どのような指導をしているのか。

須田　たしかに新しく入ってきていきなり出品しても、そう簡単には売れません。そこで、新しい人には、「こういったものをこの程度の価格にすると売れますよ」といったアドバイスを積極的にしています。

さらに、世界中の人がこんなものを探していると掲示板に書き込む「リクエスト」という機能があるので、それも参考にしていただいています。

（二〇一七年九月二日「熱海せかいえ」にて収録）

パート2

高収益企業の研究編

第一章　大前研一
（株式会社ビジネス・ブレークスルー 代表取締役会長、ビジネス・ブレークスルー大学 学長）

第二章　山下 茂
（ピジョン株式会社 代表取締役会長）

第三章　川勝宣昭
（株式会社DANTOTZ consulting 代表取締役）

第四章　中村利江
（株式会社出前館 代表取締役社長）

第一章

高収益企業の経営戦略

大前研一

図1

高収益の定義

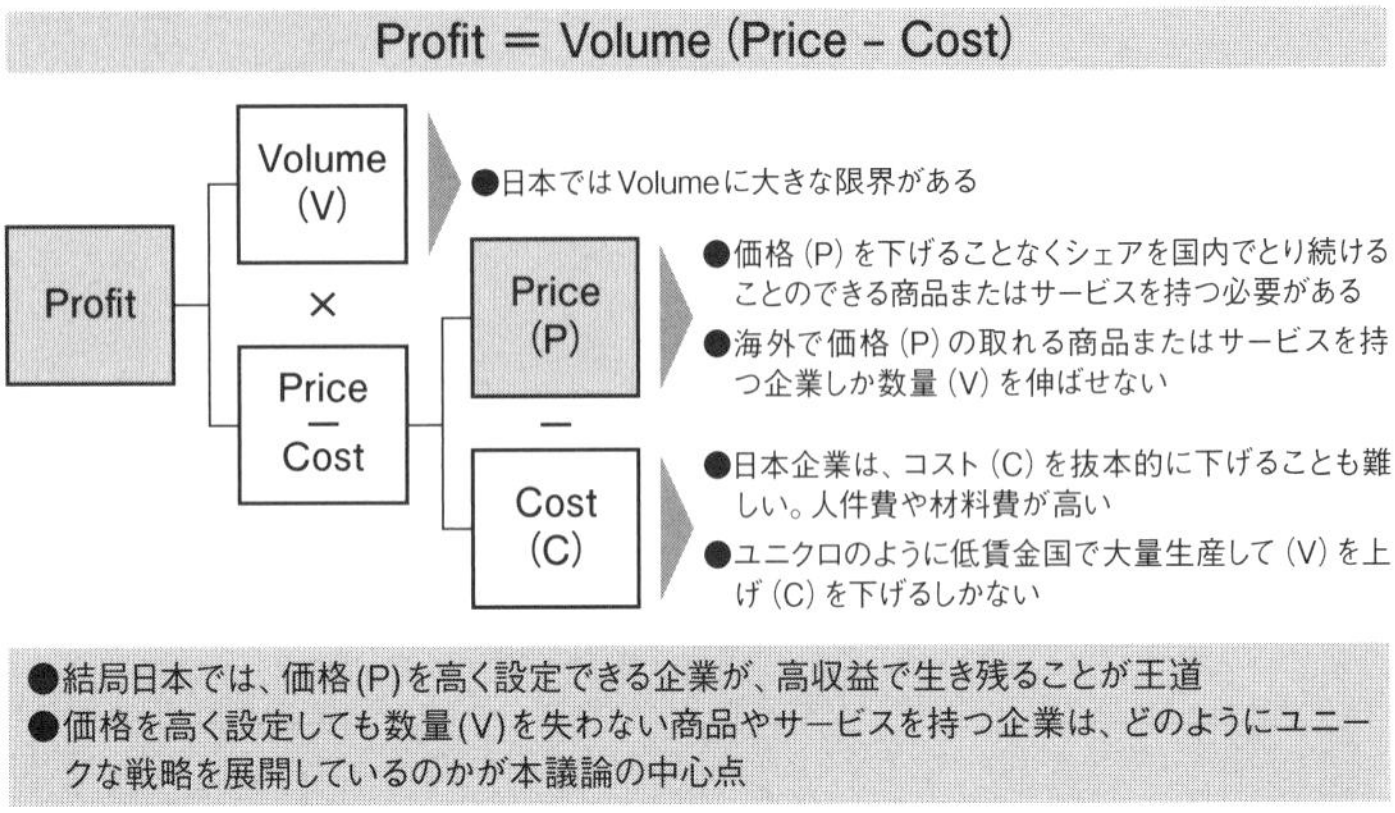

Profit ＝ Volume (Price − Cost)
Profit
Volume
(V)
×
Price
−
Cost
Price
(P)
−
Cost
(C)
●日本ではVolumeに大きな限界がある
●価格（P）を下げることなくシェアを国内でとり続けることのできる商品またはサービスを持つ必要がある
●海外で価格（P）の取れる商品またはサービスを持つ企業しか数量（V）を伸ばせない
●日本企業は、コスト（C）を抜本的に下げることも難しい。人件費や材料費が高い
●ユニクロのように低賃金国で大量生産して（V）を上げ（C）を下げるしかない
●結局日本では、価格(P)を高く設定できる企業が、高収益で生き残ることが王道
●価格を高く設定しても数量(V)を失わない商品やサービスを持つ企業は、どのようにユニークな戦略を展開しているのかが本議論の中心点

©BBT大学総合研究所

高収益の定義

収益を決める変数といえば、「価格（Price）」「費用（Cost）」「数量（Volume）」の三つしかない（図1）。

かつて日本企業は費用を抑えることで国際競争力を手にしてきたが、プラザ合意で円高を余儀なくされた後は、そのぶんを価格に転嫁せざるを得なくなった。

そのため、現在では、価格を高く設定できる企業だけが生き残れるようになっている。

なお、「費用を抑え数量を増やす」という考え方もあるが、実際にこれを実行に移すことができる企業は少ない。

価格を決めるためには、①競争相手との

比較と、②顧客の納得感、の二つを考慮する必要があるからだ。

②に関していえば、飲食業の鳥貴族がいいケーススタディだ。鳥貴族は創業時から二八年以上もの間、「全品二八〇円（税抜）均一」という価格を維持してきたが、人件費などのコスト上昇を理由に、二〇一七年一〇月一日一五時から二九八円（税抜）に値上げをした。すると、客足が激減してしまったのである。それまでより約六％値上げした二九八円（税抜）という価格を、顧客は受け入れなかったのだ。

ちなみに、私がマッキンゼー東京で働いていた四〇年前は、私の一カ月のコンサルティングフィーは二五〇〇万円だった。当時の日本のコンサルタント会社の価格が、だいたい月五〇万円くらいだったから、企業に営業に行っても最初はまったく相手にしてもらえなかった。それで『企業参謀』（プレジデント社）という本を出し、将来参謀にしたい若手をこうやって育てるのだという内容を明らかにした。さらに、コンサルティングに行って、フィー（費用）の五〇倍の収益改善を行うという実績を積み上げると、一年半ほど経って、ようやくこの価格を受け入れてくれる企業が増えてきたのである。

コストをもとに価格を決めるのではなく、「バリューから価格を正当化する」。これが高収益企業のやり方なのだ。

現在高収益を上げている代表的な企業を、以下にまとめた。

・売上高一〇〇億ドル以上……サムスン、フェイスブック、フォルクスワーゲン、ソニー
・売上高一〇〇億ドル以上一〇〇〇億ドル未満……シャイアー、NVIDIA、キーエンス、村田製作所
・売上高一〇〇億ドル未満……FUJI、東海カーボン、ファンケル、スタートトゥデイ（※2018年にZOZOに社名変更）、エムスリー、ゴールドウイン

これらの企業はいずれも、価格を高くしてもボリュームを失っておらず、その経営戦略には学ぶべき部分が多くある。

日本企業は収益性を上げるとなると、すぐにコストダウンのほうに向かいがちだが、中国などと比較すると人件費や材料費が高いため、コストダウンは簡単ではない。ユニクロのように低賃金国で大量生産をしないかぎり、そう簡単にコストを下げることはできないだろう。

そうなると、国内で価格を下げることなくシェアを取り続けることができるか、海外で価格の取れる商品やサービスをもつ高収益企業しか販売数量を伸ばせないことになる。

海外企業と比べ収益力で劣る日本企業

日本企業は現在、売上こそそれほど伸びてはいないものの、営業利益、経常利益、当期純利

図2

日本企業の業績推移

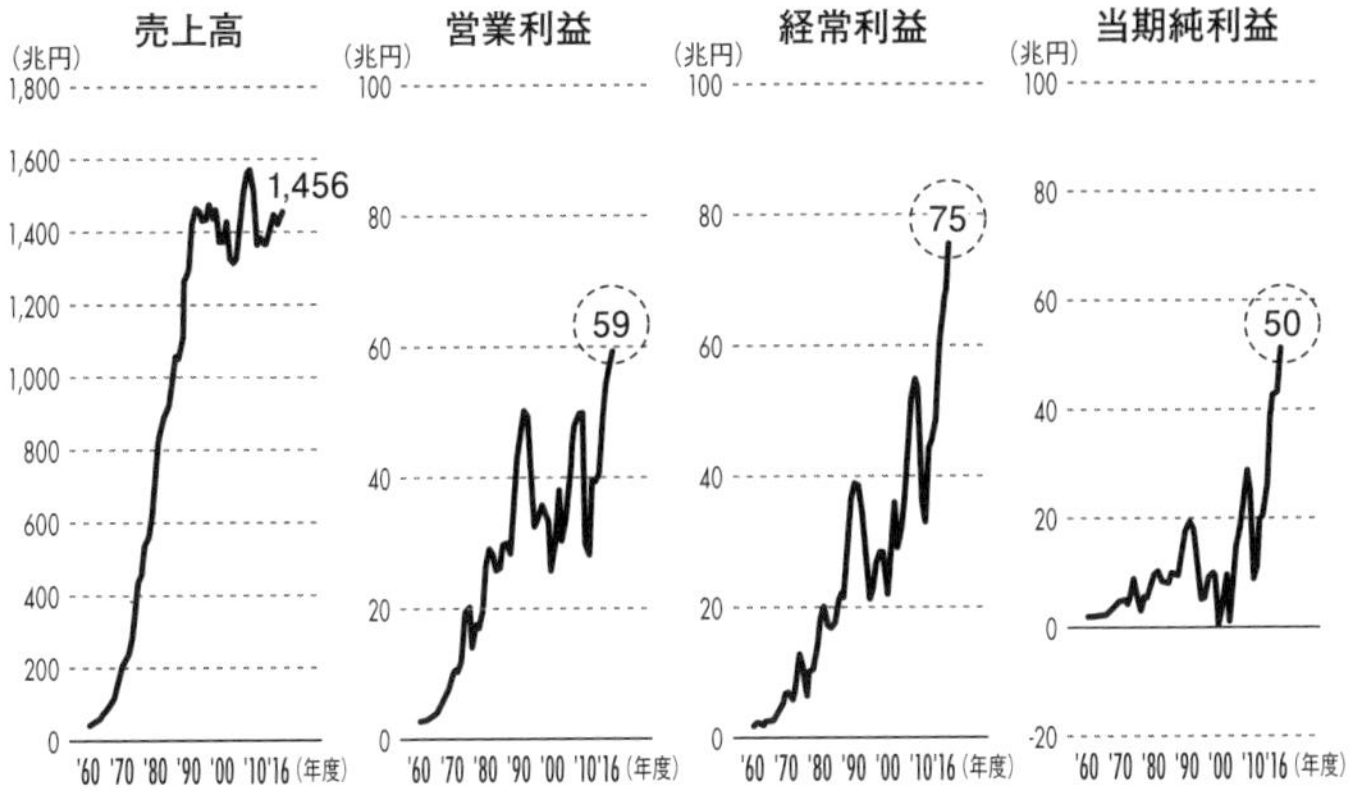

出所：財務省「法人企業統計調査」より作成 ©BBT大学総合研究所

益は非常に好調に伸びている（図2）。営業利益率、経常利益率、当期利益率といった収益指標をみても、日本企業は過去最高の水準にあるといっていい（次ページ図3）。

また、グラフを見ると、日本企業の好調をけん引しているのは上場企業だということがよくわかる（次ページ図4）。要するに、上場企業の〝稼ぐ力〟が高まっているのが、好調の要因なのだ。

しかし、一見好調の日本企業も、同業種の海外企業と比較すると、収益力はまだかなり水をあけられている。海外企業を凌駕しているのはトヨタくらいだ（P179図5）。

日本企業の弱点のひとつがグローバル化の遅れである。たとえば、ジョンソン・エンド・ジョンソンは、赤ちゃん用のベビーオイルとおむつ、それから綿棒などでまず

図3

日本企業の収益指標（全産業／除く金融保険業）

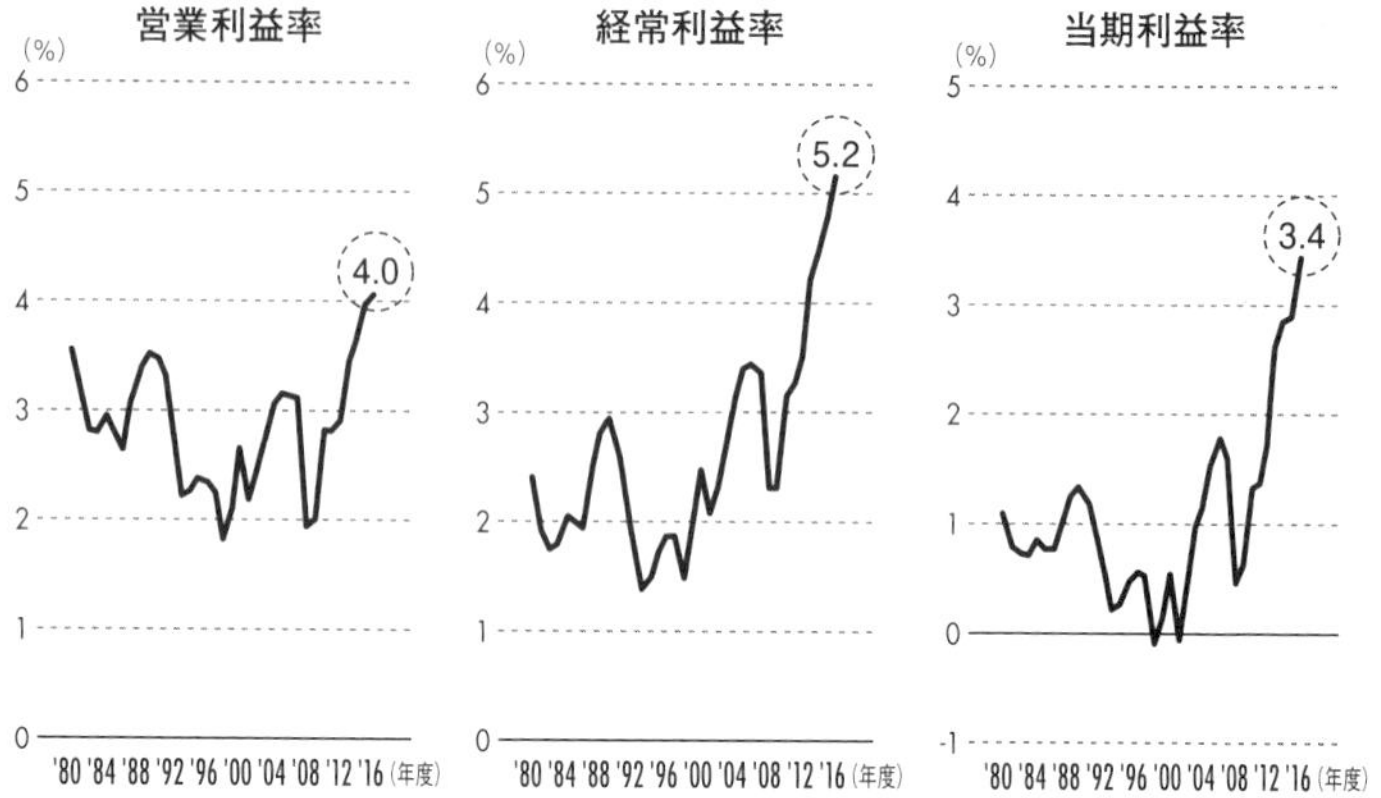

出所：財務省「法人企業統計調査」より作成 ©BBT大学総合研究所

図4

上場企業の主要業種別業績（最終損益）

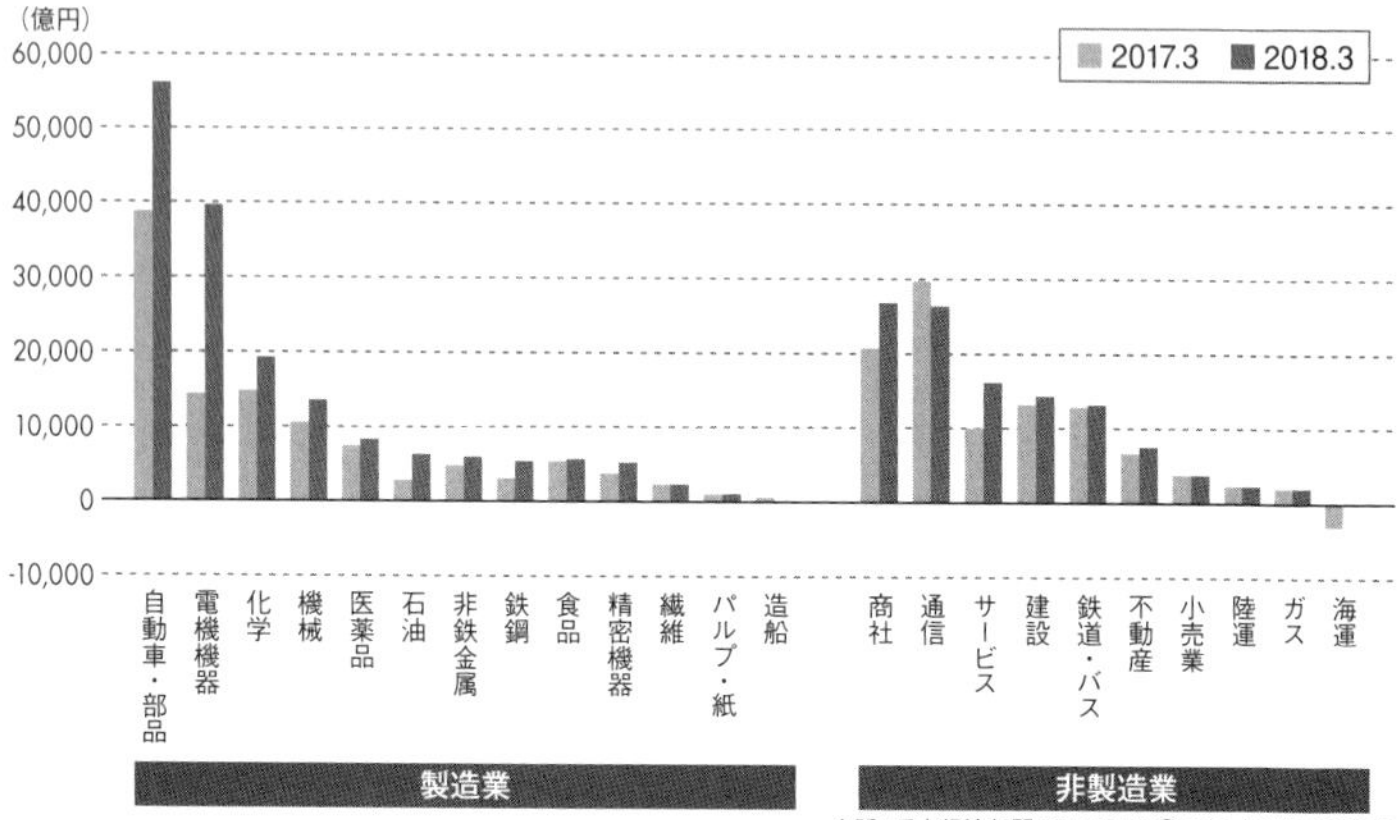

出所：日本経済新聞2018/5/19 ©BBT大学総合研究所

図5

海外ライバル企業との純利益の比較（2017年度）

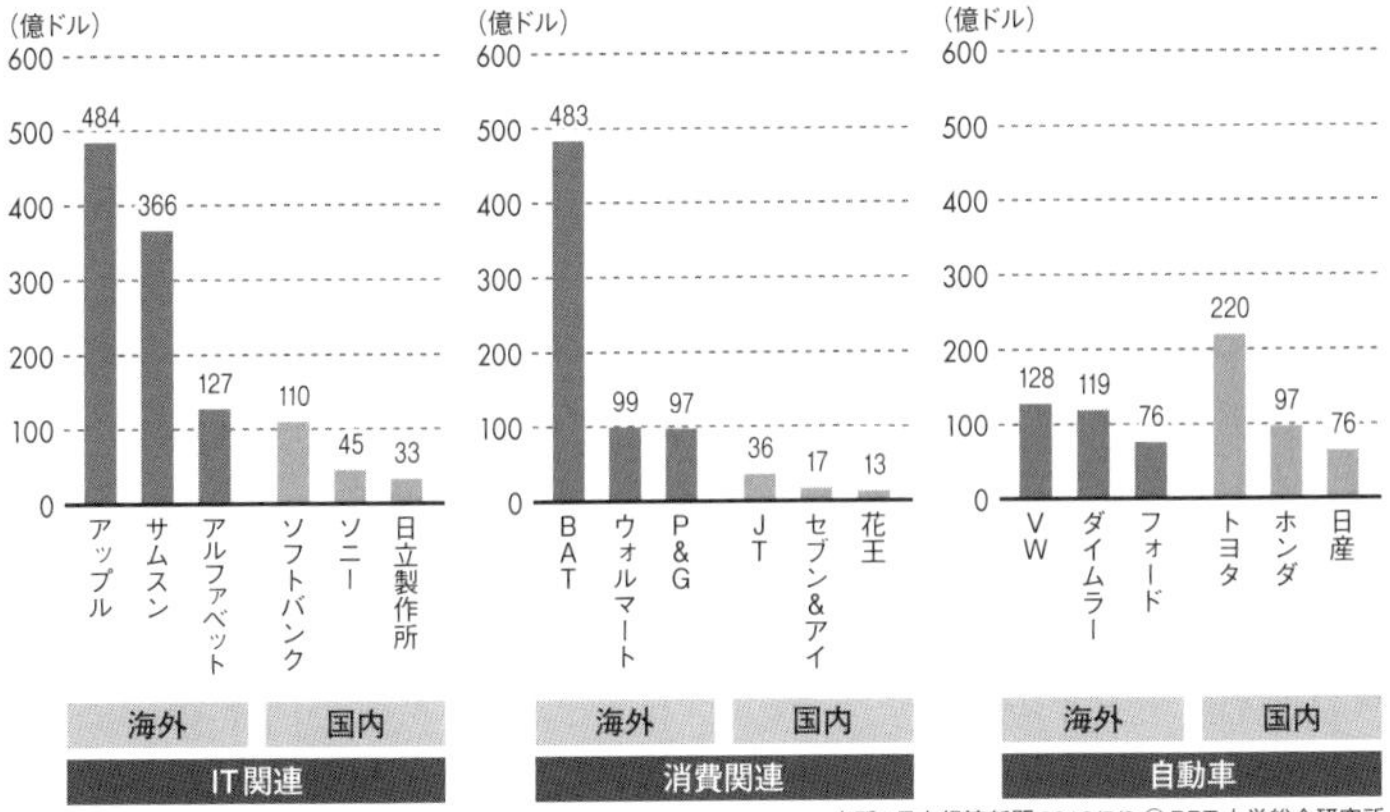

出所：日本経済新聞2018/5/2 ©BBT大学総合研究所

母親を通して家庭に入り込み、浸透したらそこから薬やメディカル機器と、徐々に取り扱い商品の範囲を広げていくといった海外進出の方程式を確立している。これに対し日本の花王は、ドイツやアメリカで会社を買ったりもしてはいるが、世界に対してこういう方程式はもっていない。

人材面でも日本企業は、グローバル化に対応できるフレキシブルな人材育成に関しては、台湾企業などよりはるかに後れをとっている。

それゆえ、日本企業が世界の高収益企業から学ぶ意義は大きい。どんな企業が世界で利益を稼ぎ出しているのか、あるいはこれから稼ごうとしているのかを調べ、経営手法を分析し、さらに、それを自社の経営に取り入れていくのである。

事例分析の条件

それでは、実際に高収益企業の事例を見ていこう。

まずは、SPEEDAの企業・業界情報データベースから、「売上高一〇〇億ドル以上」「同一〇億ドル以上一〇〇億ドル未満」「同　一〇億ドル未満（日本国内企業限定）」という三つのカテゴリーでそれぞれ上位二〇社を抽出する。

なお、次の企業はそこから除外する。

①国内市場の大きい中国企業

（理由）国内市場規模に限界のある日本企業の参考にならない。

②資源・コモディティ産業

（理由）価格が商品市況や経済状況の影響で大きく変動するため、参考にならない。

③付加価値ではなく低価格で勝負している企業

（理由）「価格を高く設定し高収益で生き残る」という基準にそぐわない。

④航空機、軍需産業のような政府補助、政治圧力、規制の影響を強く受ける業界

（理由）「価格を高く設定し高収益で生き残る」という基準にそぐわない。

その結果、以下の企業を選んだ。

①売上高一〇〇億ドル以上

サムスン（韓国）、フェイスブック（アメリカ）、フォルクスワーゲン（ドイツ）、ソニー（日本）

②売上高一〇億ドル以上一〇〇億ドル未満

シャイアー（アイルランド）、NVIDIA（アメリカ）、キーエンス（日本）、村田製作所（日本）

③売上高一〇億ドル未満（日本企業）

FUJI、東海カーボン、ファンケル、スタートトゥデイ（現・ZOZO）、エムスリー、ゴールドウイン

事例研究「売上高一〇〇億ドル以上」企業

「売上高一〇〇億ドル以上」の企業の中から事例研究で取り上げるのは、サムスン（韓国）、フェイスブック（アメリカ）、フォルクスワーゲン（ドイツ）、ソニー（日本）の四社である（図6）。

図6

売上高100億ドル以上、営業利益増加額上位20社（全世界）

順位	企業名	業界	国	営業利益増加額（十億ドル）
1	Samsung Electronics	通信機器	韓国	22.2
2	ROYAL DUTCH SHELL	石油・ガス	オランダ	13.6
3	Exxon Mobil	石油精製	米国	11.1
4	SK Hynix	半導体	韓国	9.3
5	Facebook	IT	米国	7.8
6	China Evergrande	不動産	中国	6.8
7	Rio Tinto Ltd	資源	オーストラリア	6.1
8	Rio Tinto plc	資源	イギリス	6.1
9	Volkswagen	自動車	ドイツ	6.0
10	PETROCHINA COMPANY LIMITED	石油・ガス	中国	5.6
11	CNOOC	石油・ガス	中国	5.4
12	Alphabet	IT	米国	5.2
13	Glencore	資源	スイス	4.8
14	Boeing	航空機	米国	4.5
15	China Shenhua Energy	石炭・石灰石	中国	4.1
16	ソニー	総合電機	日本	4.0
17	Intel	半導体	米国	3.6
18	Suncor Energy	石油・ガス	カナダ	3.5
19	Alibaba Group Holding	Eコマース	中国	3.4
20	Caterpillar	建設機械	米国	3.4

1. サムスン

サムスンの二〇一七年一二月期の売上高は二一一七億ドル、営業利益は四七四億ドル（営業利益率二二％）と、いずれも過去最高を記録している（図7左）。

サムスンの企業分析をするにあたっては、「消費者家電」「スマートフォン・PC」「半導体・ディスプレイ」という三つの事業を分けて考える必要がある。

消費者家電に関しては、韓国国内では強いものの、グローバル化はほとんどできていない。世界においては、中国の美的集団のほうがはるかに上を行っているといっていい。

一方、アンドロイドを搭載したスマートフォンはアップルを抑え、世界のトップシ

図7

高収益企業の事例：サムスン

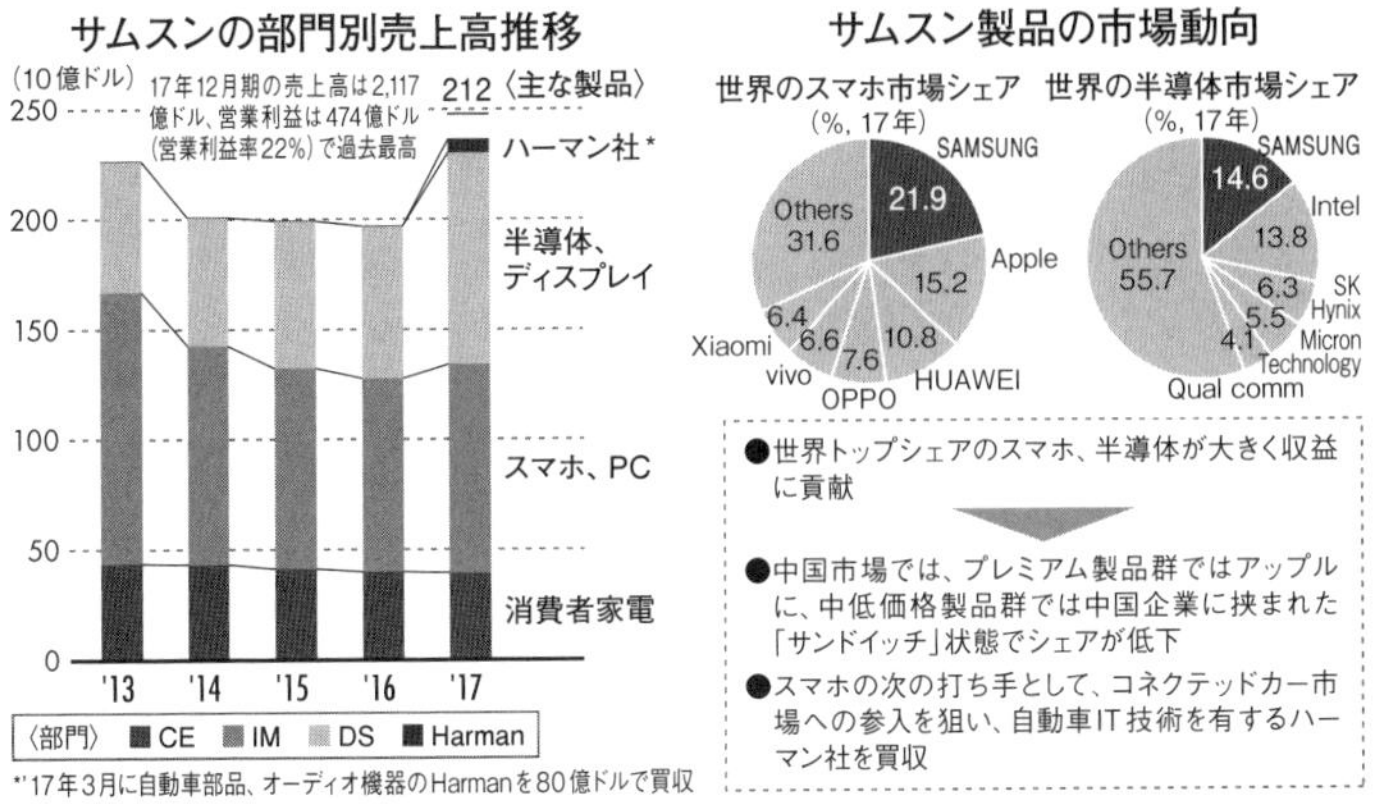

*'17年3月に自動車部品、オーディオ機器のHarmanを80億ドルで買収

出所：サムスン ©BBT大学総合研究所

エアを占めており、サムスンの大きな収益源となっている（図7右）。ただ、この分野ではアメリカににらまれている中国の華為（ファーウェイ）や、同じく中国の小米科技（シャオミ）も急追しているので、うかうかとはしていられないだろう。

半導体も同様に、かつて東芝が開発したフラッシュメモリでインテルを抜き、世界市場で圧倒的な強さを見せ、稼ぎまくっている。

このようにサムスンの場合、スマートフォンと半導体がコア事業なのだが、韓国国内ではまだ家電メーカーと思っている人が非常に多い。

なお、スマートフォンは、中国市場ではプレミアム製品群のアップルと中低価格製品群の中国企業に挟まれたサンドイッチ状

図8

高収益企業の事例：フェイスブック

Facebookの業績推移

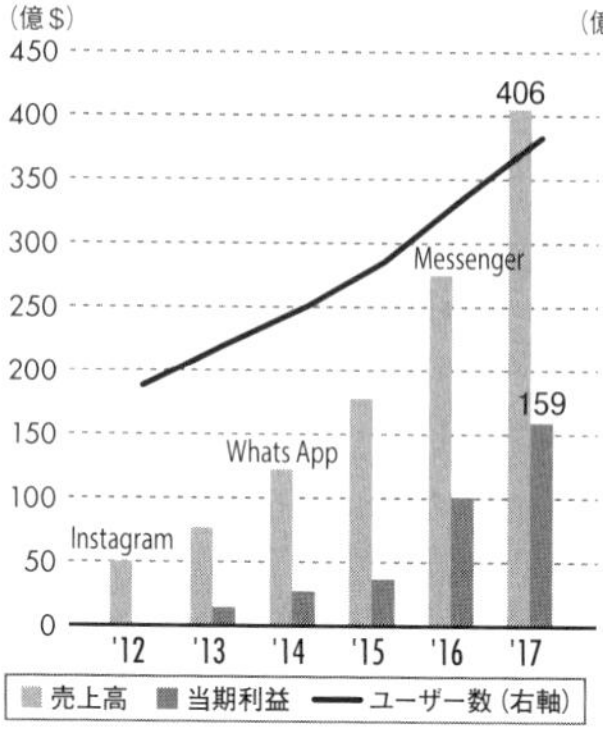

業績好調の要因

- FBの広告収入は9割程度が携帯端末向けで、月間利用者数は22億人に達する
- 12年に写真共有アプリ「インスタグラム」を10億ドルで買収。14年に218億ドルでチャットアプリ「ワッツアップ」を買収
- パソコン時代に生まれたFBだが、買収によりモバイル時代のコミュニケーションや共有機能を強化した

Facebook（自社）	WhatsApp（買収）	Messenger（自社）	Instagram（買収）
▼ 22億人	▼ 15億人	▼ 13億人	▼ 8億人

ユーザー数は合計58億人

▼

フェイクニュースや、個人情報の流出など、同サービスに対する風当たりが強まっているが、広告収入は好調で営業利益率は46%と高く、高成長が続いている

出所：フェイスブック ©BBT大学総合研究所

態になっているため、シェアは低下している。

さらに、サムスンは二〇一七年三月に自動車部品、オーディオ機器メーカーのハーマンを八〇億ドルで買収した。スマートフォンの次なる柱として、コネクテッドカー市場への参入を画策しているのは想像に難くない。

2. フェイスブック

フェイスブックの月間利用者数は全世界で約二二億人。主たる収益減は広告収入で、およそ九割が携帯端末向けのものだ（図8右）。

二〇一二年に写真共有アプリ「インスタグラム」を一〇億ドル、二〇一四年にはチャットアプリ「ワッツアップ」を二一八億ドルで買収した。これに自社開発のフェイスブックとメッセンジャーを加えると、ユーザー数はなんと合計五八億人となる。

フェイスブックはパソコン時代に生まれたサービスだが、効果的な買収によりモバイル時代のコミュニケーションや共有機能の強化にも成功しているといっていいだろう。

広告収入は好調で、営業利益率の四六％と高く高成長が続いているが、一方で、米大統領選の際、フェイスブックが収集したユーザーデータの一部が英ケンブリッジ・アナリティカ社に提供され、スティーブ・バノン率いるトランプ陣営に利用されていたことが発覚するなど、サービスそのものが批判の対象になっているのは、懸念材料である。

3．フォルクスワーゲン

フォルクスワーゲンは二〇一五年にディーゼル車の排気ガス測定不正が発覚し、企業イメージを大きく損なった。それでも二〇一七年の自動車販売台数は一〇七四万台と、同一〇六〇万台のルノーと一〇三八万台のトヨタを抑え、二年連続で世界一を達成、過去最高の純利益を上げた（次ページ図9左）。

世界最大の自動車市場である中国で、過去最大の販売台数を記録したことが、好業績の最大の要因だといっていいだろう。アメリカにおける自動車販売台数が年間一六〇〇〜二〇〇〇万

図9

高収益企業の事例：フォルクスワーゲン

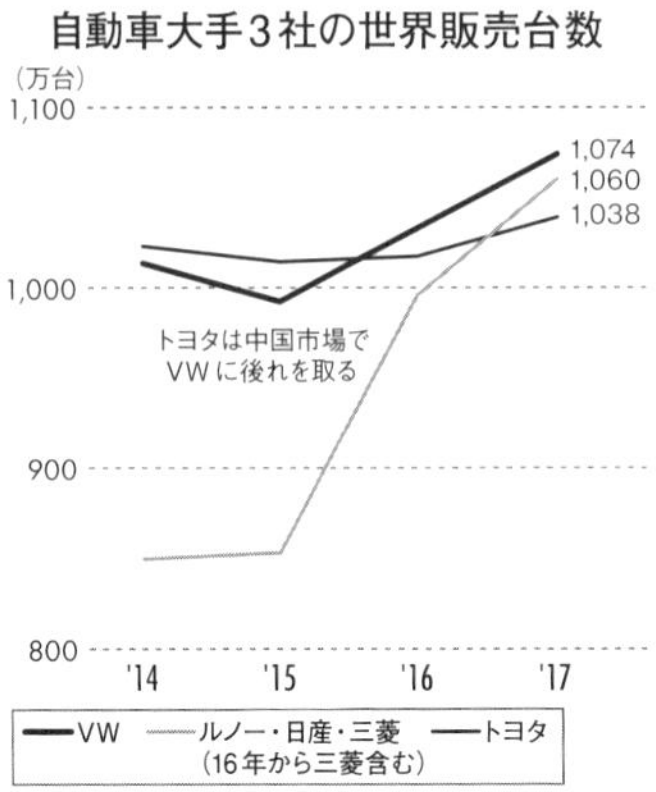

VWの好業績要因と今後の布石

好業績の要因

- 2017年は2年連続で販売台数で世界一を達成。純利益がディーゼル車の排ガス不正発覚前の水準を上回る
- 世界最大の自動車市場である中国での販売台数が過去最高を記録。EVシフトを加速しており、今後7〜8年以内に中国で40車種のEVを発売する計画を発表
- 高級車から大衆車までブランドやサイズを問わない共通化で、開発や部品調達、生産のコストを抑制

今後の布石（スポーツ車、EVの強化）

- 元監査役会長フェルディナント・ピエヒ氏の主導により、2018年から新体制が本格始動
- BMW出身のヘルベルト・ディース氏が社長に就任。EV事業と北米事業というVWの将来を占う2つの重要任務もそれぞれBMW出身者が担う
- 従業員のアイデアを尊重し、規模で劣りながらも革新的でスポーティーな製品を世に出してきたBMWの手法を取り入れて、VWの官僚的な企業文化を変革することが狙い

出所：各社ホームページより ©BBT大学総合研究所

台なのに対し、中国では三〇〇〇万台以上が売れる。それほど大きな市場なのだ。トヨタも世界五二カ所に生産拠点をもつ非常に優秀な会社だが、中国市場ではフォルクスワーゲンに後れをとっている。

中国での好調はEVシフトもその一因だ。フォルクスワーゲンは今後七〜八年の間に、中国で四〇車種のEVを発売するという。

さらに、高級車から大衆車まで共通部分を増やし、開発や部品調達、生産のコストを抑制している点も見逃せない。

二〇一八年から元監査役会長フェルディナント・ピエヒ氏の主導で新体制が本格始動する。マティアス・ミュラー氏の後を受けて、同年四月に新社長に就任するヘルベルト・ディース氏はBMW出身。EV事業と北米事業というフォルクスワーゲンの将

図10

高収益企業の事例：ソニー

ソニーの営業利益内訳

（億円）

連結営業利益 7,349億円

CMOS
イメージ
センサー
PS4

連結営業利益 2,265億円

10,000
8,000
6,000
4,000
2,000
0
-2,000

411
1278
1332
1640
1775
1789

478
439 372
17
1422
-1478

注）全社・セグメント
間取引・その他は除く

'12.3　　'18.3

■金融　■ゲーム　■半導体　■エレキ　■音楽　■映画

ソニーの構造改革と結果

構造改革の実施

● 大幅な赤字を計上したエレキ部門を中心に構造改革を実施
● 10年間赤字であったテレビ事業の構造改革
　・事業規模が半分以下でも損益を均衡させられる体制
　・液晶パネルが外部調達に切り替え
　・高付加価値商品でターゲットを絞り規模を追わない
● 3年間で映画事業やモバイル事業などで計5,000億円の減損処理を行う

構造改革の結果

● テレビは大型画面の付加価値商品に注力し、平均販売単価は14年の5万7000円から17年には6万7000円に上昇
● ゲーム事業は、発売から3年半が経過した家庭用ゲーム機「プレイステーション4」の販売も好調で累計7900万台に到達。また、継続課金の仕組みを拡大するなどハード販売の波に左右されにくくなった
● 半導体では、イメージセンサーで世界シェア45％を確保。スマホの高機能化が進んでカメラが複数付くようになったのも追い風になる

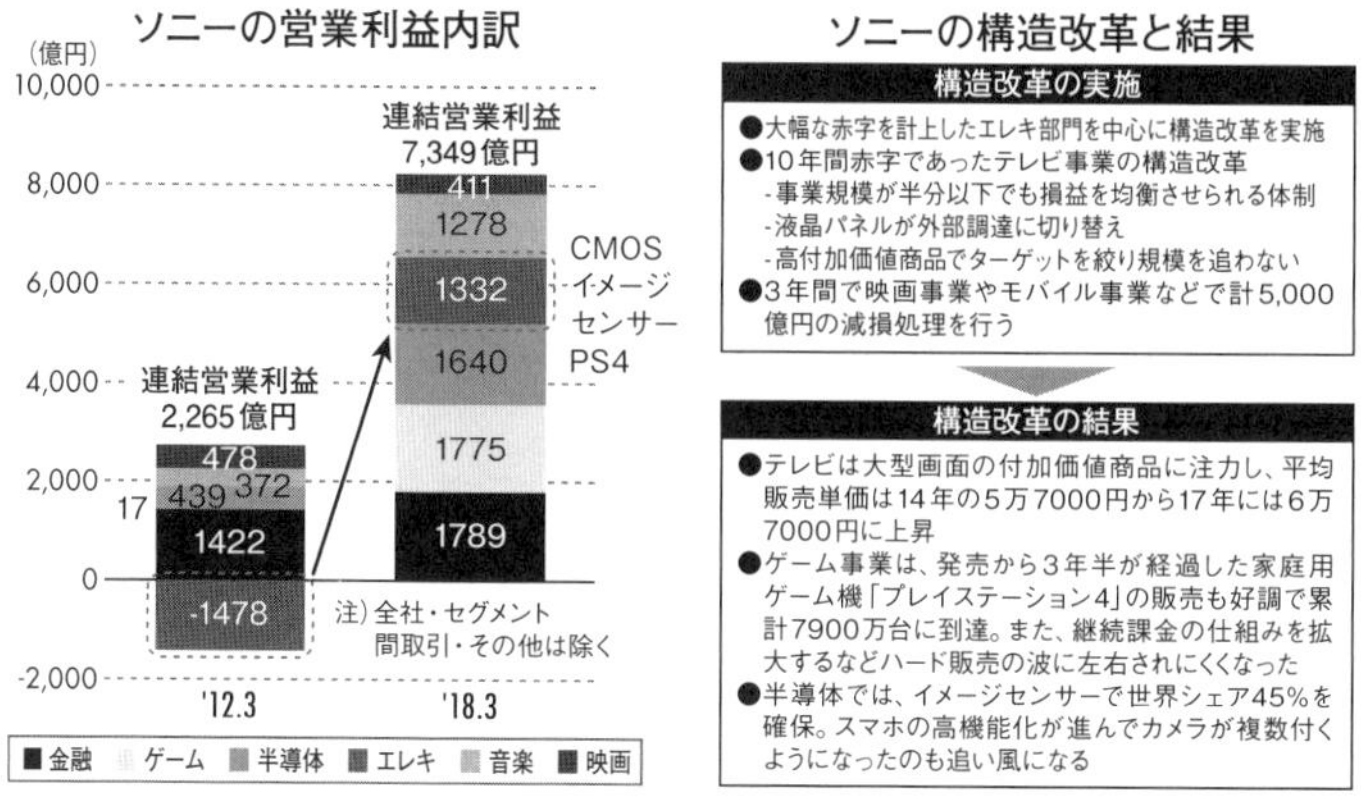

出所：ソニー ©BBT大学総合研究所

来を占う二つの重要任務も、それぞれBMW出身者が担う。従業員のアイデアを尊重し、規模で劣りながらも革新的でスポーティな製品を世に出してきたBMWの手法を取り入れ、フォルクスワーゲンの官僚的な企業文化を変革するのが狙いだ（図9右）。

4．ソニー

ソニーは近年エレキ部門が経営の足を引っ張っていた。そこで、一〇年連続赤字が続いていたテレビ事業を中心に、エレキ部門の構造改革に踏み切った（図10右）。

具体的には、事業規模が半分以下になっても損益を均衡させられるよう、液晶パネルを内製から外部調達に切り替え、さらに高付加価値の大型画面テレビに注力したの

である。

同時に、三年間で映画事業やモバイル事業などで合計五〇〇〇億円の減損処理も実施した。その結果、テレビの平均販売単価は五万七〇〇〇円から六万七〇〇〇円に上昇したのだ。

加えて、ゲーム事業では発売から三年半が経過した家庭用ゲーム機「プレイステーション4」が依然として好調で、販売台数は累計七九〇〇万台に到達した。また、ハードの売上が上下しても安定した収益を確保できるよう、継続課金の仕組みを拡大したことも吉と出ている。

半導体では、CMOSイメージセンサーが大きく伸び、今や世界の市場シェア四五％がソニー製である。スマートフォンの高機能化が進み、カメラが複数台搭載されるのが一般的となったことも追い風となっている。

この構造改革が功を奏し、ソニーの二〇一八年三月期の連結営業利益は七三四九億円と、一〇年ぶりに最高益を更新した（前ページ図10左）。

事例研究「売上高一〇億ドル以上～一〇〇億ドル未満」企業

「売上高一〇億ドル以上～一〇〇億ドル未満」企業の中から事例研究で取り上げるのは、シャイアー（アイルランド）、NVIDIA（アメリカ）、キーエンス（日本）、村田製作所（日本）の四社である（図11）。

図11

売上高10億ドル以上100億ドル未満、営業利益増加額上位20社（全世界）

順位	企業名	業界	国	営業利益増加額（十億ドル）
1	Kweichow Moutai	酒類	中国	2.11
2	Shaanxi Coal Industry	石炭・石灰石	中国	1.83
3	Teck Resources	石炭・石灰石	カナダ	1.75
4	ENCANA	石油・ガス	カナダ	1.55
5	Shire	バイオテクノロジー	アイルランド	1.45
6	Molson Coors Brewing	酒類	米国	1.45
7	ANTOFAGASTA	銅鉱石採掘	イギリス	1.37
8	Cheniere Energy	石油・ガス	米国	1.37
9	Innolux	パネル	台湾	1.35
10	任天堂	ゲームソフト	日本	1.33
11	BOE Technology Group	パネル	中国	1.28
12	NVIDIA	半導体	米国	1.27
13	Forward Pharma	バイオテクノロジー	デンマーク	1.24
14	Grupo Mexico SAB	銅鉱石採掘	メキシコ	1.20
15	Pioneer Natural Resources	石油・ガス	米国	1.15
16	Daqin Railway	鉄道	中国	1.13
17	Agile Group Holdings	不動産	中国	1.11
18	東京エレクトロン	半導体製造装置	日本	1.10
19	キーエンス	センサ	日本	1.07
20	Anhui Conch Cement	セメント	中国	1.07

1. シャイアー

シャイアーは一九八六年に英ハンプシャー州で創業した、難病に特化した製薬会社だ（次ページ図12右）。九六年、ロンドン証券取引所に上場、二〇〇八年、法人税率が低い（一二・五%）アイルランドのダブリンに本社を移転、二〇一八年五月には約四六〇億ポンド（約六・八兆円）で日本の武田薬品工業に買収されている。なお、この買収額は武田薬品工業の時価総額を上回っている。また、シャイアーの買収による完全子会社化により、武田薬品工業は世界のトップ10入りを果たした。

シャイアーの高収益は、血液、免疫、神経科学などにおける希少疾患というニッチ分野に集中したことに尽きる。競争相手が

図12

高収益企業の事例：シャイアー

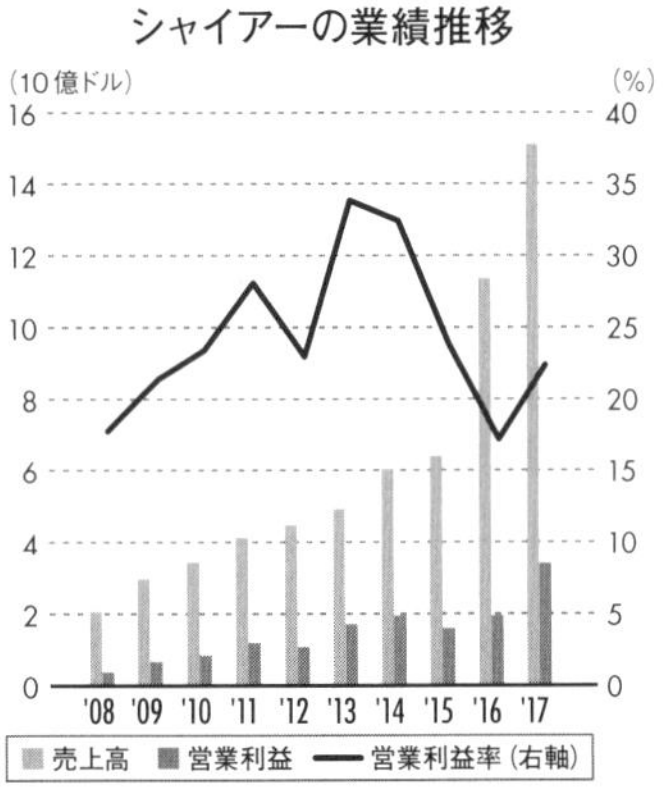

高収益の要因

シャイアーの概要

- 難病に特化した製薬会社
- 1986年、英ハンプシャー州で創業、96年ロンドン証取上場
- 2008年、法人税率が低いアイルランド・ダブリン（12.5%）に本社を移転
- 2018年5月、武田薬品工業がシャイアーを約460億ポンド（約6.8兆円）で完全子会社化*

高収益の要因（ニッチ分野への集中）

- 売上高の70%が、希少疾患の治療薬
  -血液、免疫、神経科学、血管性浮腫、腫瘍、遺伝性疾患など
- 開発中の製品の75%が希少疾患や難病向けの治療薬
- 希少疾患製薬会社の戦略的買収を多数（十数社）行ってきた

- 競争相手の少ない希疾患分野へ集中が高利益につながる
- EBITDAの対売上高比率38%
  -スイスロシュ、ファイザーなどの世界大手に比肩

出所：シャイアー、SPEEDA © BBT大学総合研究所

少ないところで大きな利益を確保するという戦略が成功したといっていい。

現在、売上高の七〇%が希少疾患の治療薬、開発中の製品も七五%が希少疾患や難病向けの治療薬となっている。

また、希少疾患製薬会社の戦略的買収も、これまで数十社行ってきている。

EBITDA（Earnings Before Interest Taxes Depreciation and Amortization／税引前利益に支払利息、減価償却費を加えて算出される利益）の対売上高比率は三八%と、スイスロシュ、米ファイザーといった世界の大手製薬会社に肩を並べる高さだ。

なお、武田薬品工業はこのシャイアーを買収する前にも、スイスのナイコメッド、米国のミレニアムという会社を買っている。

今や日本の会社というより無国籍企業とい

図13

高収益企業の事例：NVIDIA

NVIDIAの部門別業績

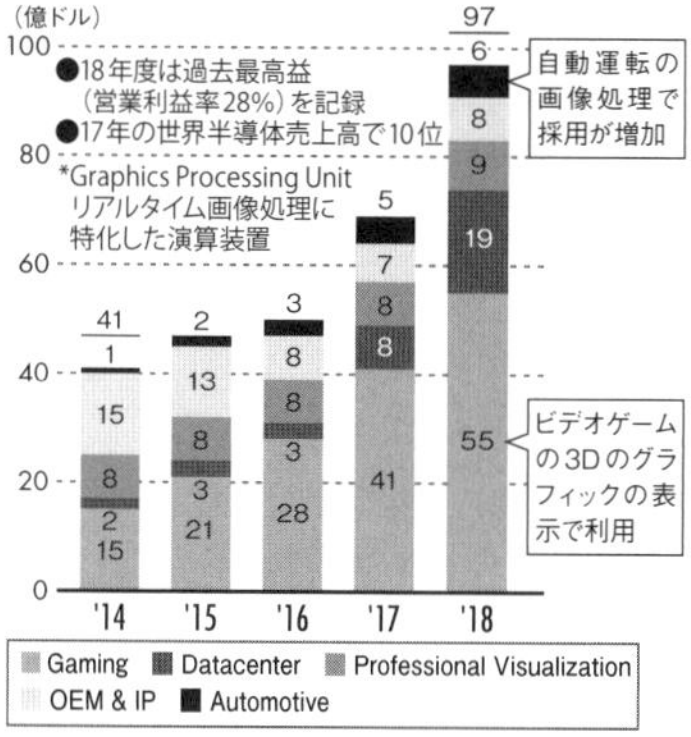

創業者CEOの略歴

Jensen Huang
(ジェンスン・フアン)
創業者、CEO

- 1963年台湾生まれ。米国へ移住
- オレゴン州立大学で電気工学理学士号、スタンフォード大学で電気工学修士号を取得
- 卒業後は、LSI LogicやAMDに在籍、マイクロプロセッサの設計に携わる
- 「CPUの時代は終りだ。GPUの時代だ。コンピュータは全てピクセルで出来ている」と確信し、1993年にNVIDIAを3名で創業
- 90年代後半には70社あったGPUメーカーのうち、今日まで生き残ったのはNVIDIAとAMDだけ
- 自動運転向けでは、アウディとテスラはモービルアイのEyeQ(CPU)からNVIDIAのDRIVE PX 2(GPU)に切替え

出所：NVIDIA ©BBT大学総合研究所

ったほうがいいだろう。この多国籍軍の中で日本勢（人）がどれくらい活躍できるか、見ものである。

2. NVIDIA

同社の創業者でCEOのジェンスン・フアン（Jensen Huang 黄仁勳）氏は台湾で生まれ、米国に移住した台湾系アメリカ人である（**図13右**）。

米オレゴン州立大学で電気工学理学士号、スタンフォード大学で電気工学修士号を取得すると、卒業後はLSI LogicやAMDに在籍し、マイクロプロセッサの設計等に携わると、「CPUの時代は終わった、これからはGPUの時代だ。コンピュータはピクセルでできている」と確信し、一九九三

年にＮＶＩＤＩＡを創業した。ＮＶＩＤＩＡは現在の社員数が一万人規模の世界的大企業だが、創業時はわずか三人だった。

ＧＰＵ（Graphics Processing Unit）とは、３Ｄグラフィックスなどの画像描写を行う際に必要となる計算処理を行う半導体チップのことだ。一九九〇年代後半には七〇社ものＧＰＵメーカーが林立していたが、今日まで生き残っているのはＡＭＤとＮＶＩＤＩＡの二社だけである。

このＧＰＵの用途は、これまではほとんどがビデオゲームの３Ｄグラフィックスで、私もスクウェアの社外取締役をしているときは、ＮＤＩＶＩＡにはたいへんお世話になった。

しかし、現在注目されているのは、自動運転の画像処理である。この分野においてはこのＮＶＩＤＩＡとモービルアイがしのぎを削っているが、ＮＶＩＤＩＡのほうが今のところ頭ひとつ抜け出ている。先日もアウディとテスラがモービルアイの「EyeQ」（ＣＰＵ）からＮＶＩＤＩＡの「DRIVE PX 2」に切り替えた。

3. キーエンス

キーエンスの時価総額は七・二兆円（二〇一八年七月二〇日現在）、これは関西企業ではトップである（図14右）。業績を見ると売上高、営業利益とも右肩上がりが続いている。二〇一八年三月期の売上高は五二六八億円、同営業利益は二九二九億円で営業利益率はなんと五六％（図14左）。

図14

高収益企業の事例：キーエンス

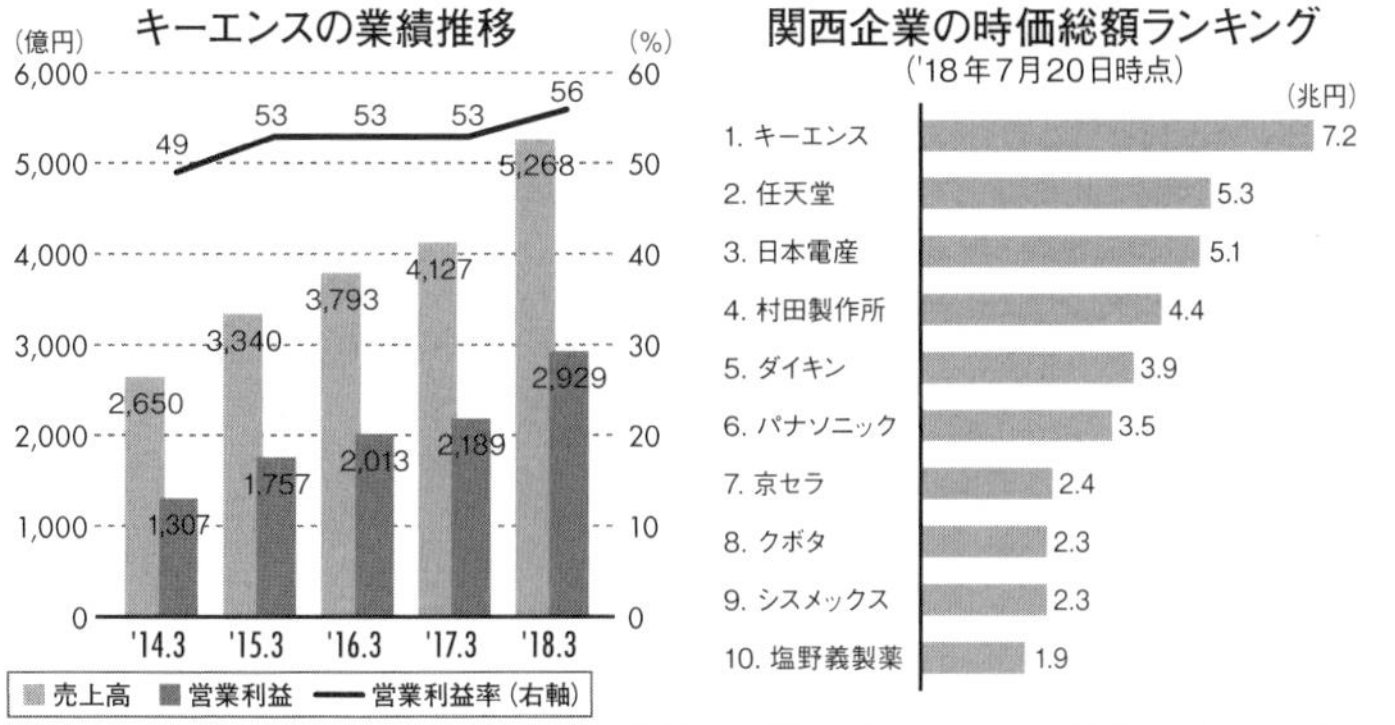

注）15年,16年は変則期決算を12ヶ月に組み直し

*国内製造企業の営業利益率は平均4.8%（平成29年経済産業省企業活動基本調査）

キーエンスの平均年収は1,861万円で上場企業では3位（製造業では1位）

出所：キーエンス ©BBT大学総合研究所

国内製造業の営業利益率の平均が四・八%なので、開いた口が塞がらないとはこのことだ。キーエンス社員の平均年収は一八六一万円で、上場企業では第三位、製造業ではもちろんトップである。

キーエンスは営業がコンサルティングを行って、顧客が気づいていない課題を発見し、その課題を解決できる高付加価値製品を提供・販売するというビジネスモデルを採用している（次ページ図15）。

たとえ五〇〇万円の製品でも、それでボトルネックが解消し、一億円の売上が見込めるのなら、顧客は購入してくれるのである。

このバリュープライシングが、キーエンスの高収益を支えているのだ。

図15

キーエンスのビジネスモデル

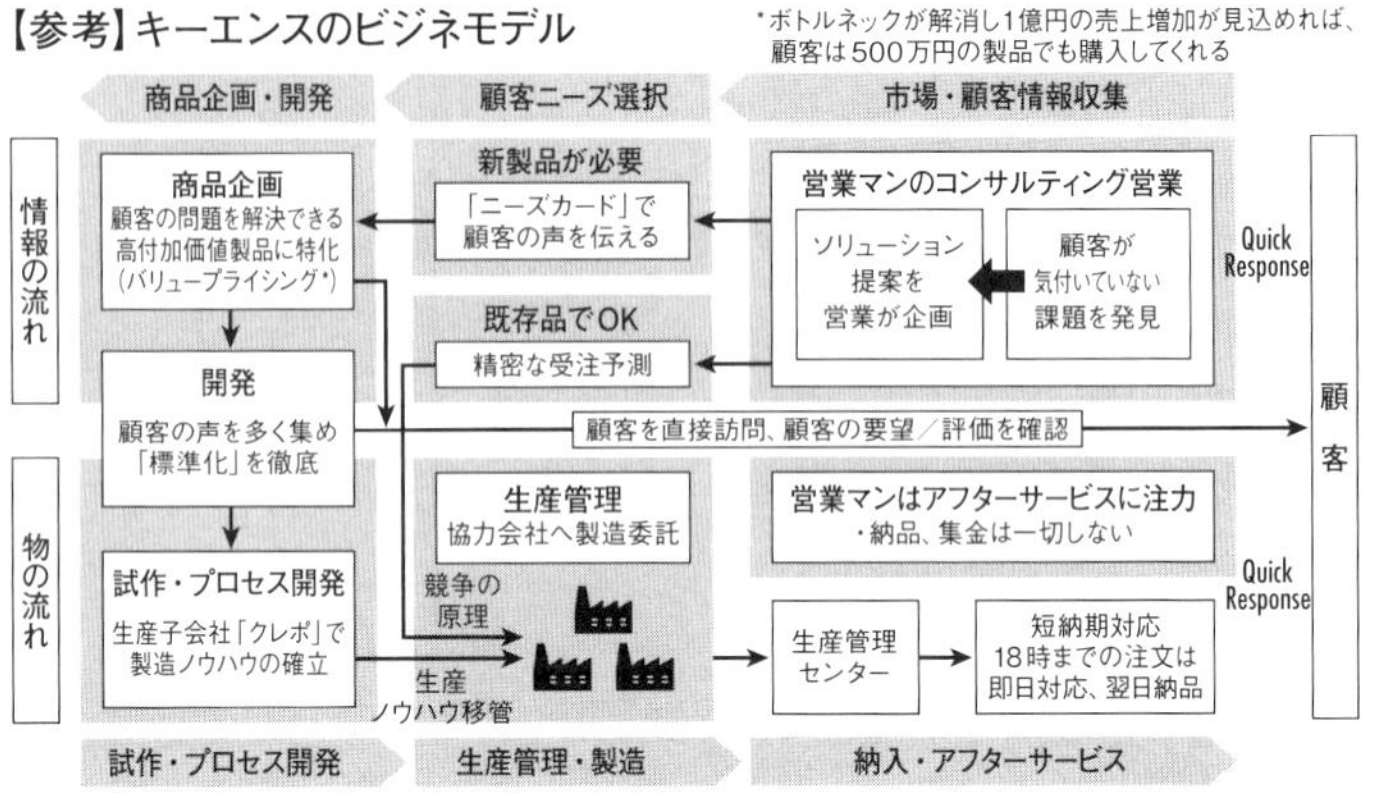

©BBT大学総合研究所

4. 村田製作所

部品製造の会社である村田製作所はなぜ収益が高いのか。理由は、世界市場シェアの大きなものしかつくらないからだ。

村田製作所の代表的な製品をみてみると、ショックセンサ（世界市場シェア九五％）、コネクティビティモジュール（同五五％）、SAWフィルタ（同五〇％）、積層セラミックコンデンサ（同四〇％）、EMIフィルタ（同三五％）と、軒並み世界市場一位である。それだけではない、売上高の約八割が世界シェア一位の製品なのだ（図16右）。

二〇一七年度はアップルからの受注が減り、そのせいで減収となっている。これをきっかけにスマートフォンの売れ行きに影響を受けやすい収益構造を見直し、収益源

図16

高収益企業の事例：村田製作所

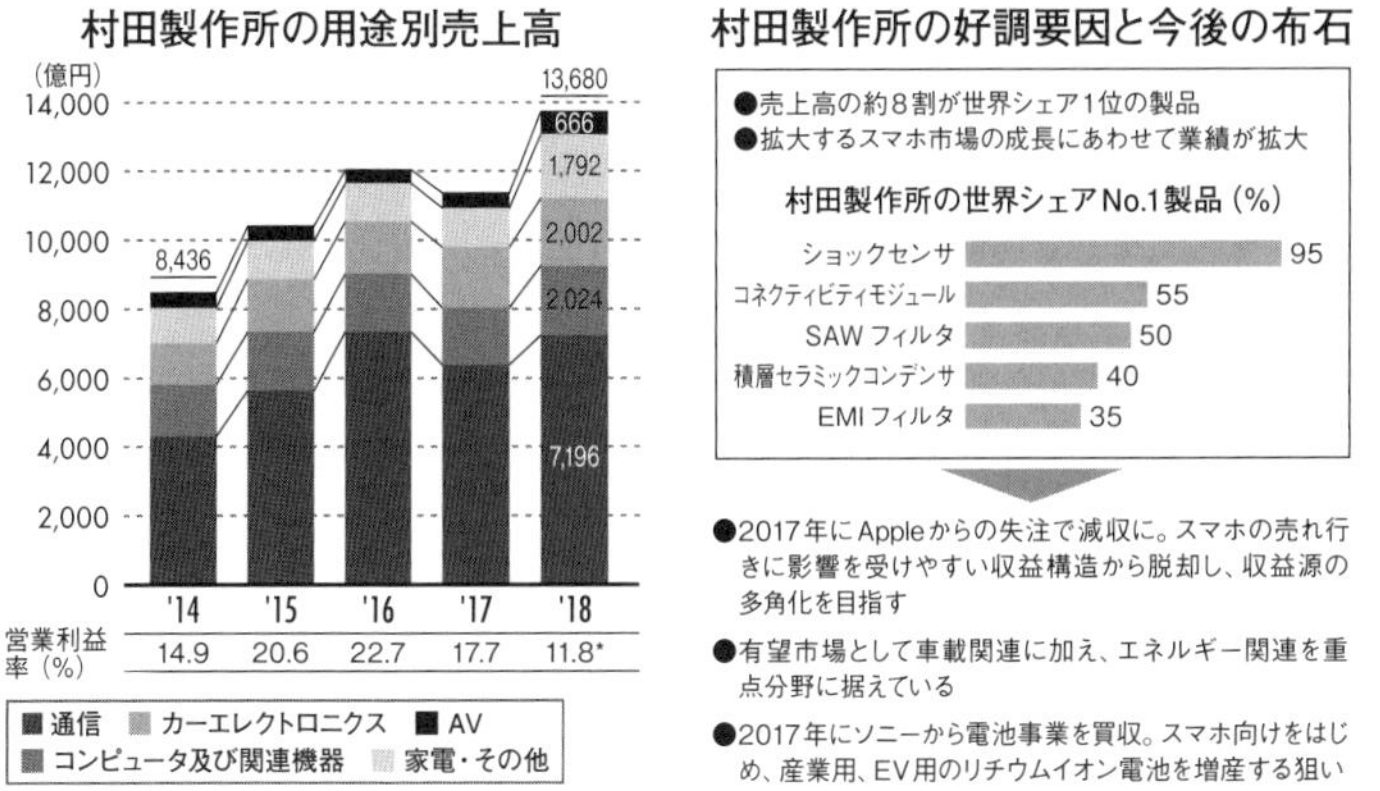
村田製作所の用途別売上高
（億円）
14,000
12,000
10,000
8,000
6,000
4,000
2,000
0
8,436
13,680
666
1,792
2,002
2,024
7,196
'14
'15
'16
'17
'18
営業利益率（%）
14.9
20.6
22.7
17.7
11.8*
通信
カーエレクトロニクス
AV
コンピュータ及び関連機器
家電・その他
村田製作所の好調要因と今後の布石
●売上高の約8割が世界シェア1位の製品
●拡大するスマホ市場の成長にあわせて業績が拡大
村田製作所の世界シェアNo.1製品（%）
ショックセンサ 95
コネクティビティモジュール 55
SAWフィルタ 50
積層セラミックコンデンサ 40
EMIフィルタ 35
●2017年にAppleからの失注で減収に。スマホの売れ行きに影響を受けやすい収益構造から脱却し、収益源の多角化を目指す
●有望市場として車載関連に加え、エネルギー関連を重点分野に据えている
●2017年にソニーから電池事業を買収。スマホ向けをはじめ、産業用、EV用のリチウムイオン電池を増産する狙い

出所：村田製作所 ©BBT大学総合研究所

の多角化を目指すようになった。

今後は、通信関連に加え、市場として有望なカーエレクトロニクスやエネルギー分野にも力を入れていくのは間違いない。

さらに、二〇一七年にはソニーから電池事業を買収している。これはスマートフォン向けだけでなく、産業用、EV用のリチウムイオン電池を増産するのが狙いだ。

事例研究「売上高一〇億ドル未満」企業

「売上高一〇億ドル未満」企業の中から事例研究で取り上げるのは、FUJI、東海カーボン、ファンケル、スタートトゥデイ、エムスリー、ゴールドウインの六社である（次ページ図17）。

図17

売上高10億ドル未満、営業利益増加額上位20社（日本国内企業）

順位	企業名	業界	国	営業利益増加額（百万ドル）
1	近畿車輌	鉄道車両	日本	41.5
2	FUJI	電子部品製造装置	日本	39.0
3	日本車輌製造	鉄道車両	日本	36.4
4	アサヒホールディングス	貴金属回収	日本	35.3
5	NISSHA	センサ	日本	34.1
6	東海カーボン	ニューカーボン	日本	34.1
7	新日本電工	合金鉄電炉	日本	33.3
8	ブイ・テクノロジー	半導体製造装置	日本	32.6
9	ファンケル	化粧品	日本	30.3
10	スタートトゥデイ	Eコマース	日本	29.9
11	横河ブリッジHD	鉄骨橋梁工事	日本	29.6
12	アウトソーシング	EMS	日本	29.2
13	SANKYO	アミューズメント機器	日本	28.8
14	ワコム	PC周辺機器	日本	28.2
15	東和薬品	後発医薬品	日本	28.0
16	プレサンスコーポレーション	不動産	日本	27.9
17	エムスリー	医療情報サービス	日本	27.3
18	タキロンシーアイ	建材建築資材	日本	25.8
19	ツガミ	工作機械	日本	25.6
20	オービック	システムインテグレーター	日本	34.1

1．FUJI（旧富士機械製造）

ＦＵＪＩは愛知県知立市に本社を置く産業機械メーカーである。創業は一九五九年で、主力製品のチップマウンター（電子部品組立機）は一九七八年ごろ開発・製造に着手している。

この会社の特徴は、海外売上高が八割以上と、海外の比率が非常に高いところだ（図18左）。主力のチップマウンターは、世界市場シェアの約三割を占めている。

ロボットソリューション事業も中国のスマートフォン需要の増加などで好調で、自動車向けの需要も伸びている（図18中）。

二〇一七年には電子部品用自動倉庫を供給しているドイツ・フリードベルクのタワーファクトリー ゲーエムベーハーを買収、

図18

高収益企業の事例：FUJI

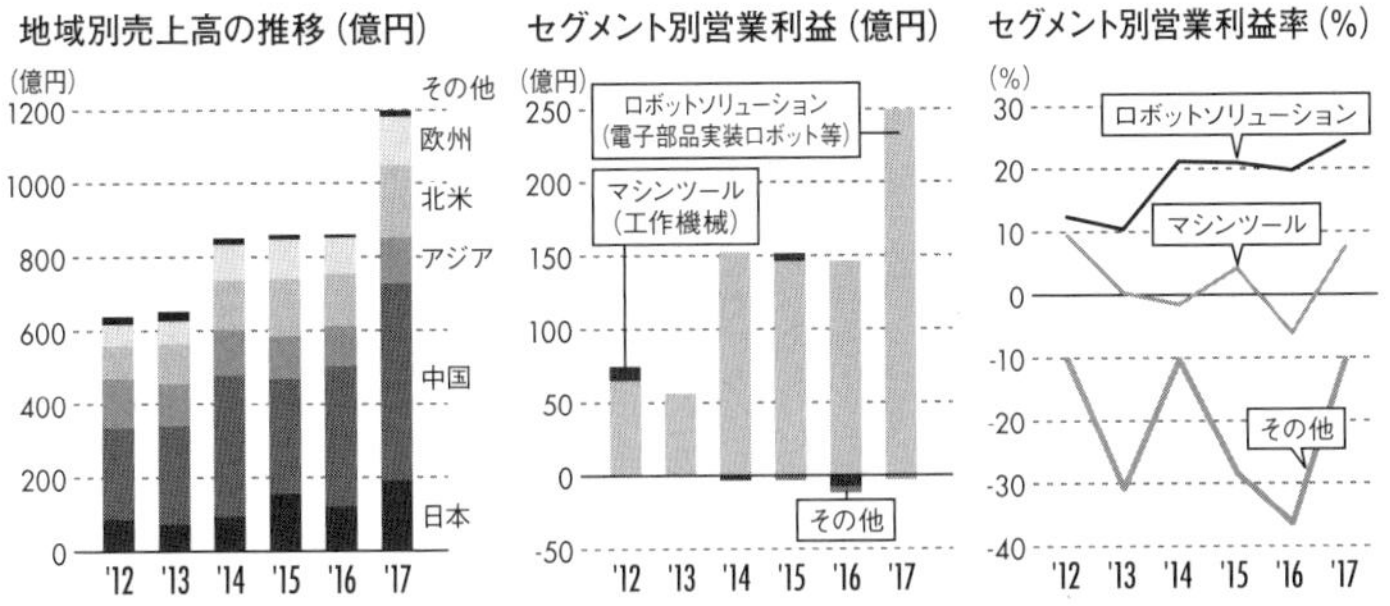

- FUJI（旧：富士機械製造、18年4月より現社名に変更）は愛知県知立市に本社を置く産業機械メーカー
- 1959年に工作機械メーカとして設立、主力製品のチップマウンター（電子部品組立機）は1978年頃から開発・製造を開始
- 海外売上高が8割以上、主力のチップマウンターの世界シェアは約3割
- ロボットソリューション事業は、中国のスマホ需要などで好調。自動車向けの需要が伸びている
- 17年に買収したドイツ企業装置をアジア向けに改良し、自動倉庫、生産管理と連動させ「IoT」で一層の効率化を目指している

出所：FUJI、SPEEDA ©BBT大学総合研究所

自動倉庫と生産管理を連動させＩｏＴでさらなる効率化を目指している。

2．東海カーボン

東海カーボンは総合炭素メーカーである。石油や石炭を原料とするタイヤ向けのカーボンブラックは、近年中国をはじめとした新興国企業の参入が相次ぎ、環境問題の影響もあって、価格の下落が続いている（次ページ図19）。しかし、東海カーボンの扱っているカーボンブラックは、環境負荷の小さい天然ガスに由来しているが、これは競合が少ないため利益を上げやすいのだ。

さらに、カーボンブラックに関しては、二〇一四年三月に世界最大手であるカナダのカンカーブを買収し、製造・販売体制の

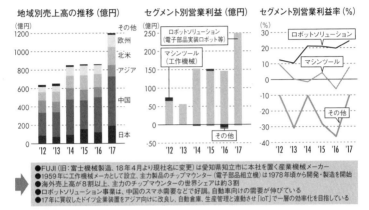

図19

高収益企業の事例：東海カーボン

東海カーボンの業績推移

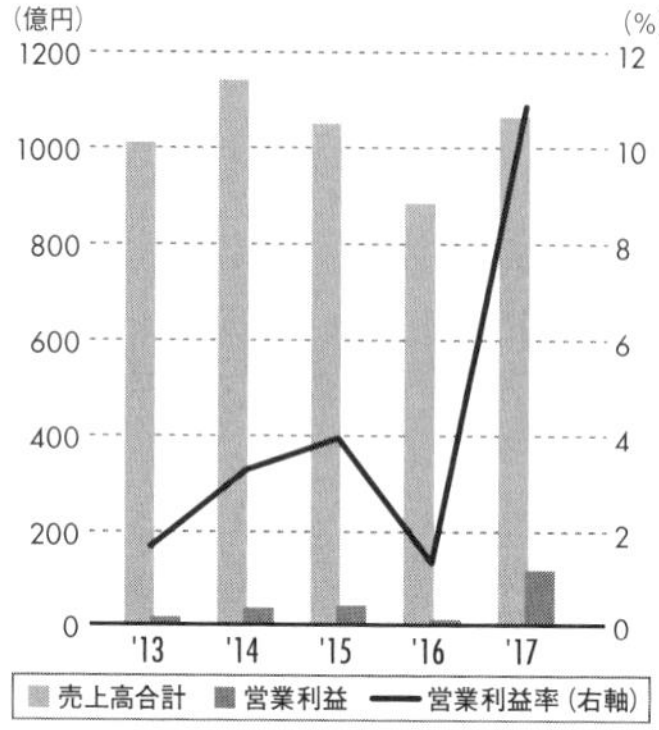

東海カーボンの好調要因

炭素業界の動向

- 石油や石炭を原料とするタイヤ向けのカーボンブラックは新興国企業の参入もあり、価格が下落
- 自動車のドア枠などに使用される天然ガス由来の素材は市場規模が小さく競合が少ない

東海カーボンの対策

- 主力のカーボンブラックでは、2014年3月に世界最大手のカナダの「カンカーブ社」を買収
- 環境規制などにより、中国のカーボンブラックメーカーの攻勢が弱まる。一方で高品質な同社製品へのタイヤメーカーからの引き合いは引き続き活発で、販売数量が増加
- 18年の業績を牽引するのは市況が急回復している黒鉛電極事業。黒鉛電極の好調は、原料事情を勘案しても最低4〜5年は続くと予想され、もうひとつの収益源に育成する

出所：東海カーボン ©BBT大学総合研究所

強化を図っている。

黒鉛電極事業も好調が続いており、今後はこれを第二の収益源に育てていくと見られる。

3. ファンケル

ファンケルは広告先行成長戦略をとっている。具体的には、二〇一五年から三年間広告費を集中的、戦略的に投資して顧客基盤の拡大に成功すると、その後はウェブ広告などにシフトしている（図20右）。

それから、化粧品では、二〇代はニキビケア、三〇〜五〇代は基礎スキンケア、六〇代向けはスキンケア、栄養補助食品では、中高年の目の遠近効果「えんきん」、ダイエット用「大人のカロリミット」のように、

図20

高収益企業の事例：ファンケル

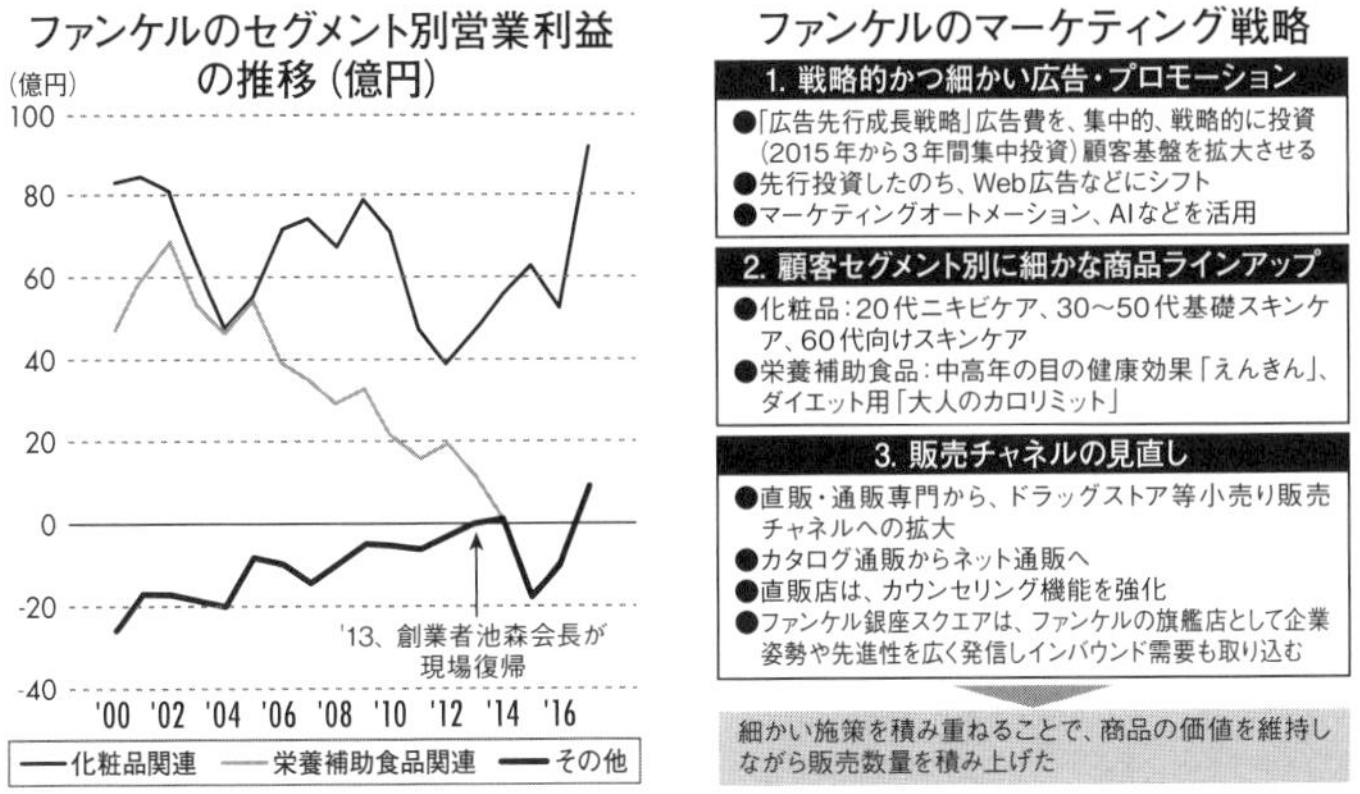
ファンケルのセグメント別営業利益の推移（億円）
(億円)
100
80
60
40
20
0
-20
-40
'00 '02 '04 '06 '08 '10 '12 '14 '16
'13、創業者池森会長が現場復帰
化粧品関連
栄養補助食品関連
その他
ファンケルのマーケティング戦略
1. 戦略的かつ細かい広告・プロモーション
●「広告先行成長戦略」広告費を、集中的、戦略的に投資（2015年から3年間集中投資）顧客基盤を拡大させる
●先行投資したのち、Web広告などにシフト
●マーケティングオートメーション、AIなどを活用
2. 顧客セグメント別に細かな商品ラインアップ
●化粧品：20代ニキビケア、30〜50代基礎スキンケア、60代向けスキンケア
●栄養補助食品：中高年の目の健康効果「えんきん」、ダイエット用「大人のカロリミット」
3. 販売チャネルの見直し
●直販・通販専門から、ドラッグストア等小売り販売チャネルへの拡大
●カタログ通販からネット通販へ
●直販店は、カウンセリング機能を強化
●ファンケル銀座スクエアは、ファンケルの旗艦店として企業姿勢や先進性を広く発信しインバウンド需要も取り込む
細かい施策を積み重ねることで、商品の価値を維持しながら販売数量を積み上げた

出所：ファンケル、SPEEDA ©BBT大学総合研究所

顧客セグメント別に非常に細かな商品をラインアップしている。

さらに、直販・通販専門からドラッグストア等の小売りへ販売チャネルを拡大するとともに、カタログ通販からネット通販へのシフトも図っている。

ほかにも、直販店でのカウンセリング機能強化や、旗艦店であるファンケル銀座スクエアで企業姿勢や先進性を発信してインバウンド需要を取り込むといったことにも着手しているのだ。

このようにファンケルは、「戦略的な広告・プロモーション」「顧客セグメント別の細かな商品ラインナップ」「販売チャネルの見直し」といった様々な施策を積み上げることで、商品価値を維持しながら販売数量を積み上げることに成功している。

図21

高収益企業の事例：スタートトゥデイ

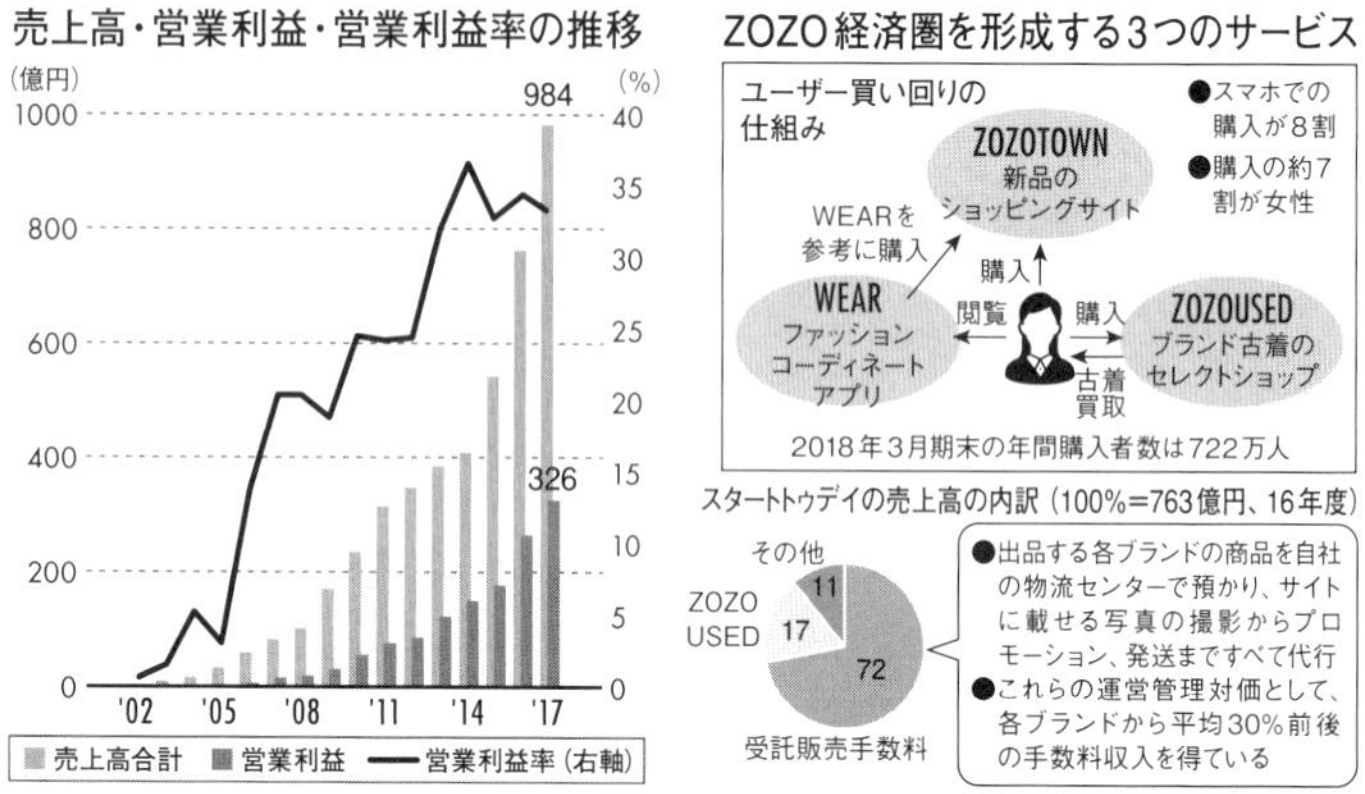

出所：スタートトゥデイ © BBT大学総合研究所

4．スタートトゥデイ（二〇一八年にZOZOに社名変更）

スタートトゥデイは、自社が運営するショッピングサイト「ZOZOTOWN」に出品するアパレルメーカー（ブランド）の商品を自社の物流センターで預かり、サイトに載せる写真の撮影からプロモーション、発送までをすべて代行する対価として、各メーカーから平均三〇％前後の手数料収入を得ている（図21右）。

「メルカリ」や「BUYMA」でも手数料は一〇％。つまり、三〇％という高い手数料がスタートトゥデイの高収益の鍵となっているのである。この方程式が崩れたら高収益の維持は難しくなるだろう。

同社は「ZOZOTOWN」のほかにもブラ

図22

高収益企業の事例：エムスリー

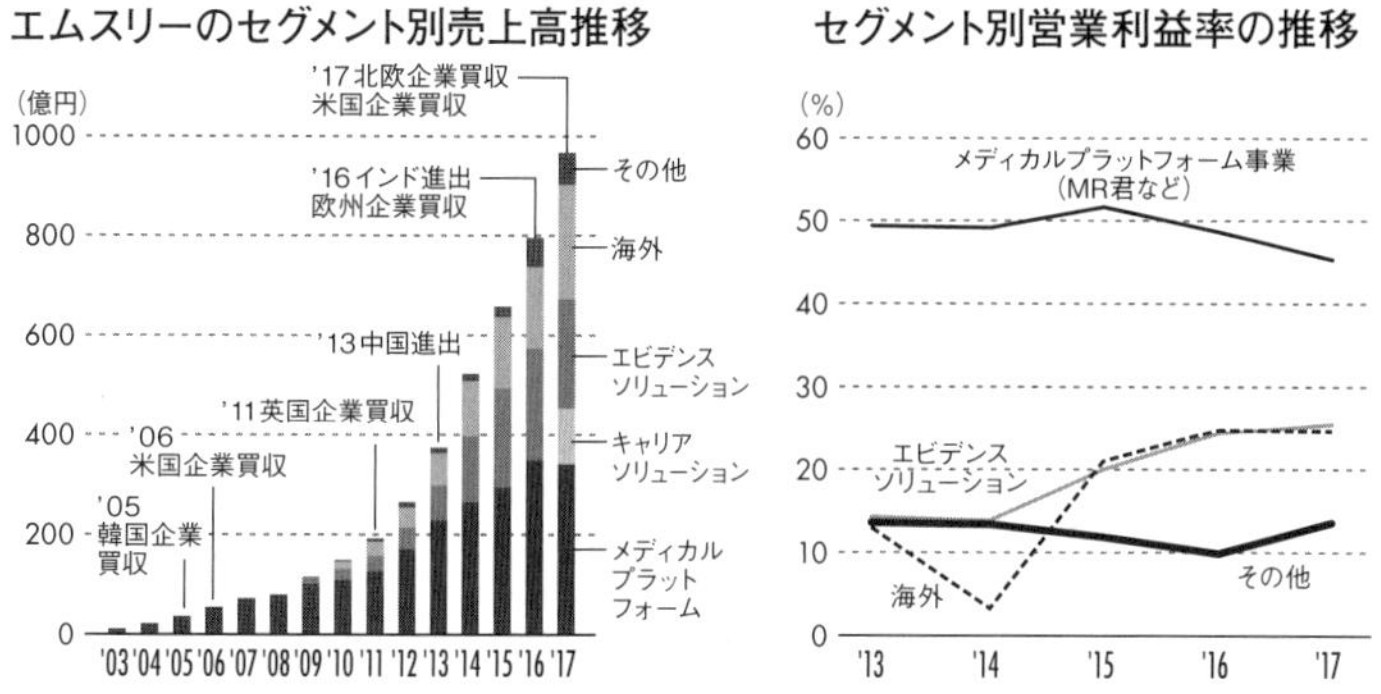

●医療ポータル事業（メディカルプラットフォーム）の利益率が50%近くの高い収益を生みだす
●高収益を生み出すプラットフォーム事業で得られる資金を用いて、M&Aなど事業拡大を実現させている

出所：エムスリー、SPEEDA ©BBT大学総合研究所

ンド古着のセレクトショップである「ZOZOUSED」、ファッションコーディネイトアプリの「WEAR」を運営しており、この三つのサービスを合わせた年間購入者数は七二二万人（二〇一八年三月）、そのうち八割がスマートフォンからの購入ということだ。

また、購入者の約七割が女性である。

5. エムスリー

エムスリーは、主力事業であるメディカルプラットフォーム（医療ポータル）で約五〇%という非常に高い収益を上げている（図22右）。さらに、ここで得た資金でM&Aなどを行って事業の拡大を行っている。

セグメント別の営業利益率を見ると、毎日の診療に役立つ最新の医療・医薬品情報を視聴できるスマートフォンアプリ「MR君」などのメディカルプラットフォーム事業の比率が、非常に高い。

アメリカでは、プラクティス・フュージョン社がクラウド型の電子カルテを医療機関に無償で配布し、患者が自分のメディカルレコードをスマートフォンで見られるようになっている。そこには処方箋も含まれており、患者自らがスマートフォン経由で薬局から薬を取り寄せることも可能だ。今後、日本でも法律が改正されてこのようなサービスが可能になれば、エムスリーのビジネスチャンスも広がって、業績はさらに拡大するだろう。

6．ゴールドウイン

ゴールドウインはもともと登山用ソックスやスキーウェアなどのアウトドア用品の製造・販売を行っていて、一九九〇年代前半のスキー全盛期には業績を伸ばしたが、その後長らく業績が低迷、二〇〇八年には三期連続営業損失で、会社の存続が危ぶまれるほどの危機に瀕していた（図23右）。

しかし、近年のアウトドアブームで、国内商標権を保有する「THE NORTH FACE」などのアウトドアブランドの売上が伸び、二〇一八年三月期には営業利益六二億円と、これまでの最高益を二六年ぶりに更新した（図23左）。

図23

高収益企業の事例：ゴールドウイン

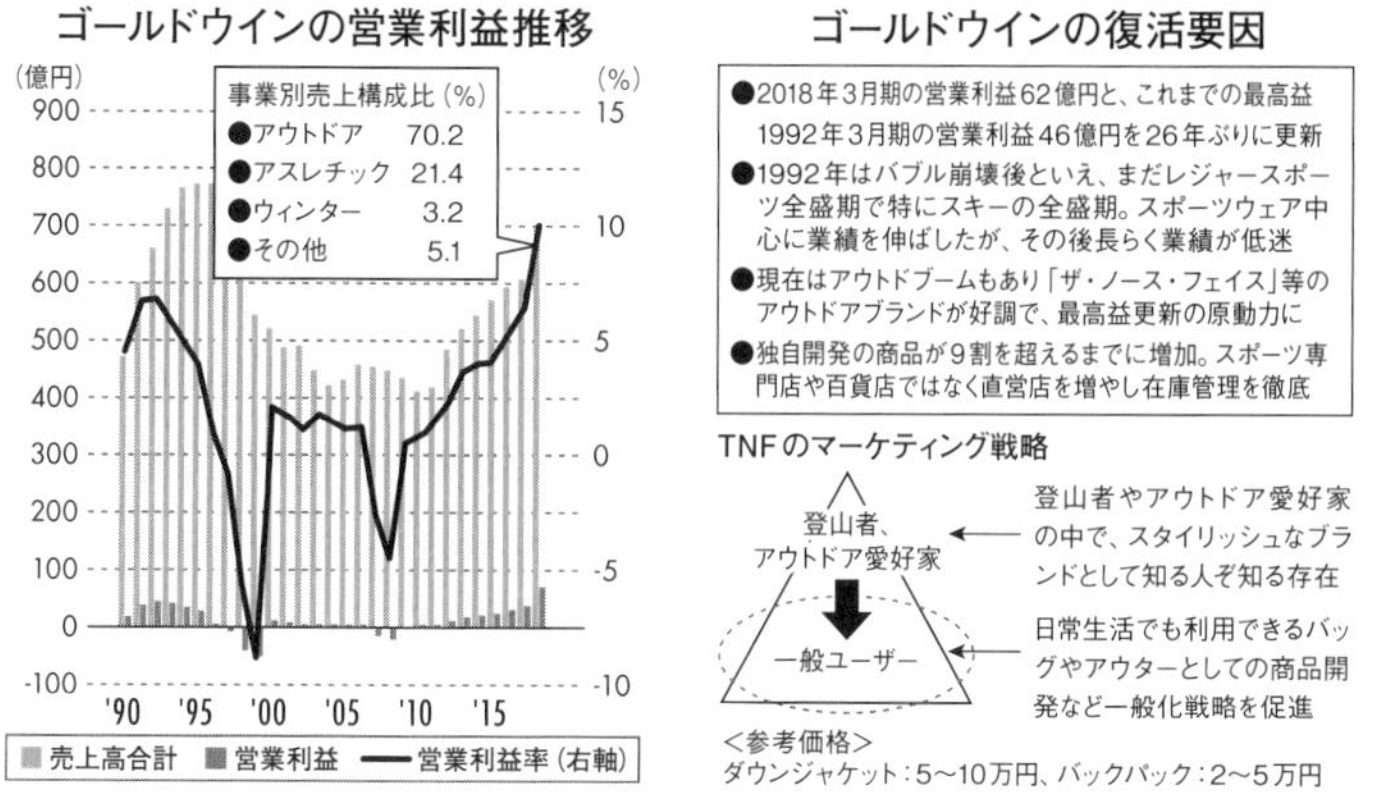

ゴールドウインの営業利益推移
(億円)
(%)
900
800
700
600
500
400
300
200
100
0
-100
15
10
5
0
-5
-10
事業別売上構成比（%）
●アウトドア 70.2
●アスレチック 21.4
●ウィンター 3.2
●その他 5.1
'90 '95 '00 '05 '10 '15
売上高合計 営業利益 営業利益率（右軸）
ゴールドウインの復活要因
●2018年3月期の営業利益62億円と、これまでの最高益1992年3月期の営業利益46億円を26年ぶりに更新
●1992年はバブル崩壊後といえ、まだレジャースポーツ全盛期で特にスキーの全盛期。スポーツウェア中心に業績を伸ばしたが、その後長らく業績が低迷
●現在はアウトドブームもあり「ザ・ノース・フェイス」等のアウトドアブランドが好調で、最高益更新の原動力に
●独自開発の商品が9割を超えるまでに増加。スポーツ専門店や百貨店ではなく直営店を増やし在庫管理を徹底
TNFのマーケティング戦略
登山者、アウトドア愛好家
一般ユーザー
登山者やアウトドア愛好家の中で、スタイリッシュなブランドとして知る人ぞ知る存在
日常生活でも利用できるバッグやアウターとしての商品開発など一般化戦略を促進
<参考価格>
ダウンジャケット：5～10万円、バックパック：2～5万円

出所：ゴールドウイン ⓒBBT大学総合研究所

ゴールドウインは社内にデザインからサンプル製作まで一貫して行える体制を備え、開発力も高く、独自開発の商品比率が九割を超えている。また、直営店売上比率が五二％（二〇一六年三月期）と高く、在庫の適正管理ができる体制となっているのも、高収益を上げている要因のひとつだといっていいだろう。

高収益企業から学ぶべきこと

これまで見てきた高収益を達成している企業の戦略をまとめてみよう。

1．バリュープライシング

顧客にとって価値ある製品やソリューションを提案するハイレベルの営業力で、高価格を維持する。代表企業はキーエンスである。

2. 技術力と成長市場

特許や技術力の高さで高付加価値の製品やサービスを生み出し、それらを成長市場に投入することで、高価格とボリュームの両方を確保する。代表企業は、サムスン、ソニー、NVIDIA、村田製作所、FUJIである。

3. ニッチ市場

特定分野の狭い市場をターゲットとする。技術力を駆使してそこで求められる機能をもった製品を開発し提供することで、高価格とシェアを維持する。代表企業は、シャイアー、東海カーボンである。

4. マーケティング、ブランディング

市場を細かくセグメントして（マーケティング）、ターゲットに向け価値ある製品を提供する（ブランディング）。代表企業は、フォルクスワーゲン、ファンケル、ゴールドウインである。

5. プラットフォーム

図24

日本の経営者はどうすればよいか?

日本企業の経営者が持つべき問題意識

日本企業が過去最高益を出したとはいっても、世界から見ると見劣りするのではないか?

- ●米中IT企業の巨大化
- ●拡大する先進国企業との差
- ●アジア、新興国企業の成長

↓

世界的に見て高収益を上げている企業から学ぶべきことが多いのではないか?（国内外問わず）

日本企業の経営者はどうすればよいか?

企業を取り巻く経営環境の変化が年々激しくなるなかで、日本企業の経営者は油断してはいられない

- ●AI、ロボット、IoT、リープフロッグ現象
- ●ユニコーン企業の登場
- ●名門企業の凋落（東芝、シャープなど）

↓

経営者は世界の高収益企業から継続して学ぶことで、自社を高収益企業へと変革させる必要がある

©BBT大学総合研究所

プラットフォーム型のビジネスモデルで高い利益率とスケーラビリティを実現する。代表企業は、フェイスブック、エムスリー、スタートトゥデイである。

経営者は、これから他の高収益企業の事例を学ぶことで自社を高収益企業へと変えていく必要がある。最後に図24としてまとめたので、しっかりと学んでほしい。

以下の三つの章では、高収益企業の最前線からの戦況報告である。「結局、企業は人」ということになるかもしれないが、その「人」が何を動機として、どんな集団をつくりあげているのかを読み取っていただければ幸いである。

（二〇一八年八月三一日「熱海せかいえ」にて収録）

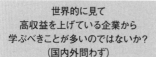

第二章

トップブランドを生むCSV（企業価値）

山下 茂

PROFILE

山下 茂

Shigeru Yamashita

ピジョン株式会社 代表取締役社長（講演当時）
1958年東京都生まれ。立教大学社会学部卒業。1981年ピジョン入社。1997年タイ子会社社長、2004年米国の買収子会社社長を務めた後、海外事業本部長、常務取締役人事総務本部兼海外事業本部兼中国事業本部担当などを経て2013年4月より代表取締役社長。2019年4月より代表取締役会長兼取締役会議長。

経営の現況

当社の設立は一九五七年。代表的な事業は育児用品やベビーケア用品ですが、お母さん向け（マタニティ）の商品や、介護用品なども扱っています。

私は一九八一年の入社以来、海外の営業畑を歩んできました。三八歳のとき、当時の社長からタイに生産拠点をつくるよう命じられ、一九九七年に工場を設立。Pigeon Industries（Thailand）Co.,Ltd. の代表取締役社長に就任します。

しかし、その後にたいへんな困難が待ち受けていました。「タイでつくった商品は協力メーカーに迷惑がかかるので、日本では売れない」ということになってしまったのです。せっかくつくった工場を遊ばせておくわけにはいきません。当時のピジョンの海外売上は、全社売上の一割にも満たなかったので、私はＯＥＭ（Original Equipment Manufacturer　他社ブランドでの製造）先を探して世界中を飛び回りました。

悪戦苦闘の末にようやく見つかったのが、アメリカの Lansinoh Laboratories,Inc.（その後、同社を買収し一〇〇％子会社化）です。同社商品のＯＥＭを引き受け、創業三年目にしてようやく黒字化を達成、五年目にはそれまでの累積赤字もすべて解消することができました。

こういったさまざまな経験を経て、二〇一三年四月にピジョンの代表取締役社長に就任し、

図1

ピジョンの事業内容

連結売上高　1,025億円（2018年1月期）

国内ベビー・ママ事業
売上338億円構成比33%

中国事業
売上345億円構成比33%

子育て支援事業
売上75億円構成比7%

ヘルスケア・介護事業
売上70億円構成比6%

海外事業
売上254億円構成比24%

＊その他・内部取引消去：▲57億円▲6%

©ピジョン

現在に至ります。

当社の連結売上高は一〇二五億円（二〇一八年一月期　※注　二〇一九年一二月は一〇〇〇億円　一一カ月の変則決算）と、売上高から見ると大企業ではありません（図1）。売上比率（※注　二〇一八年一月期）は、国内ベビーとママ事業が三三％、中国事業が三三％、その他の海外事業が二四％で、この三つがいわゆる主力事業です。それ以外には子育て支援事業七％、ヘルスケア・介護事業六％となっています。

経営に関しては、営業利益率が一八・九％あり、ROE（Return on Equity　自己資本利益率）も二五％を超えているため、非常に効率のいい経営をしているという点を評価いただいています。

図2

日本の出生数とピジョンの連結売上の推移

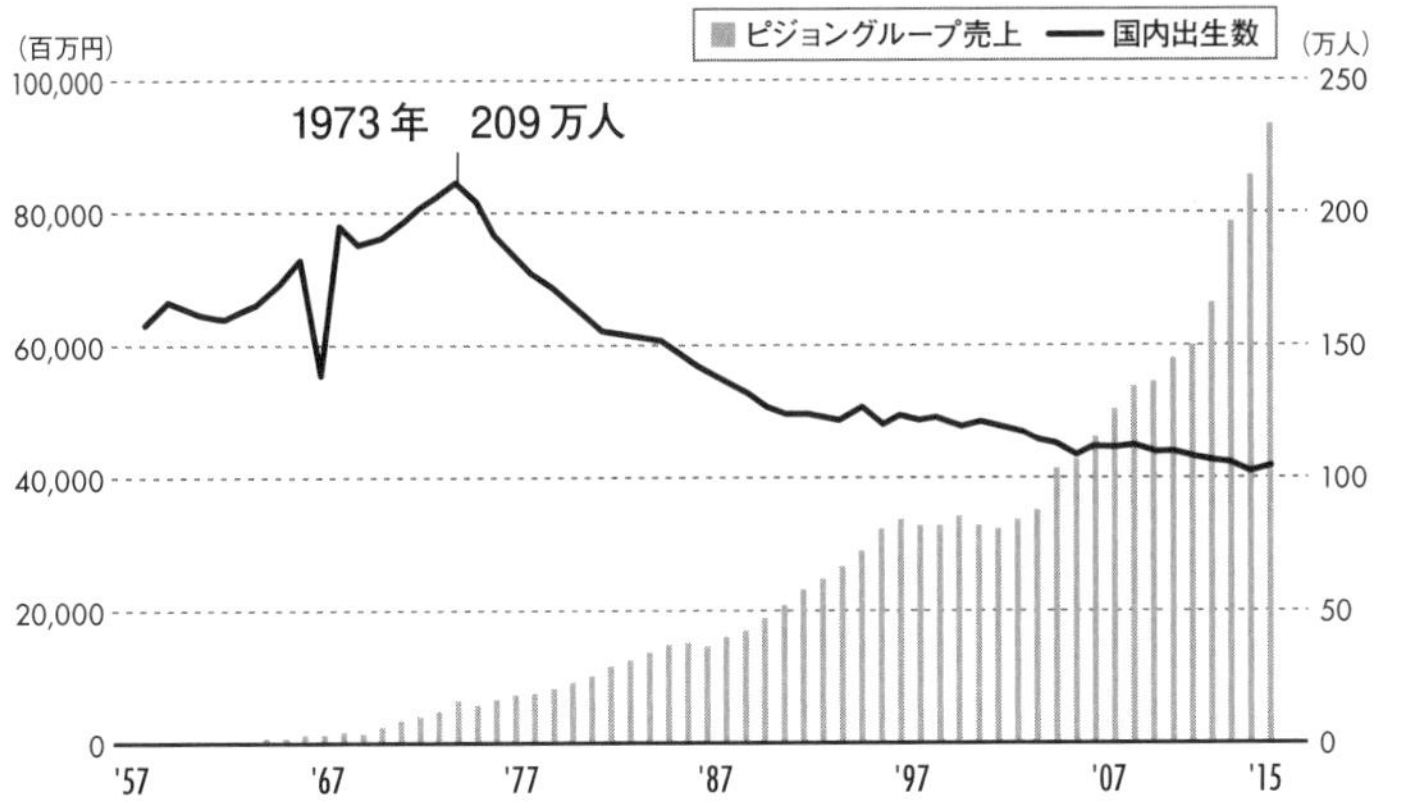

©ピジョン

成長の原動力は海外売上の伸長

当社のコア・コンピタンス（中核となる強み）は「哺乳器」です。一九四九年に日本初のキャップ式広口哺乳器を発売してからずっと、「その時代でいちばんいい哺乳器を世に出すこと」が我々の使命だと考えています。

日本の出生数は一九七三年には二〇〇万人を超えていましたが、その年をピークに減少に転じ、二〇一六年には一〇〇万人を割ってしまいました。しかし、当社はその間も売上を伸ばしています（図2）。その理由は、海外の売上を伸ばしたからです。

そのほか、国内でもさく乳器、母乳パッド、ベビースキンケア、おしりナップなど、

図3

日本国内での主力商品のシェア（2018年1月期）

哺乳器 78%（1位）	さく乳器 64%（1位）	母乳パッド 70%（1位）
ベビースキンケア 37%（1位）	おしりナップ 32%（1位）	ベビーカー 16%（3位）

＊インテージ：哺乳器・さく乳器・母乳パッド・ベビーカーは金額シェア。他の商品は数量シェア

©ピジョン

哺乳器以外の製品でもシェアナンバーワンのものがいくつか存在します（図3）。最近では新しい売上の柱にすべく始めたベビーカーが好調で、二〇一八年四月（単月）にはシェアを二四・八％まで拡大しました。

アメリカでも、ニップルケアクリーム、母乳パッド、母乳保存バッグ、さく乳器（手動）などシェアナンバーワンになっている商品があります（図4）。私たちの規模で、アメリカでここまで存在感を示せている会社は、なかなかないはずです。

二〇〇九年と二〇一八年の連結売上高を比べると、約二倍になっています。国内事業の売上の伸びは四割弱。これに対し海外事業の売上は約三倍（図5）。この一〇年は好調な海外の売上が全体を牽引してきたといっていいでしょう。

図4

米国での主力商品のシェア（2017年）

ニップルケアクリーム
79.7%
（1位）

母乳パッド
64.3%
（1位）

母乳保存バッグ
47.0%
（1位）

さく乳器（手動）
32.0%
（2位）

©ピジョン

図5

業績推移と海外比率

2009／1期と2018／1期の比較（10年間）

全社売上（連結）：530億円 ⇒ 1025億円（193%）
日本事業の売上：352億円 ⇒ 484億円（138%）
海外事業の売上：178億円 ⇒ 541億円（304%）
営業利益率：8. 0% ⇒ 18. 9%（+10.9pt）
時価総額：459億円 ⇒ 5182億円（約11倍）

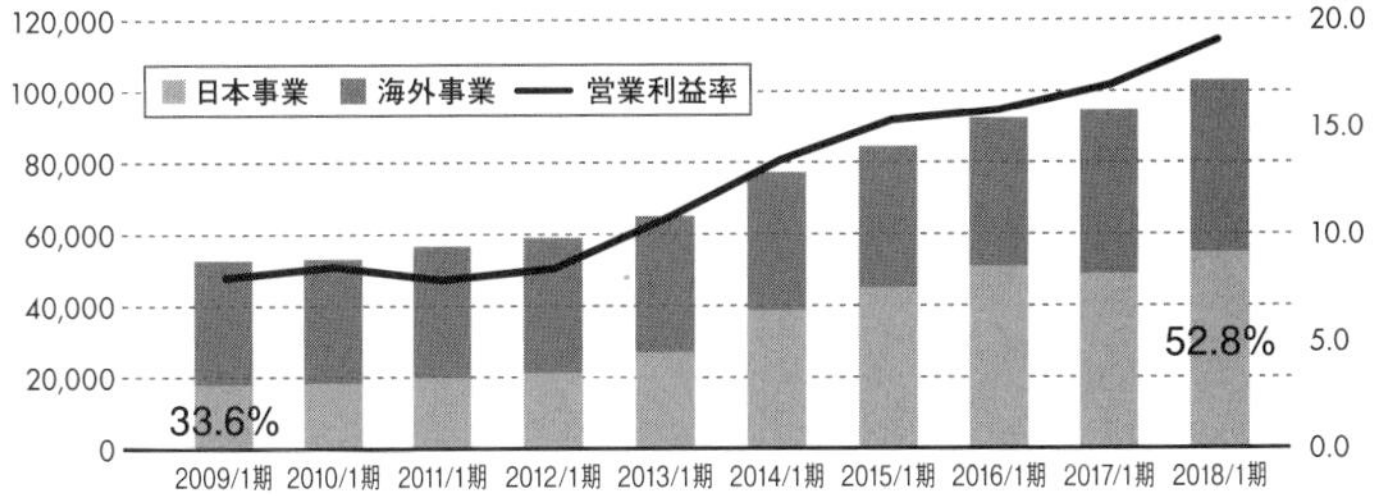

©ピジョン

図6

資本市場（東証一部約2000社）でのピジョンの位置

売上高

順位	企業名：1億円	
1位	トヨタ	27,597
2位	ホンダ	13,999
3位	日本郵便	13,326
4位	日産自動車	11,720
5位	NTT	11,391
863位	ピジョン	1,025

営業利益

順位	企業名：10億円	
1位	トヨタ	1,994
2位	NTT	1,539
3位	三菱UFJ	1,207
4位	三井住友FG	1,132
5位	ソフトバンク	1,025
416位	ピジョン	19

時価総額（7/31）

順位	企業名：10億円	
1位	トヨタ	23,836
2位	NTTドコモ	10,866
3位	NTT	10,834
4位	ソフトバンク	10,192
5位	三菱UFJ	9,532
215位	ピジョン	653

ROE

順位	企業名	
1位	スタートトゥデイ	72.6%
2位	ランド	67.5%
3位	スカラ	60.8%
4位	トクヤマ	51.3%
5位	TATERU	51.3%
83位	ピジョン	25.6%

PER（7/31）

順位	企業名	
1位	ミニストップ	70,500x
2位	MUTOH	544x
3位	稲葉製作所	432x
4位	Sサイエンス	350x
5位	スノーピーク	309x
146位	ピジョン	45x

PBR（7/31）

順位	企業名	
1位	ペプチドリーム	46x
2位	スタートトゥデイ	34x
3位	北の達人	34x
4位	カナミック	31x
5位	日本通信	27x
37位	ピジョン	10x

出所：Yahooファイナンス ©ピジョン

さらに、時価総額も、一〇年で約一一倍になりました。

製造業トップクラスを誇る収益性

資本市場でのピジョンの位置はどのあたりなのか。東証一部の約二〇〇〇社で見てみたいと思います。

売上高は八六三位で、真ん中より少し上ですが、営業利益は四一六位でトップ二〇％に入っています（図6）。時価総額は二一五位で同一〇％。ROEは八三位で同五％。

PER（Price Earnings Ratio 株価収益率）は一四六位で同一〇％。PBR（Price Book-value Ratio 株価純資産倍率）は三七位で同二％。

いずれも製造業ではトップクラスだと思

います。

少々自慢になりますが、『週刊ダイヤモンド』二〇一八年六月二三日号の「投資家目線の新指標で選んだ最優秀社長2018」という企画で、私は一〇位に選ばれました。評価されたのは株価を上げたことと、情報発信力です。

IR（Investor Relations　投資家向け広報活動）が好きではない社長は少なくないと聞いていますが、私は国内でも海外でも積極的に行ってきました。

そういった点を、投資家の方々が評価してくださったのでしょう。

このほかにも二〇一五年には東京証券取引所が主催する「企業価値向上表彰」の大賞、「IR優良企業特別賞」（日本IR協議会主催）、二〇一六年には「ポーター賞」（一橋大学大学院国際企業戦略研究科ポーター賞運営委員会主催）、二〇一八年にはIR優良企業賞（日本IR協議会主催）も受賞しています。

各賞で最も評価された点は当社の「独自性」です。私自身、「横並びが大嫌い」ということもあって、独自性にはとくにこだわっています。

具体的には、当社独自の競争優位となる「壁」の構築です。収益性と資本生産性の向上を社員一丸となって追求しています。コミットメント（成果目標の約束）をストーリーにして社内外に説明する。これらが当社の独自性の鍵となっています。

図7

投資家が考える企業価値（みさき投資の「公理」）

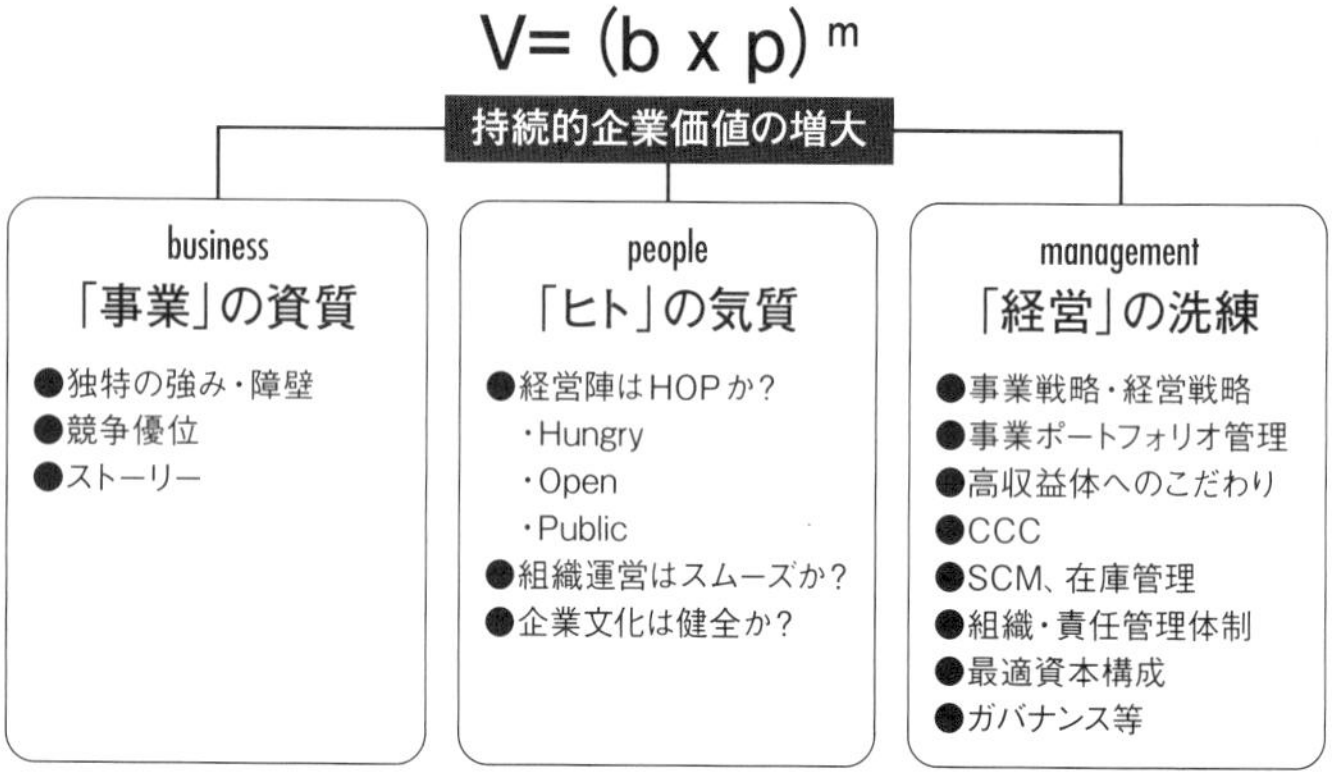

V= (b x p) m
持続的企業価値の増大
business
「事業」の資質
●独特の強み・障壁
●競争優位
●ストーリー
people
「ヒト」の気質
●経営陣はHOPか？
・Hungry
・Open
・Public
●組織運営はスムーズか？
●企業文化は健全か？
management
「経営」の洗練
●事業戦略・経営戦略
●事業ポートフォリオ管理
●高収益体へのこだわり
●CCC
●SCM、在庫管理
●組織・責任管理体制
●最適資本構成
●ガバナンス等

出所：『投資される経営　売買される経営』（みさき投資株式会社　中神康議氏著）からの引用 ©ビジョン

企業価値を上げるのはマネジメント次第

みさき投資の中神康議氏によれば、企業価値とは図7のように定義されます。

私は、これを見てすぐに気づいたことがありました。持続的企業価値の増大のためには、「b (business)」も「p (people)」も大事だが、つくりあげるのにかなり時間がかかります。一方、「m (management)」の項目の中には、その日から改善に取りかかれるものもあり、(b×p)をm乗するわけですから、企業価値を効率よく上げることができると直感しました。

たとえば、売掛金を減らして、在庫も適正にし、買掛金を増やすことによるCCC

図8

ピジョンの考える企業価値（CSV）

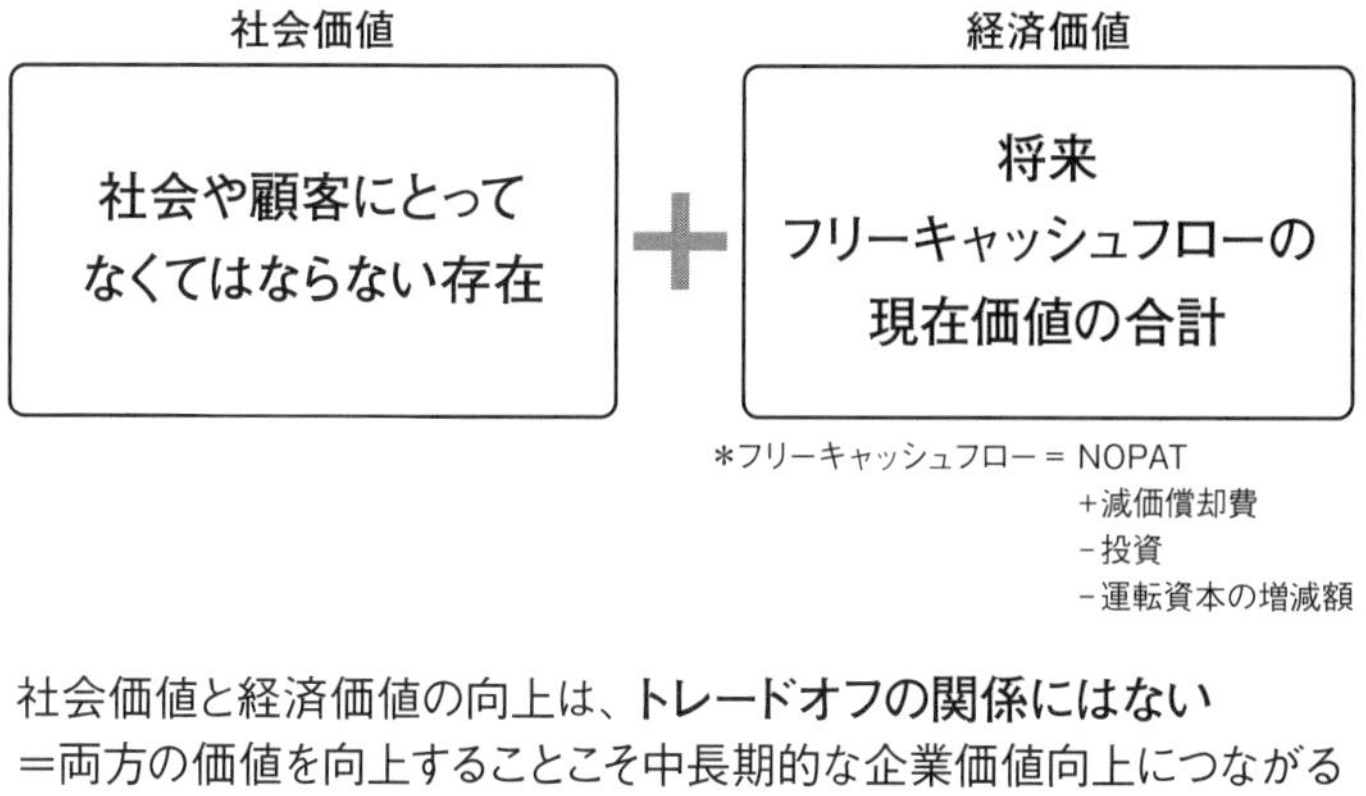

©ピジョン

改善などです。トップが、この「m乗」の重要性に気づき、本気で取り組めば、会社に変化が生まれます。そして、そういうことをきちんと行っていくと、企業価値が確実に上がっていくとともに、経営品質も向上します。

ピジョンは、企業価値（Creating Shared Value：CSV）は「社会価値」と「経済価値」の二つからできあがっていると考えています（図8）。

「社会価値」は、社会や顧客にとってなくてはならない存在であるかどうかです。たとえば、模倣されにくいビジネスモデルで他社が取って代わるのが難しい場合、その会社の社会価値は高いといえます。

「経済価値」は、中長期フリーキャッシュフローの現在価値の合計です。フリーキャッシュフローとは、税引後営業利益（Net Operating Profit After Taxes NOPAT）に減価償却費を加え、投資と運転資本の増減額を引いたものです。投資を行わなければ単年度のフリーキャッシュフローは増えますが、将来のフリーキャッシュフローは増えません。そのため、投資は絶対に必要です。そうはいうものの、やみくもに投資をすればいいということではないのはもちろんです。投資をする際は、その投資に対するリターンが常に厳しく求められます。

社会価値と経済価値の向上は、決してトレードオフの関係ではありません。そのためビジョンは、両方の価値をともに上げるような事業展開を行っています。

社会価値と経済価値

それぞれの価値について、もう少し詳しく見ていきましょう（図9）。

社会価値の、社会や顧客にとってなくてはならない存在というのは、ソリューションと新しい価値の提供と言い換えることができます。新しい価値とは便利さ、快適さ、使いやすいデザインなど、私たちが商品を通してつくり出す価値のことです。そして、それをつくるのは社員ですから、社員の能力やモチベーションの高さ、それから、資金力も要ります。これらは開発力あるいはブランド力ともいえます。

さらに、本業以外の社会貢献も企業の社会価値向上にとって大事な要素です。当社はこの企

図9

ピジョンの考える企業価値（構成要素）

社会価値	経済価値
社会や顧客にとって なくてはならない存在	将来フリーキャッシュフローの 現在価値の合計
ソリューションと新しい価値の提供	NOPATを中長期的に資本生産性よく増やす （将来のキャッシュを生む投資を効率的に行う）
全社員及びその他ステークホルダーと 共有化された理念	(WTP*-Cost) ×Volume=Profit
開発力とブランド力	真似されにくいビジネスモデル・競争優位
社員一人ひとりの力	マーケティング力
環境負荷の低減と事業以外の部分での 社会貢献	管理指標と改善アクション (PVA**,CCC,ROE,ROIC)

業の社会的責任（Corporate Social Responsibility：CSR）にも力を入れています。

　とくに「やり続ける」ということに重きを置いていて、茨城県常陸大宮市で行っている「赤ちゃん誕生記念育樹キャンペーン」は三二年目、中国の貧困地域に毎年ひとつ小学校を寄贈する事業はすでに一〇校目です。また、最近は、なり手が少ない産科や小児科の医師を育てるため、医学部五、六年生に対して返還義務のない奨学金を提供する財団も設立しました。

(WTP-Cost)×Volume=Profit

　経済価値は、中長期フリーキャッシュフローの現在価値の合計であり、これを高めるにはＮＯＰＡＴを中長期的に資本生産性を効率的に高める、つまり、将来のキャッシュを生む投資を効率的に行えばいいということになります。

また、利益を増やすためには、消費者が納得して払ってくれる価格（Willingness To Pay：WTP）を高くするか、コスト（cost）を下げるか、ボリューム（volume）を増やすかのいずれかしかありません。その中で当社は、これまでWTPを上げるということに主眼を置いてきました。また、コストを下げるために内製化にこだわらず、現地メーカーを使って安くつくるという試みも、すでにインドネシアやインドで始めています。

競争優位をつくるためには、なんといっても真似されにくいビジネスモデルをつくることです。さらに、ボリュームを増やす鍵を握るのがマーケティング力です。これに関しては、四半期ごとに重要業績評価指数（Key Performance Indicators：KPI）を追いかけています。

このほかにも当社では企業価値を高めるために、中期計画ごとに課題を明確にしています。

現在の「第6次中期経営計画」では一二の経営課題（図10）に取り組んでいます。

これらの経営課題には、社会課題と経営課題の両方が含まれています。また、非財務情報であっても、投資家には課題解決の進捗状況をきちんと伝えるようにしています。

それではこの一二の課題のうち、とくに大事な四つの事柄に関して詳しく説明していきましょう。

図10

ピジョンの考える企業価値：第6次中計における12の課題

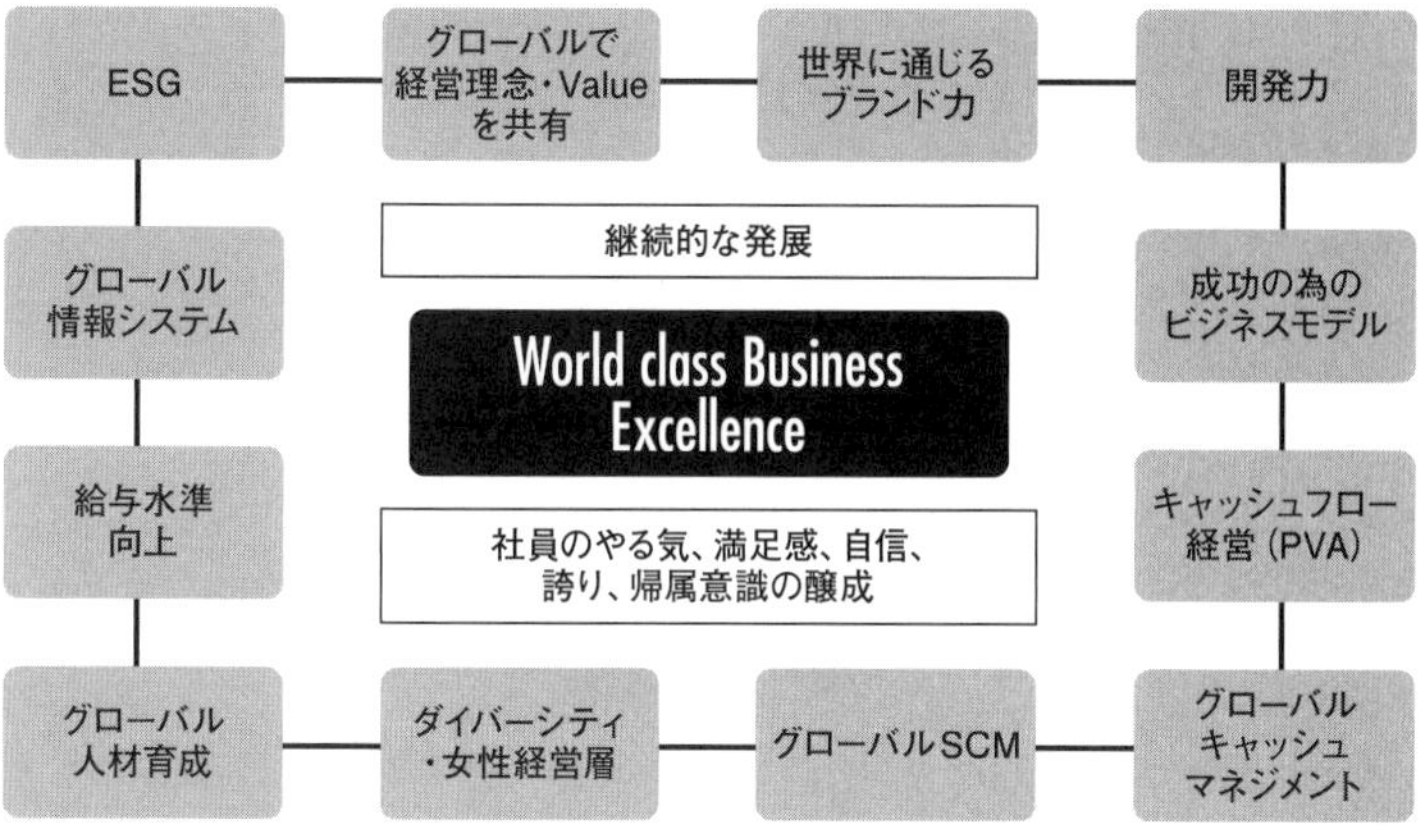

©ピジョン

経営課題①　グローバルで経営理念・Valueを共有

当社の経営理念は「愛」、そして、社是は「愛を生むは愛のみ」です（次ページ図11）。当社の社員でこれを知らない者は誰もいません。

もちろんこれがどういう意味をもつのかも、みなが感覚的には理解していると思います。ただ、それを自分の言葉で説明できるかどうかは別問題です。少なくとも私が弊社の五代目社長に就任した時点では、ほとんどの社員がきちんと言語化できていませんでした。

そこで、私の最初の仕事として経営理念をなんとか言語化したいと思い、参考にな

図11

仕事と経営理念：経営理念を成果につなげるために

Pigeon Wayは、私たちの“心”と“行動”の拠り所です
経営理念：「愛」、社是：「愛を生むは愛のみ」

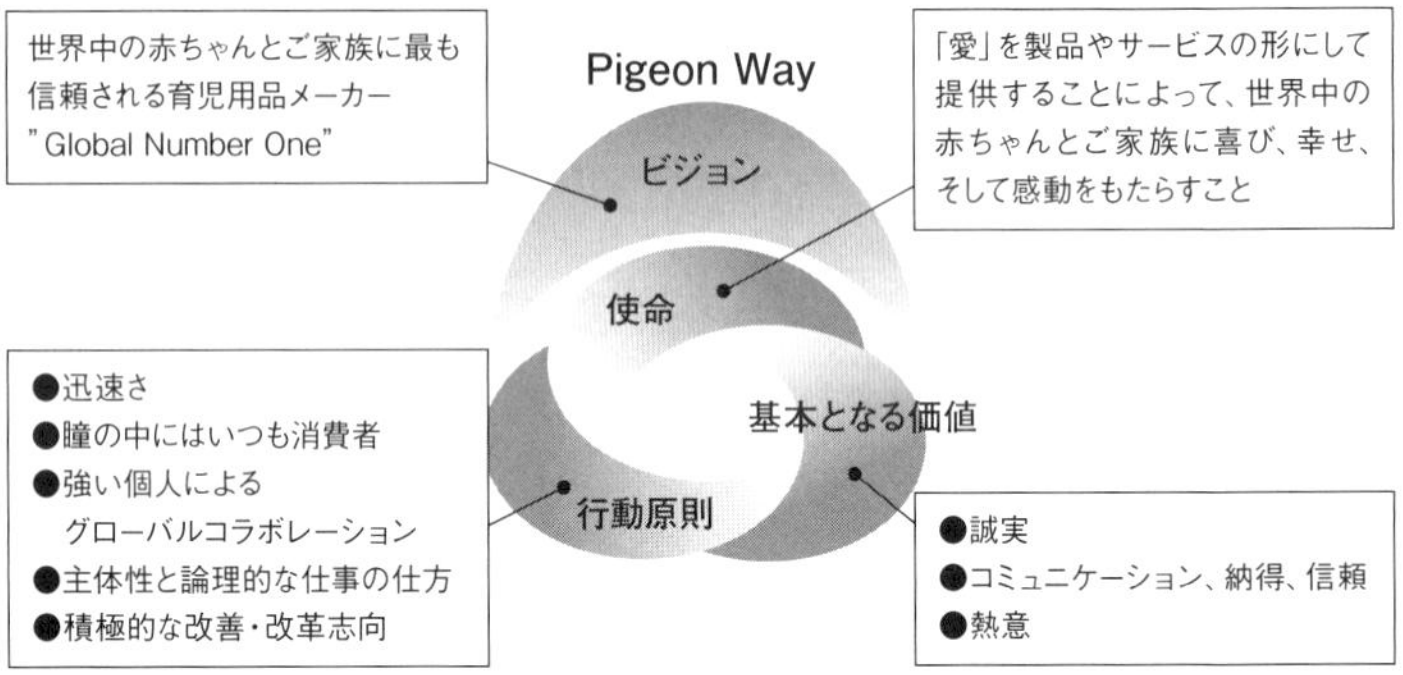
世界中の赤ちゃんとご家族に最も信頼される育児用品メーカー ”Global Number One”
Pigeon Way
ビジョン
「愛」を製品やサービスの形にして提供することによって、世界中の赤ちゃんとご家族に喜び、幸せ、そして感動をもたらすこと
使命
●迅速さ
●瞳の中にはいつも消費者
●強い個人によるグローバルコラボレーション
●主体性と論理的な仕事の仕方
●積極的な改善・改革志向
基本となる価値
行動原則
●誠実
●コミュニケーション、納得、信頼
●熱意

©ピジョン

るものはないか、社内をいろいろと探したところ、二代目社長で現在は最高顧問を務める仲田洋一の、この経営理念に対する思いを綴った文章にたどり着きました。これが非常にわかりやすかったので、あらためて全世界に発信しました。

「愛を生むのは愛のみ」

これが私たちピジョングループの社是です。

これからの世界人類にとって究極的に何が最も大切かと問われれば、それは、「人が人を大切にする心」、すなわち「愛」だと思います。

私たちピジョングループは、赤ちゃん、子供、そして、手助けが必要な方々に製品・サービスを提供している企業体です。

その活動の中で、「愛の心」がなければ、決して「愛のこもった製品・サービス」は、生み出せません。それは、かわいいわが子を育てる母が持つ「愛の心」と同様のものです。そして、「愛の心」こそ、私たち全社員の業務遂行上の原点であり、ピジョングループの事業のあり方を象徴的に表す言葉だと確信しています。

一九八〇年六月二三日　　仲田洋一

経営理念を言語化するのは、それを共有するためです。では、なぜ理念の共有が必要なのでしょうか。理由は三つあります。

一つ目は、同じ志をもった人たちと仕事をするため。

二つ目は、仕事で困難な状況に遭遇しても、私たちは何のために働いているのかという「軸」をぶらさないため。

三つ目は、社外のステークホルダーに、私たちは何を大切にして働いているかを理解してもらうため。投資家は自由に投資先を選べますが、会社の考え方ややり方をある程度理解し、納得した人に投資していただきたいのです。

経営トップがまずやらなければならないのは、仕事の目的を明確にし、最終ゴールを決めることです。それは、経営理念の一端として、使命やビジョンをはっきりさせることであると言い換えることができます。その上で、目的達成のための経営資源をでき得る限り準備し、それらをどこにどれだけ割り振るかという決断を下すのが次の仕事です。

しかし、これらはいずれも経営トップだけではできません。一緒に行ってくれる部下が不可欠であり、双方向のコミュニケーションをとりながら、彼らを応援（energize）し続けることも必要なのです。

部下のコミュニケーション能力を高める指導も行っています。『P&G式伝える技術　徹底する力』（高田誠著／朝日新書）』で、新入社員にコミュニケーションのノウハウを勉強してもらっているのもそのひとつです。

経営理念の共有に力を入れなければならない当社独自の理由もあります。私が社長に就任したとき、連結売上の半分が海外となり、外国人社員の占める割合も全体の過半数を超えました。

日本人同士であれば文化的背景や情報環境が共通なので、意思疎通にそれほど神経質にならなくてもいいのですが、海外のローコンテクスト文化（Low context culture：相手とのコミュニケーションの際、言語に依存して意思疎通を行う傾向が強い文化背景）の社員が相手の場合はそうはいきません。たとえば、商談の中で提案に対し「考えておきます」という言葉が返ってきたらどうでしょう。日本であれば「八割は断り」という意思表示ですが、海外の人はそれを聞いて「けっこういい感触だったよ」という報告を上げるはずです。

そういう誤解を生まないためにも曖昧な部分をなくし、行間をすべて言葉にすることが重要なのです。

そのために、二〇一四年に経営理念と社是のほかに、使命、ビジョン、基本となる価値観、行動原則を次のように定義し、さらに、それぞれに対する当社の答えを「Pigeon Way」として明文化しました。

・経営理念（強く信じる経営の根本の考え）
・社是（経営理念を端的に表現したもので、社員が仕事をする際にいつも大切にし、同時に振り返るもの）
・使命（どのような形で社会に貢献するか、何のために働くのか）
・基本となる価値観（社員一人ひとりが大切にするもの）
・行動原則（我々のすべての行動のベースとなり、ガイドとなるもの）
・ビジョン（目指す理想の状態、到達したい姿）

私たちの経営理念は「愛」。社是は「愛を生むのは愛のみ」です。

私たちの使命は『愛』を製品やサービスの形にして提供することによって、世界中の赤ちゃんとご家族に喜び、幸せ、そして感動をもたらすこと」です。お客様のニーズを満たすだけではまだ足りません。相手に感動を与えるレベルまでいって、ようやく使った人が「ピジョンって、いい商品出しているよ」と他の人にも伝えてくれるようになるのです。

ピジョンは「世界中の赤ちゃんとご家族に最も信頼される育児用品メーカー、“Global Number One.”」をビジョンとしています。

社員一人ひとりが大切にする基本となる価値観は、「誠実」「コミュニケーション・納得・信頼」「熱意」の三つです。

そして、我々のすべての行動のベースとなり、ガイドとなる行動原則は、「迅速さ」「瞳の中にはいつも消費者」「強い個人によるグローバルコラボレーション」「主体性と論理的な仕事の仕方」「積極的な改善・改革志向」の五つです。

これらはいずれも私たちが考えたピジョン独自の言葉であり、どこかからいただいてきたようなものはひとつも存在しません。

これらの「Pigeon Way」は、日本国内だけでなく、中国、シンガポール、タイ、インド、といった世界各国で「Pigeon Way ミーティング」を開催するなどし、浸透を図っています。正しく理解し共感していただいて、はじめてそれが行動に結びつくのです。

さらに、社外に対しても、私たちが「Pigeon Way」をどのように実現しているかを説明しています。具体的にいうと、目標管理制度（MBO）において半期に一回、全社員に対し、「Pigeon Way」にどのように取り組んできたかという「My Pigeon Way Story」を書いてもらうのです。

そして、そのうちのいくつかを文書、ビデオ化したものを当社のホームページに掲載し、社外の人も見ることができるようにしています。

こういった活動を行うのは、「Pigeon Way」は単なるスローガンではなく、常に成果を求められるものだからです。

では、成果とは何か。当社では次のように定義しています。
・我々の使命（ミッション）の達成度合い。
赤ちゃんとご家族にどれだけ喜び、幸せ、感動をもたらすことができたか。一方で、お客様からいただいたクレームも可視化し、全社員でシェアしています。
・社員の「働きがい」や「生きがい」がどれだけ向上しているか。
・売上・利益の増加と中長期でのフリーキャッシュフローがどれだけ増やせているか。
「Pigeon Way」が正しく展開できているのであれば、必ずそれは業績に表れるはずです。そうでないのであれば、単なるきれいごとで終わってしまいます。

企業理念を浸透させ成果につなげるためには、常に経営トップが語ることが大事です。その企業のあり方、将来なりたい姿、大切にしたい価値観、実現の具体的方法を繰り返し社員に語り続け、進捗を確認するということを、経営トップは求められているのです。また、社員に語ることは自分自身に対する戒めにもなります。

とくに最近はコーポレートガバナンスの重要性がより大きくなってきました。それなのに、社内外に対し、この企業は何を大切にしているのかをはっきりさせないまま、ただ売上や利益を追求するだけでは、企業統治も形だけのものになってしまいます。

「事業の目的（会社の存在理由）よりも数値目標を優先させてはいけない」ということを、すべての経営者はどんなときも忘れてはいけないのではないでしょうか。会社は何のために存在するのかといえば、それは使命を果たすためであり、売上目標や利益目標のために存在するわけではありません。

そのため、「Pigeon Way」の中に売上や利益という言葉は、出てきません。売上や利益の拡大というのはあくまで「Pigeon Way」を実践した結果です。もしよい結果が出ないならば、それは「Pigeon Way」の実行が不十分か、もしくは「Pigeon Way」が間違っているからなのでしょう。

経営課題② 世界に通じるブランド力

ピジョンでは、ブランドを次のように定義しています。

ブランドとは、消費者とのコミュニケーション、いわば消費者との心と心の結びつきを意味するもので、消費者にとってブランドは、メーカーの「約束」に相当します。

商品、サービスの送り手である当社にとっては、あらゆる場面で、その理念を明確に表現、決して消費者の期待を裏切らず、それを日々繰り返すことにより、消費者から得る「信頼」を高めることができます。

では、ブランド力が強くなると、どんなメリットがあるのでしょう。

まず、お客様には、製品を選んでいただける、高く買っていただくことができる、買い続けていただける。

さらに、人材を惹きつけ、引き留め、やる気を高めるという社員に対する効果もあります。

このように、ブランドには消費者と社員の双方に影響を与え、経済的な価値を生むという効果があるのです。

当社は、ピジョンブランドの強化のために、さまざまな施策を行っています。

中国では、母乳育児相談室を五八病院に設置しています。また、約三五〇〇の小売店の店頭にピジョンコーナーを設置しています。

同様にシンガポール、フィリピン、インドネシア、ベトナムの店舗にもピジョンコーナーを展開して、ブランドの強化と浸透を図っています。

現在、とくに力を入れているのが授乳室です。二〇一八年一月の時点では、世界一五カ国、七三七七カ所に当社が支援する授乳室が設置されています。外部の会社の試算によれば、当社のブランド価値は、調査を行った日本、中国、インドネシアの三カ国を合計すると、約八〇〇億円相当になるとのことです。

図12

開発力：ピジョンのコア・コンピタンス（三つの柱）

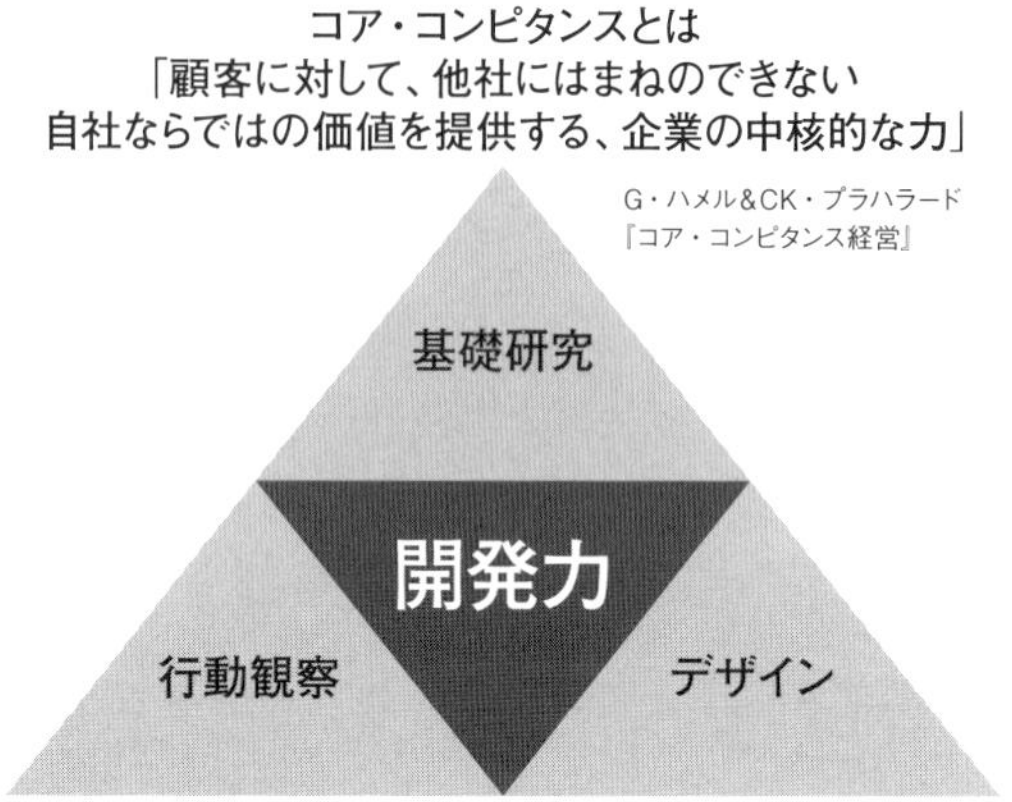
コア・コンピタンスとは
「顧客に対して、他社にはまねのできない
自社ならではの価値を提供する、企業の中核的な力」
G・ハメル&CK・プラハラード
『コア・コンピタンス経営』
基礎研究
開発力
行動観察
デザイン

©ピジョン

経営課題③　開発力

開発力はピジョンのコア・コンピタンスです。そして、開発力の柱となっているのが、基礎研究、行動観察、デザインです（図12）。

このうち基礎研究を、当社では次のように定義しています。

育児のお困りごとのメカニズムを科学的に分析し、それを解決する方法を育児用品に引き寄せたかたちで、エビデンスをもって提示すること。

具体的な育児のお困りごととして、さく乳した母乳やミルクを哺乳器で飲んだ赤ちゃんが、おっぱいで母乳を飲もうとしても嫌がってしまう（その逆のケースもある）

乳頭混乱があります。当社はこの乳頭混乱を解決すべく基礎研究を徹底的に行い、赤ちゃんの哺乳運動で大切な「吸着《きゅうちゃく》（パクッとくわえる）」「吸啜《きゅうてつ》（舌の動きで母乳を出す）」「嚥下《えんげ》（ゴックンと飲み込む）」という哺乳三原則を発見しました。さらに、これを踏まえた製品をつくることで、乳頭混乱に対するソリューションを可能にしたのです。

行動観察が開発に結びついた事例も、いくつかあります。

ベビーカーを購入するにあたり何を重視するかというアンケートをとると、必ず上位にくるのが「重量が軽い」「折りたたみが簡単」「折りたたんだときに自立する」といった答えです。

これらを踏まえ、多くのベビーカーは軽くコンパクトにするために、車輪を小さくし、ダブルタイヤにしています。

しかし、私たちが街で観察したところ、街中によくある二センチメートルほどの段差に引っかかっているベビーカーがかなりあることが判明しました。車輪が小さいとどうしてもそうなってしまうのです。

これはお母さんにとってはストレスで、赤ちゃんにもよくありません。実際、ベビーカーが二センチメートルの段差に引っかかると、乗車中の車が急ブレーキをかけたときの約五倍の力が赤ちゃんの首にかかるのだそうです。

このように行動観察エビデンスをもとに研究を重ね、第三者機関の協力も得て誕生したのが、大きなシングルエアタイヤで段差もラクラク乗り越えられるベビーカー「Runfee（ランフィ）」

です。

ランフィ発売前、当社のベビーカーのシェアはわずか二％にすぎませんでした。それが、二〇一四年一二月にランフィが発売されると、わずか半年で一三％（市場シェア第三位）となり、その後も売上は拡大を続け、二〇一八年四月時点では、すでに二四・八％（同第二位）までシェアを伸ばしています。

何が必要なのかを消費者に聞いても正解が出てくるとは限りません。なぜなら、消費者自身が気づいていないからです。そのため、行動観察を行って私たちがそれを発見し、解決する手段を提供することが大事なのです。

経営課題④　デザイン

ピジョンのデザインは、次の四つが基本となっています（図13）。

①新しいスタンダードを創造し続けるもの
②道理に基づきデザインされたもの
③愛情をカタチにしたもの
④シンプルなデザインであること

図13

ピジョンのデザインとは

①
「新しいスタンダードを創造し続けるもの」

リーダーとして、そしてパイオニアとして、常に新しい価値を提供していく。誠実な姿勢で、細部ひとつひとつを丁寧に追究しその時代のライフスタイルに合ったプロダクトを創り出す。

②
「道理に基づき、デザインされたもの」

成長発達や行動観察などの研究や調査に基づいた、「使う人」のためのデザイン。

すべての道理がデザインに反映され、すべての要素に必然性があるもの。

③
「愛情をカタチにしたもの」

絆や愛情、幸せな気持ちを感じる、やさしさと、ぬくもりのあるデザイン。

使う人に不安感を与えないフォルムとカラーで、親しみやすさがあるもの。

④
「シンプルなデザインであること」

不必要な要素を持たない、シンプルで品位のあるもの。使う人を自然に誘導し、直感的に使える、わかりやすいデザイン。

自社オリジナルの経営指標ＰＶＡ

ピジョンでは、限られたリソース（資金・資源）をどれだけ効率的に活用し、どれだけリターンを最大化できたかを表す指標として、ＰＶＡ（Pigeon Value Added）という考え方を導入しています（次ページ図14）。

本業の事業から生み出した税引後の利益額（ＮＯＰＡＴ）から株主と債権者が期待しているリターンの額（投下資本×ＷＡＣＣ）を引いたものが、ＰＶＡです。加重平均資本コスト（Weighted Average Cost of Capital：ＷＡＣＣ）とは、借り入れの利率や株主期待収益率を加重平均して算出するのですが、当社ではこれを五％としています。

図14

PVA（Pigeon Value Added）とは？

PVA ＝ NOPAT － 投下資本×WACC

NOPAT：本業の事業から生み出した税引き後の利益額

投下資本×WACC：株主と債権者が期待しているリターンの額

PVA がプラスなら、
ピジョンは株主と債権者の期待
（要求）する以上のリターンを
生み出しているということ
⇒ 付加価値
（Value Added）

【社内での活用視点】
『限られたリソース（資金・源）を
どれだけ**効率的に活用**し、
どれだけ**リターンを最大化**できたか』
を表す指標

©ピジョン

このＰＶＡがプラスであれば、ピジョンは株主と債権者の期待（要求）する以上のリターン＝付加価値を生み出しているということになります。

ＰＶＡは一般的には経済的付加価値（Economic Value Adde：ＥＶＡ）と呼ばれていて、たいていこの指標は選択と集中のために使われています。しかし、当社はそうではありません。収益性と効率性の改善が、ＰＶＡ導入の目的です。

ＰＶＡのほかに投下資本利益率（Return On Invested Capital：ＲＯＩＣ）も使っています。金額（ＰＶＡ）は事業の成長を目指すのに不可欠で、縮小均衡の防止にもなる。比率（ＲＯＩＣ）は、前年や規模の異なる他社（部門）と比較するのに役に立つからです。

ただし、これらを社内に浸透させるには、かなりのパワーが必要になります。弊社においても、社員一人ひとりが実際の仕事に結びつけてPVA改善の具体的な行動をとれるようになるまで、社長の私と経営戦略本部から社員に対し、PVAの中身の理解と進捗の管理について、かなりしつこく言ってきました。とくに重要なのは、トップの熱意です。

もっとも、最初から精緻なものにこだわったわけではなく、事業の収益性と効率性の改善に何が必要なのか、大切なところをまず押さえ、そちらを行いながら精度を上げ、現在に至るという感じです。

たとえば、営業マンが「このPVAを勉強した結果、お客様の売掛金のサイトを三〇日短くできました」といったような話を「Pigeon Way Story」に書いてくれています。このように、社員全員が意識してくれるようになれば、その日から企業価値は上がるのです。

PVAは各事業部門ごとに展開し、さらにそれらを分解して、一人ひとりの目標管理にも紐づけています。

二〇一五年一月期には、PVA数値の外部公表に踏み切りました。PVAが改善しているのか、改善していなければ何が問題で今後どう改善していくのかといったことを、投資家にきちんと説明し、理解してもらうためです。

キャッシュ・コンバージョン・サイクル（Cash Conversion Cycle：CCC）も併せて公表しています。CCCとは原材料や商品仕入れなどへ現金を投入してから最終的に現金化されるまでの日数のことで、企業の資金効率を見るための指標です。

第六次中期計画のスローガンは、『Building our dreams into the future.（私たちの将来の夢につながる新しい橋をかける）』です。

第七次以降トップラインの二桁成長を確実にするために、第六次はきちんと投資をして、NOPATを上げていきます。

【質疑応答】

Q1　利益の半分以上を中国で稼いでいる。成功のカギはどのあたりにあるのか。

山下　われわれが新規市場に出ていく際に大事にしているのはブランドとパートナーである販売代理店で、決して生産ありきではありません。中国でも当初はアジアの生産会社から買った商品を販売していました。そして、ある程度ブランドが認知されて売上も伸びた後、自社工場をつくって内製化にシフトしたので、最初から工場の稼働率が高く、それが利益率の高さの理由にもなっています。

そういった高い粗利が確保できるビジネスモデルが中国ではうまく回っているのです。

Q2　製品の販売価格は日本よりも中国のほうが高いのか。

山下　価格はほぼ一緒です。中国のローカル製品と比べるとかなり高いですが、欧米の製品ほどではありません。工場の稼働率がいいので、その部分の利益が大きいのです。

Q3　日本でも中国製品は販売しているのか。

山下　ほとんど売っていません。たとえば、日本で売っている哺乳器はタイ製です。

Q4　営業利益率が伸びた要因は何か。

山下　営業利益率を押し上げているのは哺乳器、日本や中国でよく売れているスキンケア商品です。ただ、営業利益率はコストを抑えればある程度調整ができますが、売上総利益率のほうはそう簡単ではありません。利益率の高い製品を集中的に売る、製品リニューアルで価値を高めて価格を上げるといった、売上総利益率を高めるための方法があるので、基本的にはそれらの組み合わせになります。もっとも、これを社員に理解させ実行させるのはかなりたいへんな作業です。

Q5　PVAの数字はどのように決めるのか。

山下　会社の決算数字が固まった後に、経営戦略本部が年間計画に従って目標数字を決定します。また、数字は四半期ごとに進捗を確認し、必要な対策を講じます。

Q6「Pigeon Way」は素晴らしいが、一方でPVAやROIC等で経営をファイナンス的にコントロールしようとすると、直接数字につながらない「愛」のような部分は冷めていって、カルチャービヘイビアのほうは痩せていくようなことはないのか。

山下 社員のモチベーションをいかに上げるかという問題だと思います。中でも給料は大事な要因ですが、同時に仕事を通じてどれだけ成長できるか、個人のキャリアパスの形成にどのように寄与できるかといったことも大事な要素なので、そういう部分に対する答えをきちんと提示していくことが重要です。

毎年社員の満足度調査を行っていますが、それを見るといくつも課題があることがわかります。しかし、いずれも解決は簡単ではありません。ただ、トップ自身が課題のあることを理解し、解決のためにコミュニケーションを続けようとしているというメッセージは、社員にも伝わっていると思います。

Q7　「Pigeon Way」の浸透にはどれくらい時間がかかったか。

山下　「Pigeon Way」をつくった最初の二〇一四年とその翌年は、この定義をしっかり伝えるために、専務にも手伝ってもらい世界中の拠点を回って質疑応答を繰り返しました。最近では社員の理解も深まり、実際の仕事に反映しているという事例を目や耳にする機会も増えてきたので、「Pigeon Way」ミーティングよりも、ＰＶＡの説明や確認に時間をかけることのほうが多くなっています。

Q8　日本では一九七三年をピークに出生数が減少しているが、ピジョンの業績は右肩上がりが続いている。これまで経営危機に陥りそうな状況はなかったのか。

山下　当社は創業から六二年目の現在（二〇一八年）に至るまで、一度だけ赤字の期がありました。二〇〇〇年に、国内の大手取引先の一社が倒産し、その影響をもろに受けてしまったのです。当時はまだ海外の売上比率が一〇％程度しかなく、そのぶん打撃も大きく、これを機に海外進出に力を入れるようになりました。

（二〇一八年八月三一日「熱海せかいえ」にて収録）

第三章

日本電産から学んだ、強い会社をつくる条件

川勝宣昭

PROFILE

川勝宣昭

Noriaki Kawakatsu

株式会社DANTOTZ consulting 代表取締役、
経営コンサルタント

1942年三重県生まれ。1967年早稲田大学卒業後、日産自動車に入社。生産、広報、全社経営企画、さらには技術開発企画から海外営業、現地法人経営者という幅広いキャリアを積む。1998年、急成長企業の日本電産にスカウト移籍。同社取締役（M&A担当）を経て、カリスマ経営者・永守重信氏の直接指導のもと、日本電産シバウラ、日本電産ネミコンの再建に携わる。2007年、経営コンサルタントとして独立。著書に『日本電産永守重信社長からのファクス42枚』（プレジデント社）、『日本電産流 V字回復経営の教科書』（東洋経済新報社）、『日産自動車極秘ファイル2300枚「絶対的権力者」と戦ったある課長の死闘7年間』（プレジデント社）。
http:www.dantotz.com

M&Aが日本電産成長の原動力

日本電産のコア製品は、みなさんが普段使っているパソコンのハードディスクドライブの真ん中に取り付けられているモーターです。

私は一九六七（昭和四二）年に早稲田大学を卒業後、日産自動車に入社し、生産、広報、全社経営企画、技術開発企画、海外営業、現地法人経営とさまざまな業務に携わった後、一九九八（平成一〇）年に当時急成長を遂げていた日本電産にスカウトされました。当時の日本電産の連結売上高は約一三〇〇億円、今はその一〇倍以上になっています。

日本電産はM&Aによる会社再建で成長してきた会社で、現在もそのことはほとんど変わっていません。そして、このM&Aによる会社再建の手法の中に、企業の組織運営上のいろいろなキーが隠されているのです。それをいくつかご紹介いたします。

M&A後、一年以内にシナジー効果を出させる

買収が決まると、日本電産本体から買収先の会社に再建担当者が一名だけ派遣されます（図1）。買収先の役員陣も従業員もそのまま、一切手をつけません。普通は買収先に何名もの幹部が

図1

日本電産のM&Aによる会社の経営再建

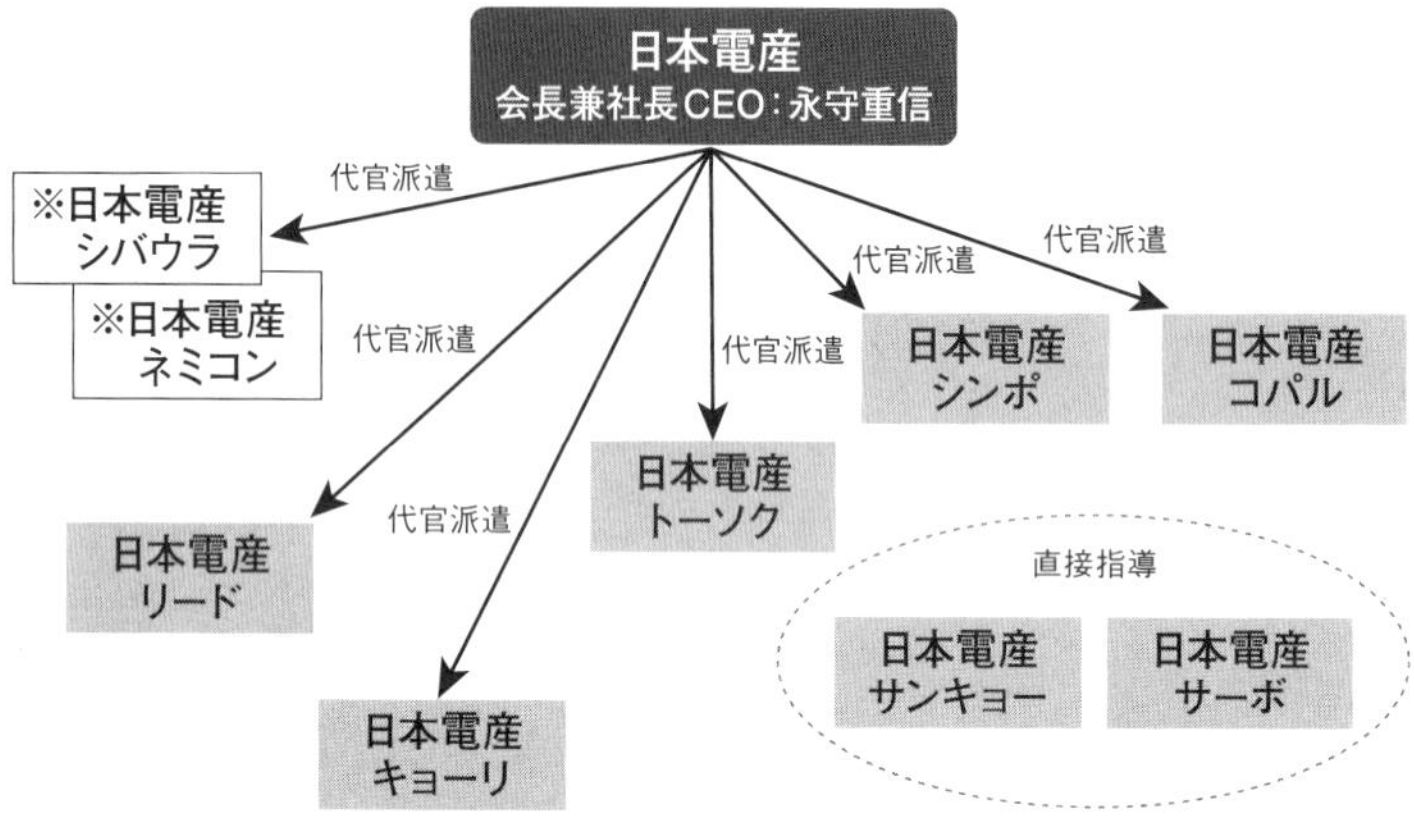

※は筆者が再建を担当した企業

ⒸDANTOTZ

送り込まれるのが通例ですが、日本電産の場合は、お供もつかない、たった一名です。

ナンバー2の立場で送り込まれますが、再建期間中は実質社長役です。私はこれを戦国時代になぞらえて〝代官〟と呼んでおりました。

一年という非常に短い期間で再建の実をあげるため、「常在戦場」感覚でことに当たりますので、そう呼んでおりました。「一年以内に期間損益を黒字化する」「二、三年以内に業界トップにする」。これが〝代官〟に与えられた基本的なマター（目標値）です。

買収した企業の中には、日本サーボ（現・日本電産サーボ）のように、永守重信社長（※注　現・会長兼CEO）自らが担当者となって指導を行った会社もあります。そのような場合、カリスマ経営者自らが陣頭指揮を執るため、当たり前のことですが、再建のスピードが速く、約六、七カ月で黒字化が実現します。

再建先に赴くに当たり、〝代官〟役に対し永守氏から、A3用紙一枚に書かれた二〇項目ほどの目標値を渡されます。内容は「材外費（材料費と外注費の合計）の比率は売上の五〇％以下に抑える」「経費の比率は売上一億円に対して五〇〇万円以内に抑える」「生産性を五倍に上げる」といったもので、いずれも一年という期間内では、そう簡単に達成できるものではありません。

なお、この「一年以内の黒字再建」ですが、私が日本電産のM&A担当役員をしていたとき、過去の五〇数社の買収事例を調べたことがあります。ここで驚いたのは、一社の例外もなく、ほぼ一年以内に赤字の買収企業を黒字化していることです。

これは、日本電産の中に、どうしたら企業は強くなるのかについての「方程式」が確立しているからにほかなりません。このことは本稿のメインテーマであり、後段で触れてみたいと思います。

M&Aによる追加事業が急成長を支えてきた

日本電産の成長度合いがどれほどのものかについてよくわかるように、会社の規模は異なりますが、営業利益の伸びを韓国のサムスン電子と比較してみます。

それぞれ二〇〇〇年を一〇〇とした場合、一〇年間でサムスン電子が約一・九倍であるのに対し、日本電産は約九倍です。この二〇〇〇年から二〇一〇年の間は、当時日本が「失われた一〇年」と呼ばれた時代で、各社とも業績が低迷する中、何をすればいいかわからない状態に置かれていました。しかし、そのような中でも日本電産は、当時急成長を遂げて世界の注目を集めていたサムスン電子を成長率ではるかに上回っていたのです。

日本電産の成長率が高い最大の要因は、M&Aです。日本電産の事業をセグメント別に見ると、①精密小型モーター、②車載及び家電・産業用、③機器装置、④電子・光学製品の四つから構成されています。このうちコア事業である①精密小型モーターの売上は一〇年間で約三〇〇〇億円から四〇〇〇億円であり、事業がこれだけであれば成長率はそれほど高くはありませんでした。つまり、コア事業以外のM&Aによる追加事業が成長を押し上げているのです。

しかし、M&Aは、経営手法としては有力な手法ですが、成功確率が非常に低いのが難点です。それは、買収自体はそう難しいことではないにしても、買収以降育てるのが非常に難しいからです。

しかし、日本電産は創業以来六〇件以上のM&Aを行い、そのすべてを成功させています。これはギネスブック級の驚異的なことだといわざるを得ません。恐らく、世界でもこれだけのM&A成功確率をもつ企業はないでしょう。

なぜなら、M&Aの対象となる会社の大半は赤字ですから、M&Aを行えば、それを抱えこむことによって、グループ全体の経営効率は悪化するのが一般的だからです。ところが、日本電産の場合、M&Aを繰り返しても、経営効率の代表指標である売上原価率と販管費率は一〇年間でほとんど変わっていません。とくに販管費率は、約一〇%と非常に低い状態を維持させています。

要するに、日本電産の本体自体が優れたマネジメント技術をもっていて、なおかつ買収先にそれを移植するノウハウも確立されているということです。

二〇〇八年から二〇一二年の日本電産の業績を見ると、売上高、営業利益とも落ち込んでいる時期が二度あります。一つ目はリーマン・ショックが起こった二〇〇八年です。二つ目は二〇一二年で、このときはモバイル端末が急激に普及した影響でパソコン需要が落ち込んだのが原因です。

しかし、いずれのときもV字回復を果たしています。

とくに二〇一二年は、コア事業であるパソコンの成長が止まってしまったため、経営危機に陥ってもおかしくなかったといえます。そうならなかったのは、日本電産がその数年前から市場の変化を見越して、車載モーター事業や家電・産業用モーター事業でM&Aを行うなどの構造改革を精力的に行ってきたからです。

M&Aを軸にした経営再建五つのポイント

日本電産がM&Aを軸に会社を強化するためのポイントは、以下の五つです。

1.意識改革――企業を「スピードと徹底」という企業文化（風土）の会社に変身させ、市場ナンバーワンのポジションを得る

M&Aの後は、まずは意識改革を行い「スピードと徹底」という企業風土をつくります。これがつくれないと、どんなに素晴らしい戦略手法をとっても成長の芽は出ません。この意識改革を五つのポイントの最初に挙げたのは、日本電産では、企業強化の最も重要な要素と考えているからです。

2.スピード――スピードは競争に打ち勝つ最大の武器。世界中の競合よりも対応の速い会社にする

ここでいうスピードとは、社内ではなく社外、つまりお客様や市場との距離を縮めることを意味します。

私が再建したある会社は、モーター技術は世界最高水準のものをもっていたものの、営業力が非常に弱く、またスピードも遅い。たとえば、営業担当が苦労して引き合いをとってきても、

見積もり回答まで早くて一週間、遅いときは二、三週間もかかっていました。しかし、日本電産では「見積もり回答は二四時間以内」が原則です。まず、これを徹底させました。すると、次のような変化が起こったのです。

こんなに早く見積もり回答をもらったことがないお客様は当然びっくりします。そして、金額が多少高いと思っても、そのスピードに感激して、「金額は後でネゴするとして、まず試作をつくってくれ」となるのです。

さらに、今度は一週間で試作品をお客様にもっていきます。ここでもお客様は驚き、「わかった、今開発中のエアコンにそのモーターを入れてみよう」と話が進み、「ちょっと回転数が多いね」「音をもう少し小さくしたいから巻線数を変えられないか」と新たな注文が出てきます。お客様のほうでも、かなりの設計変更がなされます。

これらを踏まえた次の試作品をさらに一週間後に再び持参し、そこでまたお客様の要望を聞いて持ち帰り、次の試作品をつくって提出します。これを四回ほど繰り返せば、設計もほぼ固まり、モーターの仕様も玉成《ぎょくせい》されます。

この時点で競合メーカーが最初のスペックに合わせた試作品をもってきますが、両者の設計も相当変わり、もはや情勢をひっくり返すことは不可能です。このようにスピードは、ものすごく強力な武器になるのです。

では、スピードを上げるのは難しいことなのでしょうか。そんなことはありません。要するに心構えの問題です。だからこそ、日本電産流の徹底した意識改革がポイントなのです。

このように、「スピード」は企業競争に打ち勝つ非常に重要な要素であるため、日本電産及びグループ会社では、最も重要な価値観と位置づけられてきましたが、残念ながら、多くの日本企業では、技術は優秀でもスピードに劣るため、この二、三〇年間の中国、韓国との熾烈な競争において、世界シェアを大きく落としてきているのが実態です。その辺の事情について、日本電産の五大ポイントとは離れますが、詳しく述べてみたいと思います。

二〇世紀最後の一〇年間から今日に至るまでの三〇年間（つまり平成の三〇年間）における最大の成功国家は、中国でしょう。

大前研一氏によれば、平成元年（一九八九年）時点での中国のGDPは、九州と同じです。中国の人口は一三億人、九州の人口は一三〇〇万人ですから、中国の一人当たりGDPの大きさは日本の一〇〇分の一だったわけです。

それが今や、米国の七割、日本の二・七倍です。三〇年間に日本は一・二倍しか成長しなかったのに対し、中国は三〇倍。

おもしろい比較があります。GDPを二倍にするのに、何年かかかったかです。一九世紀は英国の世紀（パックス・ブリタニカ）ですが、英国はGDPを二倍にするのに、一五五年かかっている。二〇世紀の米国（パックス・アメリカーナ）は、三〇年です。二一世紀は、どこの国の世紀になるか？　現在繰り広げられている米中経済覇権競争で、米国が中国を封じ込められなかったら、中国の世紀になるかもしれません。今世紀に入ってまだ間もないわけですが、中国はGDPの二倍化をたった五年で成し遂げています。その最大の成功要因は、未曾有のスピードでしょう。

今後の企業経営は、このワールドワイド戦国時代において、スピード国家中国をいかに上回るものをもつことができるかにかかっているのではないでしょうか。どこにでもあるような戦略ではなく、尖った戦略、尖った戦法をもち、それをスピードを上げて実行できる尖った組織づくりが鍵になるのではないでしょうか。

そろそろ日本は、三〇年の眠りから醒めてほしいと思います。そのためには、中国との組織戦で戦えるように、リーダーは、自らのリーダーシップ能力を磨き、市場突破力のある強いワンチームの組織をつくり上げることだと思います。

3. 営業機関車化——営業を一軍にし、会社を引っ張らせる

私が再建した日本電産の前出の関連会社は、プロダクトアウト(作り手の論理で市場対応を考える)のカルチャーが強く、社員の中で〝一軍〟は生産現場に投入され、営業は明らかに〝二軍〟でした。したがって、営業が引き合いをとってきても、社長以下の幹部がその条件を見て、「こんなに安い引き合いをなぜとってくるんだ！　ウチのコストで利益を出す顧客を探すのが営業ではないのか」「営業は努力が足りない」などと難色を示すため、契約がなかなか前に進

みませんでした。しかし、生産側の人たちがすぐに納得するような、いいお客様というのはそんなに簡単に見つかるはずがありません。

一方、日本電産の考え方は「市場価格は神の声」です。世の中にそういう価格（市場価格）が存在する以上、それを自社のものにして、その価格でも利益が出る経営をすべきだ、という考え方です。つまり、自社から世の中を見るのではなく、世の中から自社を見るようにしなければならないというわけです。

再建にあたって、従来の経営陣や社員の頭の中身をこのように変えていくことは、困難を伴います。しかし、必ず通らなければならない道なのです。

4. 断トツのコスト追求——業界で最安値の体制をつくり、競争に打ち勝つ

「材料費と外注費の比率は売上高の五割以内に抑える」
「経費は売上高の五％以内に抑える」

買収が決まると再建担当者には永守氏からこのような厳しい数値目標が示されると同時に、一年以内の目標必達が義務づけられます。これらをなんとか達成すると、スリムで強い会社に変身するというわけです。

5. 損益の週次管理——予算を一週間ごとにつくり、一週間ごとにフォローする。未達体質克服の特効薬

会社とは、儲からなければ存在意義はありません。そのため、買収先の経営を再建する際には、収益管理の仕組みがとりわけ重要です。

具体的に説明すると、主要な予算費目は一週間単位で作って一週間単位でフォローします。一週間ごとに予実管理をする会社は、なかなかないと思いますが、日本電産では、グループを挙げて一週間ごとに管理を徹底して実行しています。

たとえば、モーター製造の工場であれば、経費の中でいちばん多くを占めるのは電気代であるため、電気代の予算をラインごとにつくり、工場に一つしかない受電盤を、ラインごとに設置し直して一週間ごとに管理します。

このような予算管理を主要項目で週ごとに行うため、月次管理では月に一回しかPDCAを回せないのに対して、週次管理では四回回せますから、管理のメッシュが四倍になり、予算達成精度が飛躍的に上がることになります。

企業力を支えるバックボーンとなる三つの言葉

「すぐやる」
「必ずやる」
「出来るまでやる」

日本電産グループの企業力を支えるバックボーンとなっているのが、この三つの言葉です。

私が日産自動車を辞めて日本電産に入る際、永守氏の面接を受けたときのことです。

私が「日本電産の成長の秘訣は何ですか。なにかトヨタのカンバン方式のようなものがあるのですか」と質問すると、永守氏は一枚のパンフレットを持ってきて私の前に置き、「これや。これしかない。うちはこれでやっとるんや」と言われました。

そこに書かれていたのが、この三つの言葉です。

「すぐやる」はスピードのこと。それから「必ずやる」「出来るまでやる」は徹底の意味です。

「スピード」と「徹底」をバックボーンに据え、実行すれば、どんな会社も必ず変わる。これが、私が日本電産で何社かの会社再建を経験してみて、得た確信です。

優れた会社をつくる三要素

何が会社の優劣を決めるのか？　別の言い方をすれば、今、目の前にある自分の会社を優れたものにするには、どんなポイントを究めればいいのか？

これは、経営者のみならず、経営のあり方を考える経営管理者にとっても、外せないテーマでしょう。

企業を強くするポイントなり、勘所をわかって経営改革に取り組むのと、わからずに試行錯

図2

優れた会社をつくる3要素①

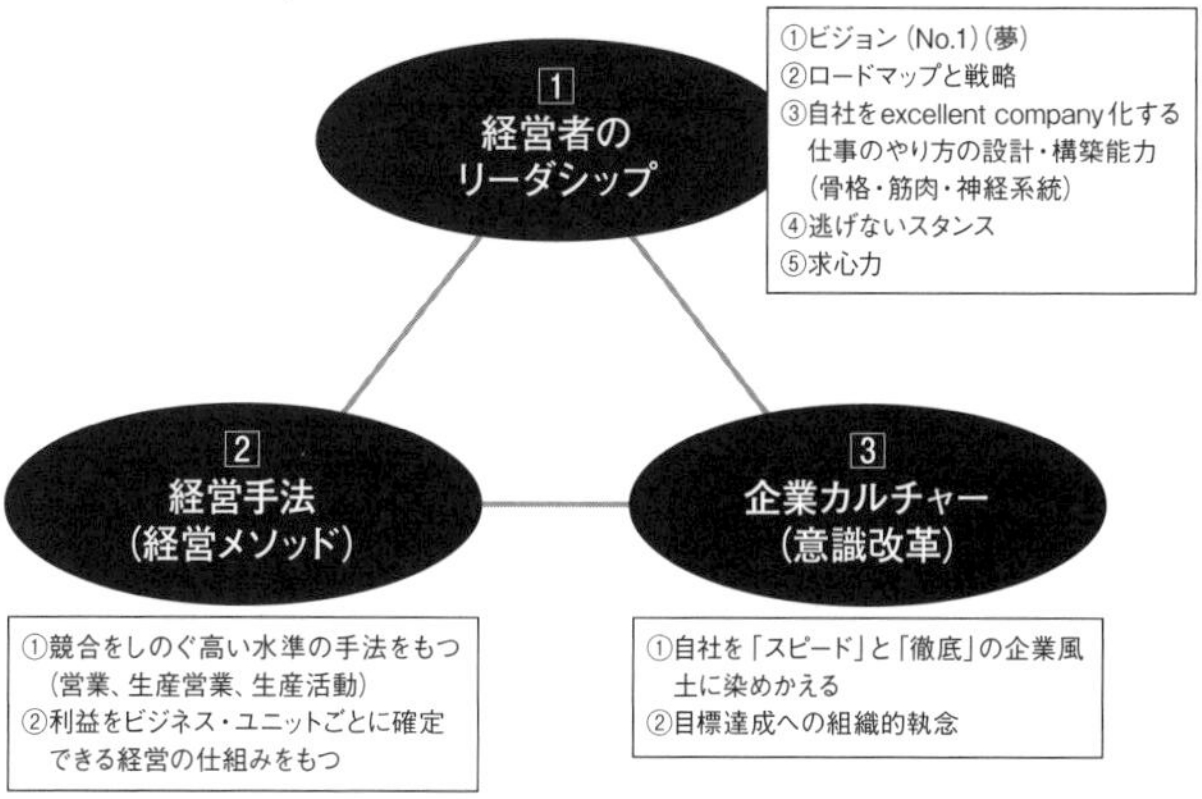

1 経営者のリーダシップ
①ビジョン（No.1）（夢）
②ロードマップと戦略
③自社をexcellent company化する仕事のやり方の設計・構築能力（骨格・筋肉・神経系統）
④逃げないスタンス
⑤求心力
2 経営手法（経営メソッド）
①競合をしのぐ高い水準の手法をもつ（営業、生産営業、生産活動）
②利益をビジネス・ユニットごとに確定できる経営の仕組みをもつ
3 企業カルチャー（意識改革）
①自社を「スピード」と「徹底」の企業風土に染めかえる
②目標達成への組織的執念

誤を繰り返し、赤字の泥沼にスタックし続けるのでは、当然のことながら業績回復に雲泥の差が出ます。

図2で示した「優れた会社をつくる三要素」は、私が日本電産グループにおいて、いくつかの企業再建を悪戦苦闘しながら経験する中で、たどり着いた私なりの結論です。いわばこれは、経営者が企業改革に勝利するための押さえるべきポイントともいえるものです。三つの要素のうち、経営手法については前述した「経営再建五つのポイント」の中でも触れておりますので、それとダブらないように述べたいと思います。

1．経営者のリーダーシップ

①ビジョン（夢）

「自分の会社をどんな会社にするか？」「どうしたら良くなるか？」。そのことに日々悩み、考え続ける人たちが経営者であるわけですが、それを突き詰めていくと、経営とは、経営者が自分の会社に「自分の作品をつくり、残す」ことに他ならないと思います。

仕事を通じて、誰にもできない自分の作品をつくる。このことを考えたとき、人は襟を正して自分の仕事を見つめ直します。画家がキャンバスに向かうように、作曲家が五線譜に向かうように。

この作品づくりのためには、まず、経営者は夢としっかりとしたビジョンの持ち主でなければなりません。今を去る半世紀前、私が二〇代の頃の日本の経営者は、たとえば四月一日の新入社員入社式で、「わが社はこれから日本一、世界一を目指す」と、熱き経営の想いを社員に語っていたものでした。しかし、「豊かな国、日本」となった現代では、こういう直線的な夢を標榜する経営者は、本当に少なくなりました。

大前研一氏の言葉を借りれば、社会全体が「低欲望社会」化した日本で、経営者自身も欲望を失ってしまったのでしょうか？

そういう中で、短い期間ですが、私がお目にかかった日本電産の永守重信氏は、「一番以外は皆ビリや」と社員に説き、世界一企業ビジョンを掲げて、困難な未来を切り開こうとする、いわば「巌頭《がんとう》に悍馬《かんば》を立てる」タイプの経営者であろうと思います。

② ロードマップと戦略

ビジョンを具体化したものがロードマップであり、戦略です。日本電産の永守氏の場合は、ビジョンを数値に置き換えて表現するのが特徴です。一九七三年に二八歳で若者三人と創業したときも、売上高一兆円を目指すと宣言し、二〇一四年に実現しています。

今のビジョンは二〇三〇年に一〇兆円です。かなり先のビジョンを数値で示すというのは、退路を断って不退転の決意を表す経営者スタンスを表すもので、こういうスタイルの経営者は非常に少なくなっているのではないでしょうか。一時期、側にいた者としての印象としては、永守氏はご自分で言われたことは必ず実現する方なので、このためには、ビジョンの実現のための周到なロードマップと戦略の裏打ちがなければできないことだと思います。

③ 自社をエクセレントカンパニー化する仕事のやり方の設計・構築能力

会社の仕事のやり方の設計・構成能力とは、要するに、企業の骨格・筋肉・神経系統をつくる能力のことです。会社の最終目的は、利益の極大化ですから、利益管理のやり方でいかに優れたものを設計し、構築するかです。

日本電産の利益管理の仕組みは、大きく分けて二つあります。「事業所制」と「週次管理」です。前者は、大括りのビジネス・ユニット（工場、開発、営業など）ごとに利益を管理する仕組み。後者は、それぞれのビジネス・ユニットの中で、主要な費目は、一週間ごとに予算を組み、一週間ごとに目標に対する実績をフォローしていく仕組みです。

この二つの仕組みが、全社の組織の中で、神経系統のようにいきわたっていますから、月次予算の達成精度が非常に高い。月次精度が高いということは、年間の目標の達成精度が高いことを担保するわけです。

日本電産が、期中の業績予想で、下方修正が非常に少ない会社として、株式市場で高い評価を得ているのは、この二つの仕組みが、組織の中のすみずみにまで機能しているからです。

④ 逃げないスタンス

日本電産の買収会社再建にあたっては、日本電産から一人だけ再建役としての〝代官〟が買収会社に派遣され、再建の陣頭指揮をとることは、前述したとおりです。〝代官〟役は、永守氏の意を体して再建にあたりますので、それなりの能力がなければなりません。それではなぜ私が選ばれたのか、あるとき、永守氏にお聞きしたことがあります。「それは、君が逃げない人物だと思ったからだ」。これが永守氏から返ってきた答えでした。

「逃げないこと」。これが永守氏がリーダーに求める条件の一つであることがわかります。永守氏は語録が豊富な経営者ですが、永守語録の中で、私が感銘を受けた言葉の一つに「困難は、解決策を連れてやってくる」というのがあります。

この言葉の意味は、「困難から逃げてはならない。逃げれば、解決策も逃げていく」というものですが、永守氏の解説を見てみましょう。

「君な、向こうから困難サンがやって来たとしよう。困難サンが、向こうからトコトコやって来たと考えてみなさい。君としては『嫌だ嫌だ』という気持ちだろう。困難サンから逃げたいと思うだろ。で、逃げる。横に避ける。そうしたら、困難サンはすーッと脇を通りすぎていく。その瞬間、通りすぎる困難サンの背中をちょっと見てみたら、君、背中には解決策というリュックを背負っているじゃないか。だから、困難から逃げるということは、解決策も逃がしちゃうということだよ」

⑤求心力

リーダーの要諦は、人がどうなびくかです。

そのために必要な求心力は、天から降ってくるものではありません。経営者がつくっていくものです。

経営者が無理やり、パワーを使ってつくるエセ求心力ではなく、真に永続性のあるものでなければなりません。

その意味で、日本電産に学んだ者としては、リーダーの能力とは、自ら「逃げないスタンス」をもち、組織を求心力型にもっていけるリーダーシップではないかと思います。

2. 経営手法（経営メソッド）

① 競合をしのぐ高い水準の手法をもつ（営業、生産活動）

日本電産は、その好業績と高成長を生み出せるだけのユニークな経営手法を営業、生産活動の両面でもっているわけですが、それらの個別手法については、本日は時間の関係で他に譲りたいと思います。これらについては、永守氏自身が書いた『永守重信の経営教室』（「日経ビジネス」二〇一二年一月九日号〜二月六日号〔全五回連載〕）に詳しく述べられていますし、また、拙著『日本電産流V字回復経営の教科書』（東洋経済新報社）でも触れていますので、ご覧ください。

②利益をビジネス・ユニットごとに確定できる経営の仕組みをもつ

この仕組みについては、前述の「1．経営者のリーダーシップ」の中の「③自社をエクセレントカンパニー化する仕事のやり方の設計・構築能力」で触れたように、日本電産では、「事業所制」と「週次管理（社内では「ウィークリー・リスク会議」と称している）」という二つの非常にユニークで優れた手法で、月次と週次の両面で利益管理を行っています。

内容についてはそちらをご覧いただくとして、ここでは、週次管理の有効性について述べてみましょう。多くの会社で行われている業績管理は月次ベースで、月末か翌月はじめに行われます。

したがって、これは、終わりかけているか、すでに終わった実績を計画（目標）と対比させるわけですから、管理というよりも報告になります。そして、上級管理者は担当者に対して、「どうしてこんな未達が発生しているんだ！」と追求します。すると担当者は「申し訳ありません。来月頑張ります」ということになります。そして、翌月も同じ状態を繰り返す……。これではガンバリズム経営が横行するだけです。

次に、利益管理について述べてみます。日本の企業の多くは、機能別組織で運用されていると思います。機能別組織は、事業別組織と違って、トップから末端に至る縦系列で運用される度合いが強い組織ですから、どうしてもコスト管理が主体になります（トヨタですら例外ではありません）。

利益は売上からコストを引いたものですから、縦系列に属する各組織部署では把握できない。どこで把握するかというと、社長のところで初めて利益が把握できるわけです。

コスト管理には向いているが、利益管理に不向きな機能別組織で利益管理を行うには、かなりの工夫が必要です。日本電産では、事業所制という「生産」「開発」「営業」の大括りのビジネス・ユニットで利益管理を行って、組織的な問題点の修正を行っています。

図3

優れた会社をつくる3要素②

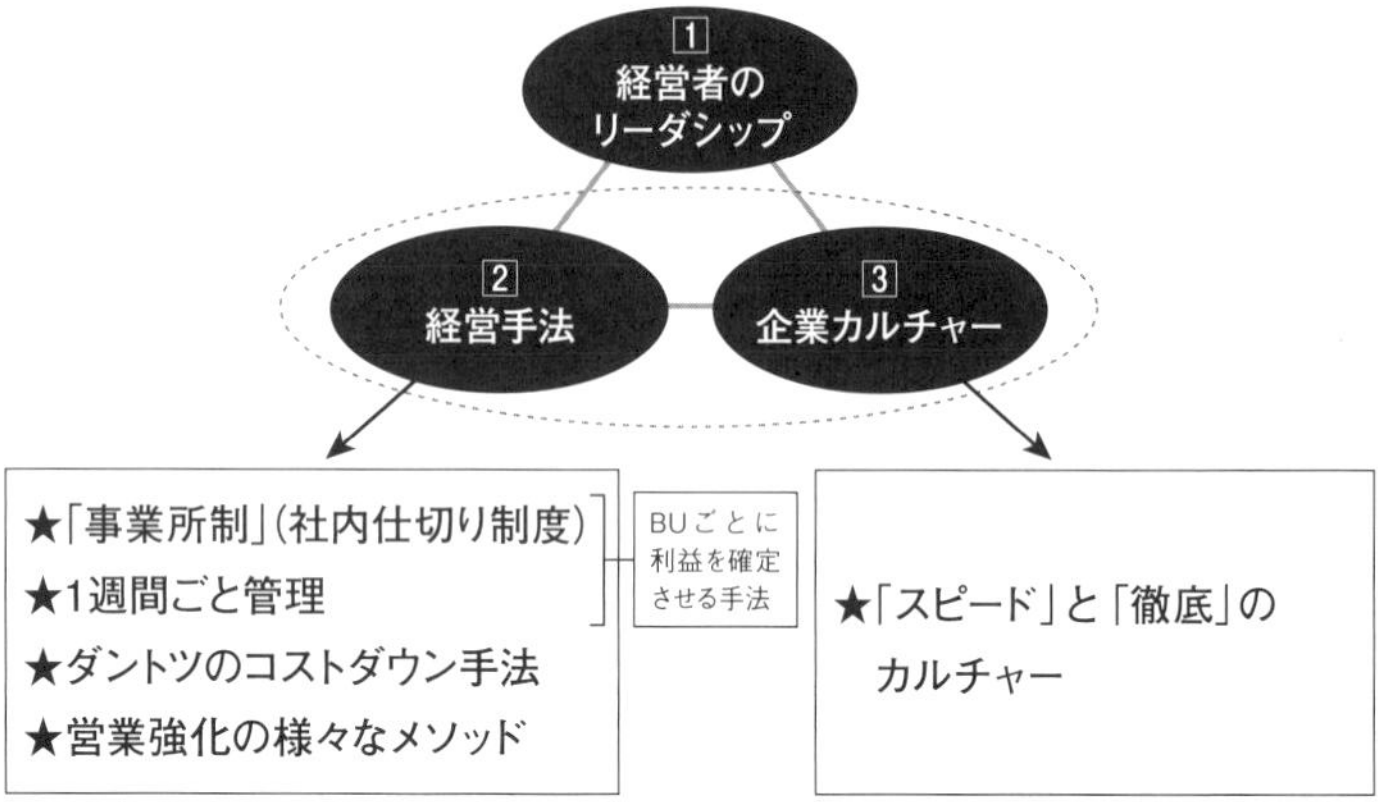
1 経営者のリーダシップ
2 経営手法
3 企業カルチャー
★「事業所制」(社内仕切り制度)
★1週間ごと管理
★ダントツのコストダウン手法
★営業強化の様々なメソッド
BUごとに利益を確定させる手法
★「スピード」と「徹底」のカルチャー

©DANTOTZ

3．企業カルチャー（意識改革）

日本電産が買収した真っ赤な赤字会社がなぜ一年で蘇るのか？　そしてどの買収会社もそうなるのはなぜか？　多くの方々から受ける質問がこれです。何か強引なやり方でやっているのではないか？　もしそうだとすれば、メッキが剥がれて、二、三年で後戻りするでしょうし、グループ全体の連結利益が増えていくこともないでしょう。

その答えが、この企業カルチャー改革、意識改革にあります。どんなカルチャーの会社にするか？　それは「スピード」と「徹底」のカルチャーです。

これによって、目標達成への組織的な執念が生まれる会社に切り替わるのです（図3）。

図4

企業変革の氷山モデル

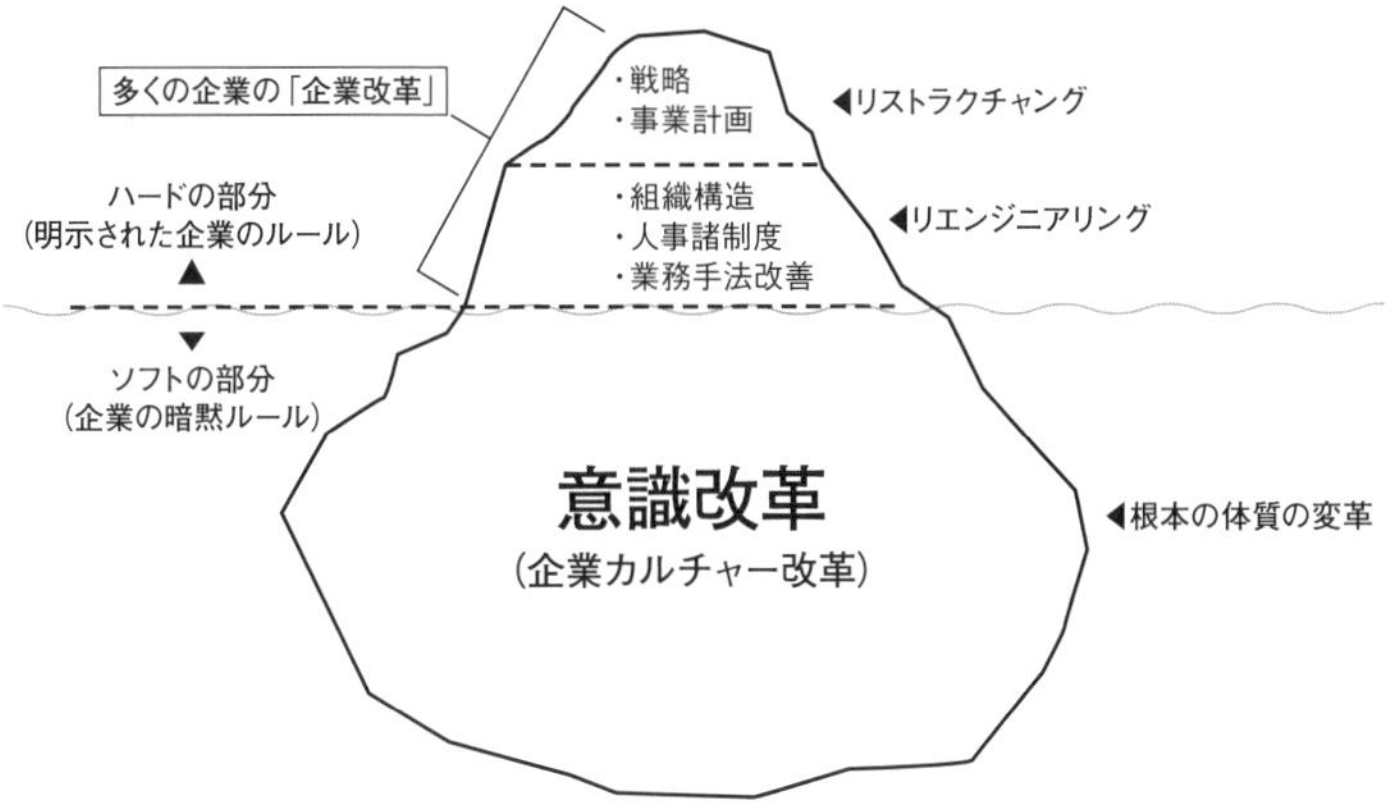

©DANTOTZ

企業変革の氷山モデル

このことを氷山モデルを使ってご説明しましょう（図4）。

「企業改革」といえば、多くの場合、戦略や事業計画という戦略的側面の改革や、さらに組織構造、人事諸制度、業務手法改善といった制度的側面の改革の二つを行って終了としがちです。

そういったハードの部分、目に見える部分だけでなく、「意識改革」というソフトの部分、氷山にたとえると海面下にあって目に見えない部分、しかし氷山全体の中では非常に大きな部分に手をつけてこそ、真の企業改革に近づくことができるのです。

図5

組織の中の個人の思考・行動を決定づけているもの

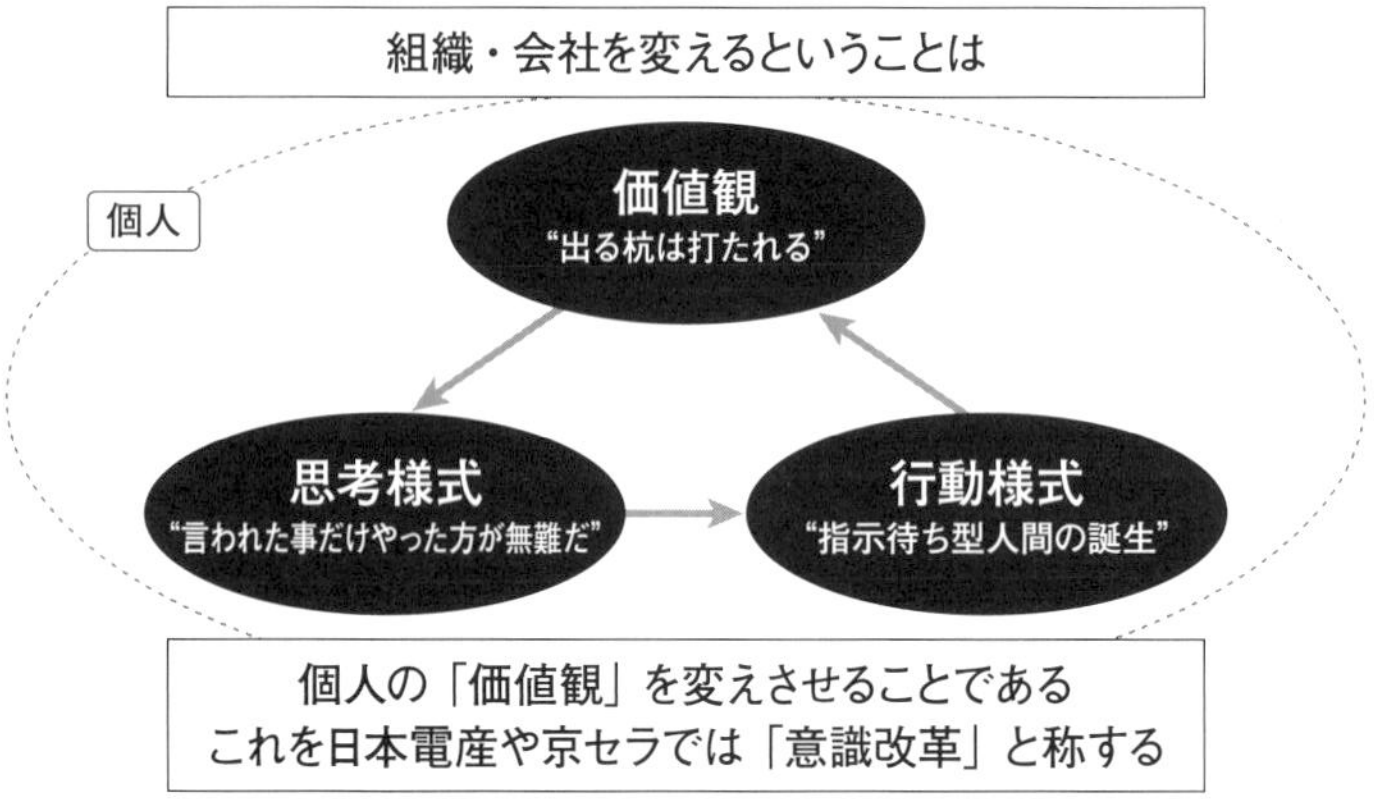
組織・会社を変えるということは
個人
価値観
"出る杭は打たれる"
思考様式
"言われた事だけやった方が無難だ"
行動様式
"指示待ち型人間の誕生"
個人の「価値観」を変えさせることである
これを日本電産や京セラでは「意識改革」と称する

©DANTOTZ

組織の中の個人の価値観

組織（会社）というのは、個人の集合体です。「意識改革」は、組織の最小単位である個人が変わらなければ、組織も変わりません。

もう少し、個人の中を見てみましょう。「価値観」「思考様式」「行動様式」の三つが、組織に属する個人の考え方、行動を決定づけている要素です（図5）。そして、ここで重要なのは価値観です。その人の価値観が起点となって思考様式が決まり、さらに思考様式が行動様式を決定づけるのです。

たとえば、「出る杭は打たれる」という価値観の持ち主は、「いわれたことだけ行ったほうがいい」という思考になり、行動としては指示待ち型人間となります。そういう社員が多ければ、指示待ち型カルチャー組織になってしまうのです。

これを変えるには、個人の価値観を変えるしかありません。この価値観変革は誰がやる作業でしょうか？　何もしなければ、その組織はずっと古い価値観を引きずったままになります。

これこそ、経営者の役目であり、経営者でないとできない作業なのです。

経営者による価値観の摺り込み

しかしながら、個人の価値観、個人が集まった組織の価値観は、簡単には変わりません。たとえば、「直言すれば飛ばされる」という恐怖の価値観が、あるとき組織に植えつけられたとすると、その価値観は、組織の中で、伝承説話のように受け継がれていきます。こうしたマイナスの価値観ほど、個人の心の襞《ひだ》の一つひとつに埋め込まれ、沈殿しているのです。

こういうものを粘り強く剥がしていき、プラスの価値観に転換してもらわねばなりません。

だからこそ、こういう難しく、根気のいる作業は経営者でないとできないわけですが、この価値観の転換作業を「摺《す》り込み」といいます。「摺り込み」は、木版画の世界で使われる言葉です。絵の具を塗った版木の上に和紙をのせ、馬連《ばれん》という竹の皮でできた摺り道具で、何回も摺って一枚の版画が完成しますが（一度の摺り込みだけでは和紙に絵がのらない）、価値観の変換

図6

経営者による「価値観」の摺り込み

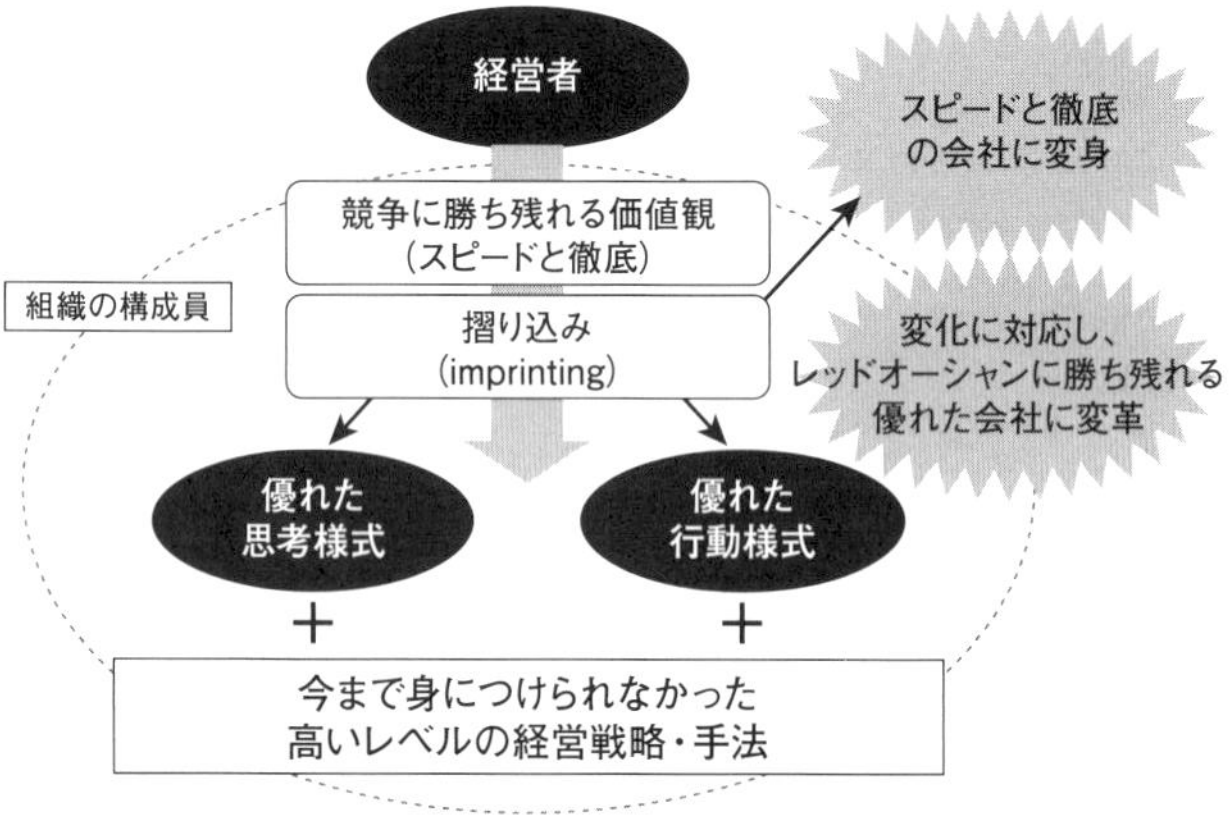

©DANTOTZ

にはこの繰り返しの作業が必要ですので、この言葉で代表させているわけです。

一方、近年、組織を活性化させるためには、経営者が「心理的安全性」を担保しなければならないことが盛んにいわれるようになりました。組織の中の個人が、言動、行動を過度に忖度したり、遠慮したりする組織は、チームの生産性を高めることが障害となります。経営者は、摺り込み段階で、自社の組織で心理的安全性が保たれているかを十分配慮する必要があるわけです。

さて、自社が、思考様式、行動様式とも非常に弱い場合は、まず経営者が社員に、競争に勝ち残るための「スピード」と「徹底」という価値観を摺り込む必要があります（図6）。この摺り込みがうまくいくと、思考様式や行動様式がだんだんと変わっていき、これまで身につけられなかった高いレベルの経営戦略や手法が使えるようになります。こうして摺り込みを根気強く何回も繰り返していくと、変化に対応し、レッド・オーシャンの中でも勝ち残れる優れた会社に生まれ変わるわけです。

意識改革、カルチャー改革の厄介な問題

今まで、意識改革（カルチャー改革）が難しいことを、個人の中にある価値観・思考様式・行動様式の観点から見てきましたが、ここでは、視点を変えて、組織論的な、いわば組織のダイナミズム的な観点で見てみたいと思います。簡単にいうと、「なぜ会社は変わらないのか」という問題を組織全体の運動論の観点で見てみようということです。

いうなれば、経営者が自分の会社を変えようとする場合、留意しておかなければならない厄介な組織特性の問題点です。厄介な問題点は三つあります。

1．組織は粘弾性体である

テーブルの上にビー玉を置いてください。そのビー玉を指で軽く弾くと、すぐにコロコロと転がっていきます。こういうビー玉のような、力を加えるとすぐ変化するような物体を完全弾性

図7

意識改革、カルチャー改革の厄介な問題①

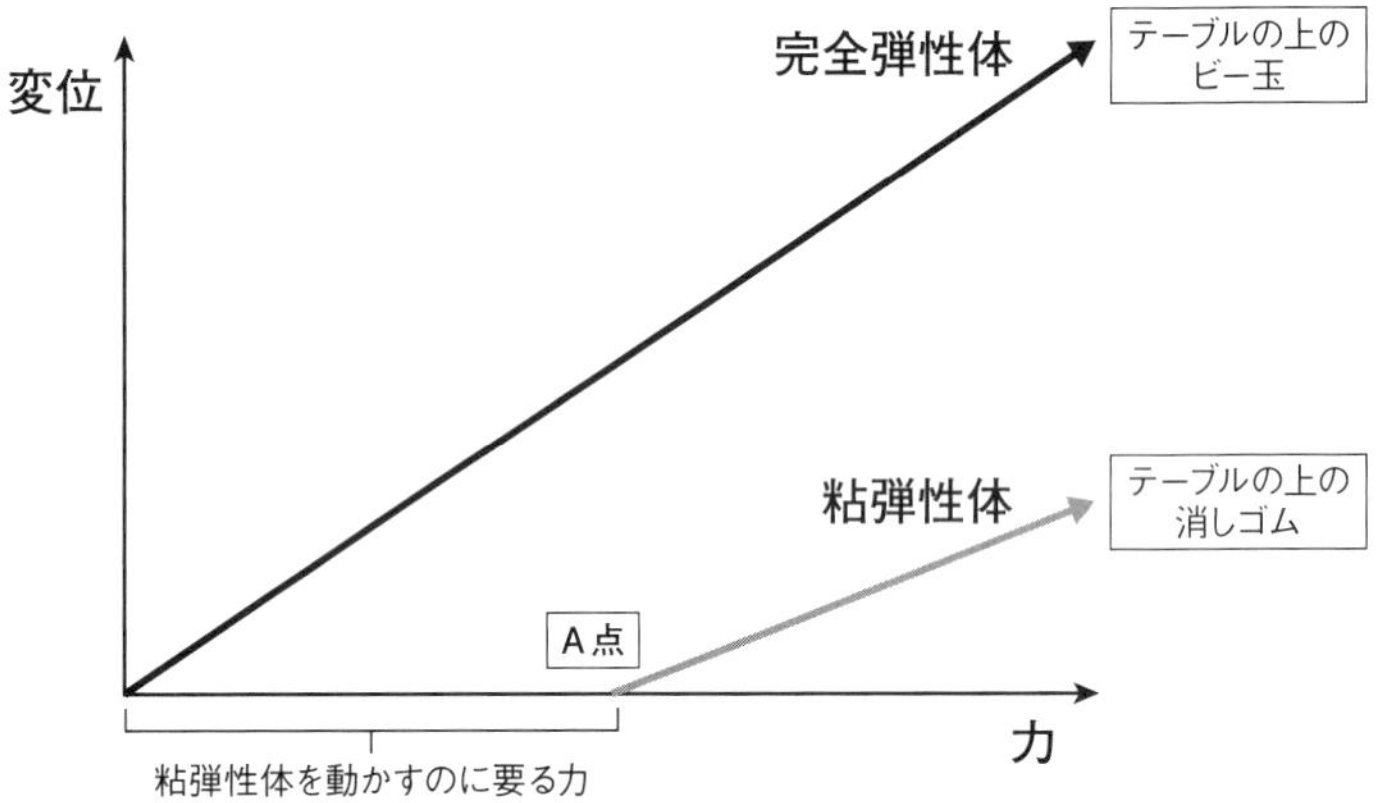

©DANTOTZ

体といいます（図7）。

では、消しゴムはどうでしょうか。動かすにはビー玉よりも大きな力を指に込める必要があります。なぜなら、消しゴムは粘弾性体だからです。消しゴムは粘っこければ粘っこいほど、なかなか動きません。

組織（会社）が、ビー玉のような完全弾性体なら、経営者にとっては、会社を変えることは非常に楽な作業です。組織のスピードが遅ければ、「スピードを上げろ」といえば、組織はたちどころに反応してくれます。しかし、組織（会社）は、そんなものではありません。

組織は消しゴムです。価値観の摺り込みを何回もやって、図の中のA点まで力をかけてやっと動いてくれるのです。しかも、立ち上がりのカーブ（タンジェント）は、非常にゆっくりとしたものです。粘っこい消しゴムなら、A点はずっと遠くなり、タンジェントも非常に低い動きです。

しかし、組織が人間の集合体である以上、必ず動いてくれます。A点が近い組織にせよ、遠い組織にせよ。それを経営者が改革を途中であきらめてしまうのは、A点まで力をかけていないからです。経営者と組織の戦いで、この場合は経営者の負けです。自社を変えたかったら、経営者はこの組織特性との戦いに勝たなければなりません。

2. 組織は「慣性の法則」に支配されている

あなたが、駅で止まっている電車の中に立っているとします。電車が発車時刻になったので、動き出しました。すると、あなたの身体はどういう動きをするでしょうか？　電車が動き出す方向に行くでしょうか？　そうではありませんね。反対の方向にのけぞる動きをします。

では、今度は、動いている電車に立っているとします。電車が急ブレーキをかけました。あなたの身体は、今度は前にツンのめる格好で、今まで電車が動いていた方向に行ってしまいます。

このように、物体は「今までの状態を維持しようとする」性質があります。これを物理学では、「慣性の法則」が働いている、と説明しています。

組織（それを構成している人々）にも、この物理学の法則が働いています。外から力を加えて変えようとすると、今までの状態、たとえば仕事のやり方なり、価値観を維持しようとする、つまり変えたがらないで抵抗するのです。

仕事のやり方を変えるぐらいなら、そんなに難しくはありません。経営者が業務改善計画を示して、組織が納得すれば変わります。しかし、組織の構成員の価値観を変えるのは、一筋縄ではいきません。どうやったらいいのか。それは後段でお話ししたいと思います。

3. 組織を変えるには、火ダネが四分の一以上必要（「1／4仮説」）

企業カルチャー改革（意識改革）は、人を変えて企業を変えることですから、究極は人の改革、人の心の改革に他なりません。

この「1／4仮説」というのは、「組織を変えたかったら、そこに所属する四分の一の人の心、価値観を変えなさい」という仮説です。つまり、「改革を起こすには、火ダネ社員が四分の一以上必要。それ以下だと改革が起こりにくい」という仮説です（図8）。

この仮説は、かつて三菱総研が提唱していたものですが、日本電産の永守氏も「二割の社員の支持があれば、改革は成功する」と、ほぼ同じ比率を言われており、仮説が仮説に終わらずに、実務の世界でも裏づけられている有効な理論であるわけです。

組織にはいろいろな人たちがいます。問題意識が高く、リーダーの改革に積極的に呼応する

図8

意識改革、カルチャー改革の厄介な問題②

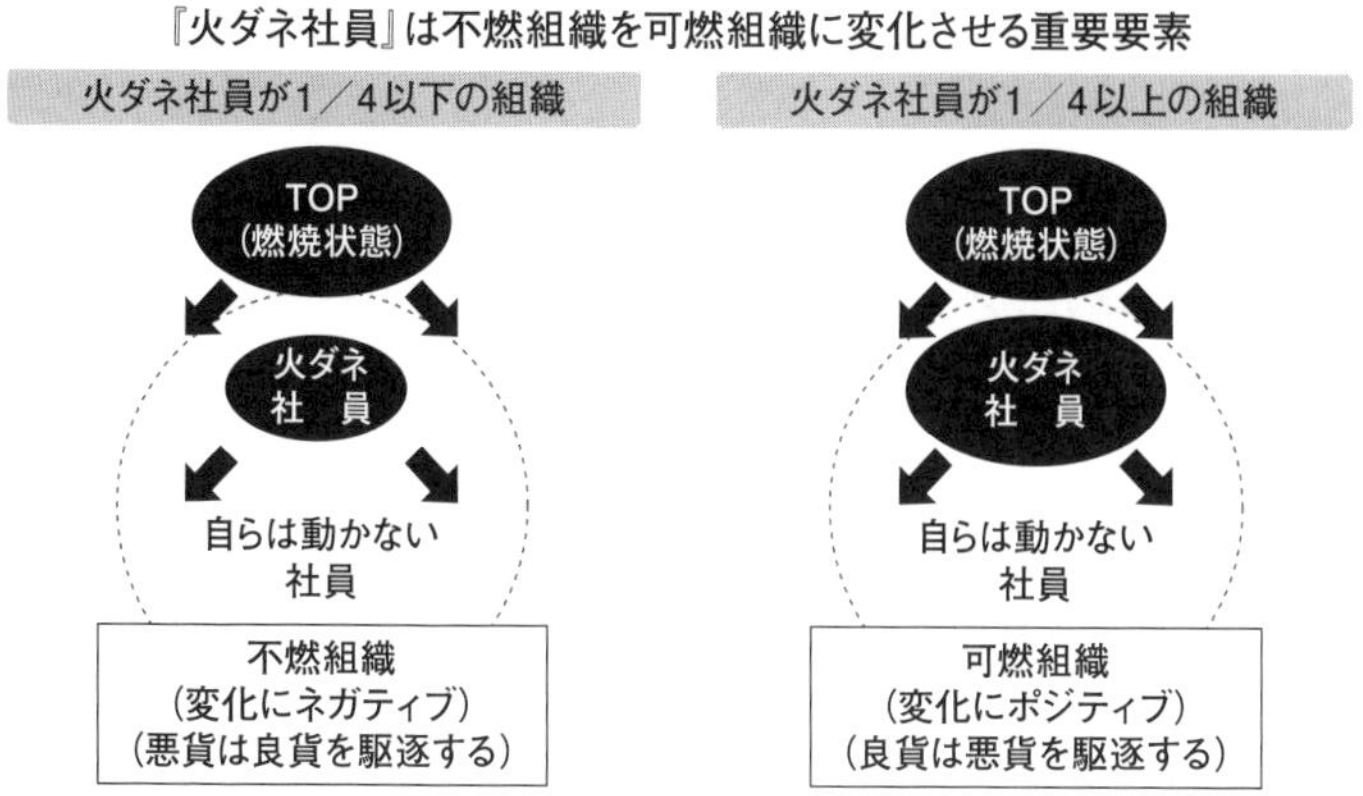

©DANTOTZ

火ダネ社員、大勢が変わればそちらに引っ張られるが、普段は動かないヒラメ社員(自らは動かずに、海の底にじっとしていて、潮の流れが変わるとその方向に動いていく、ヒラメのような他動的で様子見の社員)、改革を常に冷ややかな目で見ているシラケ社員ないし抵抗勢力。

改革はリーダー一人ではできませんから、リーダーは、この混成社員集団に働きかけて、まず火ダネ社員を燃えさせる。すると火ダネ社員は積極的改革勢力となって周りに働きかけてくれる。

次にリーダーは、この火ダネ社員と一緒にヒラメ(様子見)社員に働きかけて、この動かなかった集団を不燃状態、半燃焼状態からやがて燃焼状態に持っていく。

こうして二割ないし四分の一の支持勢力

を確保した瞬間から改革は動き出します。今までとは嘘のように、組織がスルスルと前向きに前進し出すのです。

集団が動き始めたらしめたもの。リーダーは改革の手を緩めず、加点主義の人事制度、内部競争を促す様々な仕組み、仕掛けなどを投入して回転の速度を上げさせることができます。これが改革の成功方程式だと思います。

意識改革四つのステップ（ゆさぶりと波動のメカニズム）

今まで述べてきた組織がもつ厄介な特性を踏まえながら、どうしたら意識改革、ひいては企業カルチャー改革を起こすことができるか、そのステップについて述べてみます（図9）。

ステップ1：経営者の不退転の決意

この改革のスタートを切るのは、経営者の不退転の決意と組織へのゆさぶりです。「ウチは社員が動かない！　私はなんとかしたいんだが……」などと評論家のようなことをいっている限りは、改革はあきらめたほうがいいでしょう。前述したように、改革は経営者と組織との〝戦い〟なのですから。「絶対に自社を、アクティブで、スピードと徹底の会社にしてみせる！」と

図9

意識改革（企業カルチャー改革）4つのステップ

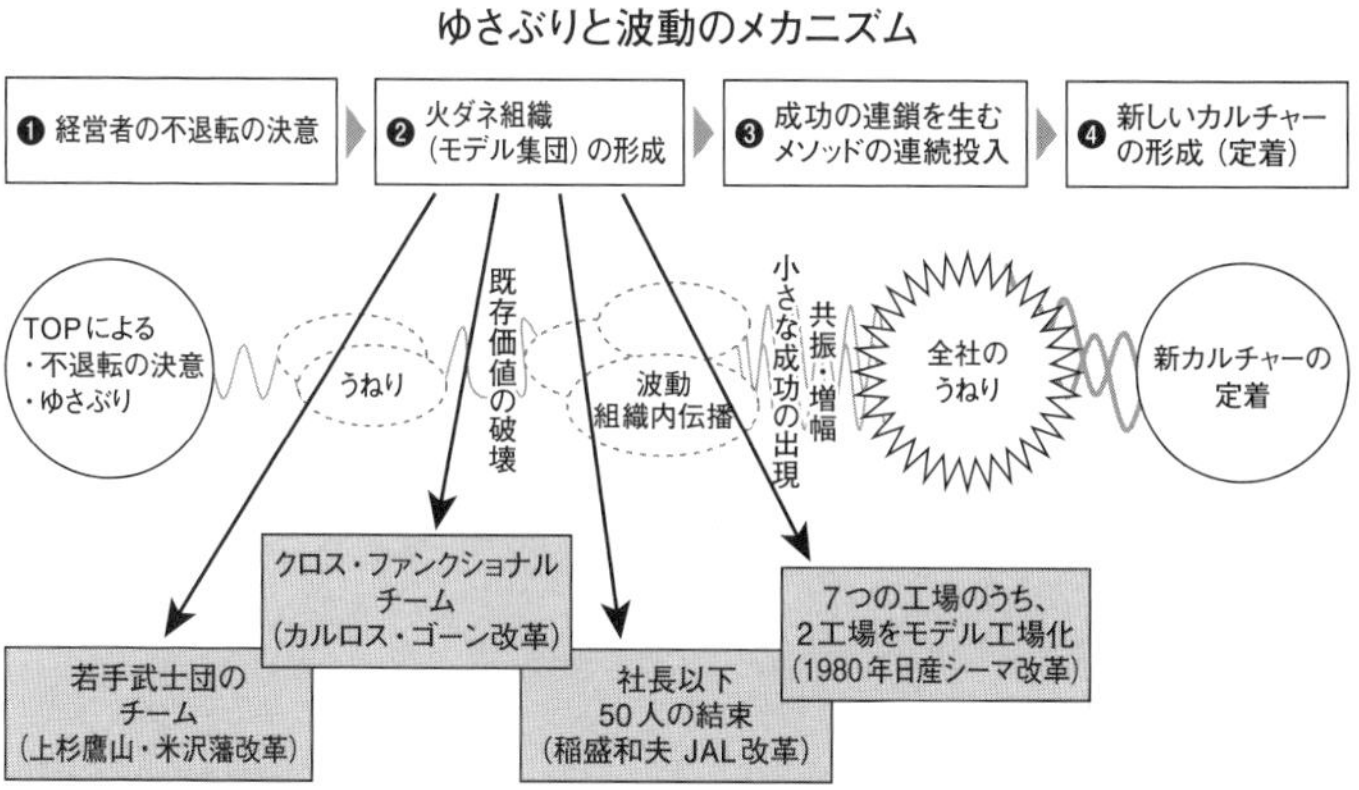
ゆさぶりと波動のメカニズム
❶ 経営者の不退転の決意
❷ 火ダネ組織（モデル集団）の形成
❸ 成功の連鎖を生むメソッドの連続投入
❹ 新しいカルチャーの形成（定着）
TOPによる
・不退転の決意
・ゆさぶり
うねり
既存価値の破壊
波動
組織内伝播
小さな成功の出現
共振・増幅
全社のうねり
新カルチャーの定着
若手武士団のチーム（上杉鷹山・米沢藩改革）
クロス・ファンクショナルチーム（カルロス・ゴーン改革）
社長以下50人の結束（稲盛和夫 JAL改革）
7つの工場のうち、2工場をモデル工場化（1980年日産シーマ改革）

©DANTOTZ

いう決意をもつことが必要です。

ステップ2：火ダネ組織（モデル集団）の形成

前述したように、改革は経営者一人では不可能ですから、組織の中に、自分と志をともにし、行動する火ダネ組織の形成が必要です。役員、部課長、社員の中からメンバーを選抜するステップです。会社全体の社員の中から四分の一をオルグすることが必要です。火ダネ組織がそれ以下の場合は、ヒラメ社員やシラケ社員への働きかけが弱くなって、不燃組織を可燃組織にしていく勢いが起こりません。

昔、火鉢があって、タネ火を真ん中に置き、その周りを生炭《なまずみ》で囲って火を起こしましたが、タネ火が少ないと火の燃え広がりが起こらない。それと同じことです。

規模の大きいメーカーの場合は、工場がいくつかありますから、その場合は、その中の四分の一以上の工場にモデル工場となってもらい、運動を全体に波及させるやり方が効果的です。内部競争原理を働かせるわけです。

私の経験を述べさせていただければ、カルロス・ゴーンがルノーから日産に来る一〇年ぐらい前の話ですが、当時の日産は非常に官僚的な組織風土でした。これを顧客志向の強い社風に変換するために、当時の社長と一体となって動く中間管理職集団を組織し、意識改革、社風改革運動を起こしたことがあります。まず大集団の工場部門を変え、次に開発部門に波及させていったわけですが、工場部門の改革にあたっては、当時七つあった国内工場の四分の一にあたる二つの工場の工場長をオルグし、社風改革のモデル工場になってもらいました。選ばれた工場の工場長は、今度は自分の工場内に四分の一の火ダネ組織をつくり、自ら改革運動の先頭に立ちました。こうしてモデル工場の成功を横目に見ていた他工場にも改革が広がり、一年以内に予想もしなかった大幅な生産性向上とともに、リードタイム短縮、納期短縮、ダンゴ生産から小ロット・一個流し生産など、マーケット・インの風土に急速に変わっていきました。

ステップ3：成功の連鎖を生むメソッドの連続投入

ステップ1と2によって、改革の波が起こります。初めは動きが鈍いのですが、動き始めると改革にイナーシャ（慣性）がついてきます。池に一回石を投げただけでは波紋はやがて消えていきますが、何回も投げ続けるとうねりになるのと同じです。

今までの悪《あ》しき既存の価値観の破壊作用が起こり、組織内に新しい価値観の共振・増幅作用が起こります。粘弾性体でなかなか動かなかった組織が溶解し始め、経営者と火ダネ集団が組織にかける力がA点を越え出して、組織が慣性の法則から解き放たれて、変化し出す瞬間です。

組織の中では、小さな成功体験があちこちで出現し出します。この成功の波紋が組織内に伝播し、変化を嫌っていた組織が変化を受容するようになります。悪貨が良貨を駆逐していた組織が、良貨が悪貨を駆逐するようになります。

このような変化が全社のうねりとなる時期を捉えて、今まで身につかなかった高いレベルの戦略、戦術の導入や抜擢人事、加点主義の人事制度なども変化の追い風を受けて、効果を発揮するでしょう。

ステップ4：新しいカルチャーの形成（定着）

以上の三つのステップを経て、ようやくここに「すぐやる」「必ずやる」「出来るまでやる」に代表されるスピードと徹底のカルチャーが後戻りしないかたちで定着しました。

最後に重要なことを一つ。

なぜ日本電産流会社経営学は、「意識改革」に始まる企業カルチャー変革にこだわるのでしょうか？

日本にあまたおられる有力経営者の中で、永守氏ほど「意識改革」を企業改革の筆頭にもってこられる経営者はいないと私は思います。

多くの経営者が、米国発の戦略経営を自社に導入したり、あるいは強い製品づくりをもって企業力強化を考えます。もちろん、日本電産の経営にもその視点はあるのですが、その前に、企業づくりの原点として「意識改革」をもってくる。それはなぜなのか。

私は、再建の現場で自分の担当会社に意識改革運動を導入しながら、また大昔の日産時代に行った企業風土刷新運動を思い出しながらそのことを考えていて、ハタと合点がいったことがありました。

それは「意識改革」に始まる会社づくりを農業に置き換えればいい、ということでした。農業で最も重要なことは「土づくり」です。良い土をつくっておかないと、どんな良い種や苗を植えても良い作物は得られません。「土づくり」を軽視するお百姓さんは皆無です。良い収穫を得たかったら、まず最初に土壌改良を行い、それから種や苗を植えるのです。

では、会社づくりにおける土づくりとは何か？　もうおわかりでしょう。「意識改革」「企業カルチャー改革」です。

そのことをわかっているからこそ、日本電産の企業改革、企業再建では、意識改革に始まる最高の土づくり、つまり最高の企業風土づくりを狙うのです。だから買収以前はダラダラ会社だったものがキビキビ会社に一年で豹変し、そこから「世界一の製品」という作物がいくつも生まれるわけです。

これによって獲得した「最高の企業風土」という代物は、他社が簡単に真似をすることができません。強い製品をつくっても短期間に真似されますが、企業風土まで真似することは、なかなかできないものなのです。

このことに気がついて会社づくりを行っている会社が、日本電産以外ではごく少数であることが、私にはどうしても不思議に感じられます。

（二〇一八年九月一日「熱海せかいえ」にて収録）

第四章

「出前館」のビジネスモデルと夢の街づくり

中村利江

PROFILE

中村利江

Rie Nakamura

株式会社出前館 代表取締役社長

関西大学在学中、女子大生のモーニングコール事業を立ち上げ、学生起業家として活躍。大学卒業後、株式会社リクルートに入社し、1年目でトップセールスとなり、MVP賞を受賞。出産退職後、1998年ほっかほっか亭本部の株式会社ハークスレイに入社、マーケティング責任者となる。2001年日本最大級の宅配ポータルサイト「出前館」を運営する夢の街創造委員会株式会社(現・株式会社出前館)のマーケティング担当役員として、同社の事業を構築。2002年1月同社代表取締役社長就任。2006年大証ヘラクレス(現ジャスダック)上場。

図1

出前館のビジネスモデル

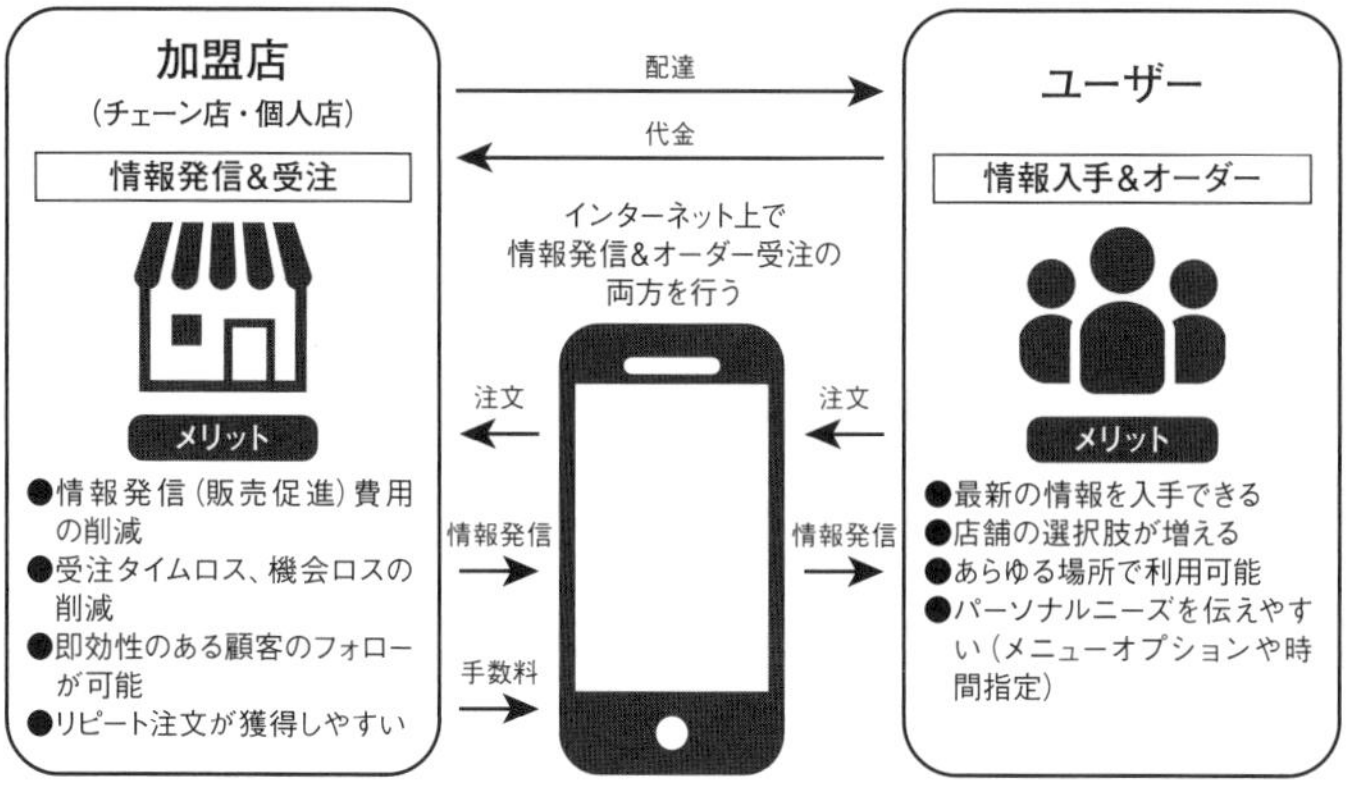

©出前館

「出前館」のビジネスモデルの特徴

「出前館」は、加盟店とユーザーをインターネット上で結び、情報発信とオーダー受注の両方をひとつのフローで完結させる仕組みを確立した日本初の宅配ポータルサイトです（図1）。

「出前館」は、二〇一八年六月の時点で、認知度が三一％ぐらいしかありません。まだまだこれからの事業です。

加盟店は二〇一八年八月末に一万七〇〇〇軒を超えました。年間オーダー数は二二〇〇万件、流通金額で約六〇〇億円です。

最大の特徴は、なんといってもスピードです。創業時から、注文を受けて料理をつくり、配達して決済まで三〇分しかかかりません。最短で二〇分です。おそらく世界最速のeコマースではないでしょうか。

それから、「日本中に商品を売ることができる」というのがeコマースの一般的なメリットですが、当社は配達エリアを半径二〜三キロメートルに絞った完全密着型です。したがって、加盟店が一万七〇〇〇軒あっても、まだまだ足りないというのが実感です。

二種類のお客様に与えているメリット

ビジネスでいちばん大事なのは「継続して成長し続ける」ことです。それを可能にするのは顧客志向しかありません。「出前館」にとっての「お客様」とは、システムを利用してくださるユーザーのみなさんと、加盟していただいている飲食店の人たちです。

この二種類のお客様に対して、いかにたくさんのメリットを与えられるかが私たちの仕事であり、ひいてはそれが私たちの利益の源泉だといえます。

1．ユーザーにとってのメリット

「出前館」のユーザーが最もメリットを感じるのは、自分の住所を入れると、そこに配達可能なお店の一覧が瞬時に出てくる機能です。ユーザーは、お弁当、お寿司、サラダ、ピザ、エスニックなどいろいろな種類の料理の中から選びたいと思っています。そのため、全国どの地域でも、最低三〇店舗は出店したいのです。そして、それを実現するための営業活動にとりわけ力を入れています。

ユーザーにとって二つ目のメリットは、注文する前に待ち時間の目安がわかる機能です。たとえば、電話でピザを注文するとします。メニューを見ながら注文内容を決め、自分の住所や電話番号を伝えた後で「申し訳ありません、ただ今混み合っているので配達まで六〇分かかります」と言われたらどう思いますか。私は気が短いほうなので、「そんなに時間がかかるならこの店に頼まなければよかった」と後悔するでしょう。同じように思う人は多いはずです。だから、注文する前に待ち時間が正確にわかるようにしました。

三つ目のメリットは、インターネットの特性を生かしたサービスです。たとえば、お寿司を電話で注文するとき、「特上」は頼みやすくても、イカやタコなどの単品だけだと、少しばかり気が引けるというのが人情です。しかし、インターネット経由の注文ならば、そんなに気にならないでしょう。そこで、お寿司屋さんには、単品のオプションを入れるようにお願いしています。

そうすると、結果的には電話注文より、客単価が五〜一〇%上がりました。

2. 加盟店にとってのメリット

加盟店にとってのメリットでいちばん大きいのは、ネット決済でしょう。配達の際に困るのは、代金を支払ってもらうのにお客様から一万円札を出されたときです。一軒だけならなんとかなりますが、二軒、三軒と続くと、慌ててコンビニに走ってそこで何か買って、お釣りをつくる羽目になります。しかし、ネット決済なら商品を届けるだけで、お客様と現金のやりとりをする必要がなくなります。お店にとっては非常に楽なのです。

加盟店にとって二つ目のメリットは、販促コストの削減につながることです。たとえば、チラシを一〇〇枚配っても実際の注文につながるのは〇・六%と非常に効率が悪いのが実情で、飲食店の売上に占める販促コストはおよそ二〇%にもなるといわれています。その点、「出前館」のサービスは、最初から飲食店のデリバリーを利用したいと思っているお客様が使うので、チラシより注文の確率が数段高く、販促コストを一〇%以内程度に抑えることができるのです。

三つ目に、注文ミスが減るということも加盟店にとってはこのうえないメリットだといえます。たとえば、電話で注文を受ける場合、お客様の住所や注文内容を確認するのに約三分かかるうえに、かなりの頻度で聞き間違えが発生することが避けられません。しかし、「出前館」であれば「ビーフカレーのトンカツトッピング、カレーが三辛で、ご飯は小盛り、福神漬けなしで、スプーンなし」といった複雑な注文にも正確に対応できます。

安心です。

また、万が一お客様とトラブルがあったとしても、当社でコールセンターを用意しているので安心です。

外食産業衰退のなか、宅配戦略に舵を切った理由

私の前職は、「ほっかほっか亭」のマーケティング責任者です。もう二〇年ほど前の話になりますが、当時ほっかほっか亭はグループとして外食産業で第二位の売上を誇っていました。

しかし、外食産業自体はすでにピークアウトしており、今後売上が減っていくだろうことは、誰の目にも明らかでした。

かといって、ただ指をくわえていても仕方がありません。外食各社は、だいたい次のどちらかに舵を切り始めました。

ひとつは、低価格販売です。値段を下げてできるだけ多くのお客様を呼び込もうとする戦略で、マクドナルドとすき家がその代表格です。

もうひとつは、女性の社会進出などによってひとり暮らし世帯が増えることから、コンビニ弁当や出前など自宅で、調理されたものを家や会社で食べる機会が増えることを見越した宅配戦略です。ここに目をつけたのが、カレーのＣｏＣｏ壱番屋やすかいらーくでした。

私自身、「これからはフードデリバリーの時代がくる」と予測し、ほっかほっか亭で宅配を検

討し始めたところ、新聞で「出前館」というサービスができたことを知り、すぐに導入を決めました。自社でシステムをつくるとなると、かなりのコストがかかります。それに、ほっかほっか亭が好きな人であれば、最初からほっかほっか亭のホームページで注文してくれるでしょうが、普通のお客さんは「お弁当にしようかな」「カレーがいいかな」「ピザにも惹かれるな」と幅広いジャンルから選びたいはずです。ならば、「出前館」のポータルサイトに出店するほうがいいに決まっています。

そうしたわけで、ほっかほっか亭は、「出前館」の加盟第一号店になったのです。

電話やチラシと比較した「出前館」の優位性

「出前館」の競合は既存のオフラインマーケティング、つまり電話による注文です。

電話で注文していただくためには、お店の電話番号を知ってもらうためにチラシを撒かなければなりません。しかし、新聞の折り込みは新聞自体の購読数が減っているため、それまでは店から半径二キロ以内の三万世帯に届けられていた情報が、二万八〇〇〇世帯に減ってしまうといったようなことが起こっています。

また、ポスティングも、オートロックマンションが増えて建物入り口の集合ポストにしか入れられないケースが増えたため、直接ドアの前のポストに入れていたときに比べ、効率は悪くなっています。

その結果、チラシからの注文率は〇・六～〇・七％。チラシ一枚が三円で客単価が二五〇〇円とすると、売上に対する販促費率は約二八％にもなってしまうのです。

これに対し「出前館」の場合、月の掲載料がわずか三〇〇〇円であることに加え、手数料が五％、Tポイントが二％ですから、販促費率は約八％と圧倒的に安くなります。

このように数字で比較すると「出前館」の優位性は一目瞭然なのですが、中には、「ウチは地元密着で、ポスティングも一〇年以上くまなく行っているので、もし『出前館』から注文が入ったとしても、既存のチラシのお客様がスイッチするだけだ」といって、その効果を疑問視するお店もあります。しかし、当社のデータによれば、チラシでリーチできないお客様が実際には相当数いて、「出前館」を利用するお客様は七割以上が新規なのです。

出前市場はネット経由が電話と逆転する

日本における即日出前の市場規模はおよそ六五〇〇億円で、年間三％程度伸びています。「出前館」の二〇一七年度の売上は約四七〇億円なので、シェアでいうと七％ぐらいです。

では、グローバルベースではどうかというと、アメリカで上場しているフードデリバリーの会社は当社を含め四社あります。そのうちいちばん大きい「グラブハブ（GrubHub）」は時価総額が約一兆三〇〇〇億円にもなります。日本のほうが約五年遅れている感じです。

それから、電話での注文が八割を超えているのですが、店舗のオペレーションコストを考えると、いずれネットとの逆転が起こることは避けられないでしょう。すでに大手外食チェーンの多くは、ネットオーダーの比率を意識的に高めています。また、個店でもチラシの配布をやめるところが増えてきました。チラシをやめて「出前館」だけにすると、売上は八割に落ちたものの、一〇%に満たなかった営業利益が三〇%超になったという実例が続々と出てきています。

加盟店の半分以上が個店

お客様からネット経由でいただいた注文を加盟店に伝え、三〇分以内に配達し決済まで終えると、成功報酬として売上の五%が当社に入るというビジネスモデルはきわめてシンプルです。ただ、難しいのは注文をお店に伝えるための方法です。

ある大手の競合は、お客様からの注文を加盟店にメールで伝えています。しかし、飲食店の現場はパートやアルバイトが多く、パソコンが使えない人も少なくありません。現在はスマートフォンが普及しましたが、サービスが始まった一五年前は「パソコンでメールを見てください」では、お店の人にとって「あまりに不親切」といわざるを得ない状況だったのです。

そこで、「出前館」では、注文はファックスでお店に伝え、さらに取り忘れがないよう電話で確認し、さらに会話をせずプッシュホンの操作だけで待ち時間の変更にも対応できるというシステムを開発しました。

サービス開始当初は大手外食チェーンに通い詰めて加盟店になっていただきましたが、現在は加盟一万七〇〇〇店のうちチェーン店は五〇〇〇店ほどで、残りの一万二〇〇〇店は街の個人店です。今でも毎月約二五〇店もの新規獲得のほとんどが個人店となっています。個人店の契約を取るのは、実は非常にハードルが高いのです。したがって、個人店が増えれば増えるほど、他社と差別化できると思っています。

それから、当社のような資本力が十分でないベンチャー企業にとって、すでにお客様をもっているところと提携することは規模を拡大するための最も効果的な方法のひとつです。

というわけで、最初に組んだのは「dデリバリー」を運営するNTTドコモです。お互いの特色を出して、個店営業は「出前館」、チェーン店は「dデリバリー」というように役割を分けています。

その次がアマゾン、そして二〇一六年には「LINEデリマ」のLINEと提携しました。

新聞配達店と組んだシェアリングデリバリー

あるときデータを分析していると、加盟店が「ピザーラ」「ドミノ・ピザ」「ピザハット」「ガスト」「銀のさら」といった外食チェーンだけで、個人店がまったくないエリアがあることがわかりました。そこで、そのエリアのお客様にヒアリングしてみると、「チェーン店しかないので頼めるものが少ない」と、かなりの人が不満をもっていることがわかったのです。

では、この地域で個人店のお弁当屋さんがデリバリーを始めたらどうなるでしょう。

実は、当社にはそういうデータも揃っていて、お弁当屋であれば月三〇万円、ハンバーガーであれば月八〇万円、中華であれば月五〇万円という売上が見込めるのです。

それまで「出前館」は、「注文を『出前館』が取り、調理と配達は各店舗が行う」という自店配達モデルしか行っていませんでした。それで、このデータをもってエリア内のお弁当屋さんを訪問し、「出前をすると月三〇万円の売上増になるので、バイクを買ってアルバイトを雇ってください」と説得して回ったのですが、「この人手不足の折、そんな余裕はない」とどこも首を縦に振ってくれませんでした。

「だったら自分たちが配達代行を行って、仮説の正しさを証明してみよう」

そう考えた私は、小さな倉庫を借りてそこにバイクを一〇台くらい置き、お店に代わって実際にデリバリーを行ったのです。その結果、売上予測がほぼ正確であることを実証できたのと同時に、その倉庫のエリアで月間の売上が四五〇万円を超えると、この配送事業だけでも採算がとれることがわかりました。

さらに、調べてみると、この「シェアリングデリバリー」（自店で配達員をもたない店舗の料理を配達代行するサービス）という新事業が成り立つと思われるエリアが、二〇一六年当時で全国三〇〇カ所も見つかったのです。

しかし、これからその三〇〇カ所に拠点を設けて、バイクを必要なだけ用意し、人を募集し、管理者を置くとなると、資源が豊富な大手なら別ですが、当社のようなベンチャーだとどうしてもある程度時間がかかることは否めず、その間にビジネスチャンスを失ってしまう危険性も出てきます。

「全国に拠点があり、バイクや自転車があり、人が揃っていて、なおかつ本業の売上が下がっているような事業者がどこかにいないか」

そう視点を変えると、見えてきたのが新聞販売店です。

私は、たまたまご縁があった朝日新聞に、すぐに提携構想を説明に伺いました。すると、「全国に二〇〇〇ある販売店のほぼすべての売上が下降しているなか、こういう提案は大歓迎」ということで話はとんとん拍子に進み、最初のプレゼンテーションの三カ月後に、第一号店がスタートしました。二〇一八年八月の時点で、すでに六〇拠点に達しています。

新たな市場を創造した、地域密着のインフラモデル

このシェアリングデリバリー事業を始める際、「もしかすると、自店で配達している外食チェ

ーン店の売上が下がるのではないか」という一抹の不安もありました。

しかし、そういう悪循環は今のところまったく見られません。むしろ、「シェアリングデリバリーを行うことによって、自店配達のところの売上も上がる」という好循環が生まれているといえます。

また、某牛丼チェーン店は、シェアリングデリバリーを始めるにあたって、牛丼並盛を五七〇円と、店舗で出している価格よりかなり高い設定にしました。すると、「牛丼一杯にそんなに払うはずがない」と、男性社員は猛反発しました。

私は、「そんなニーズばかりではない」と思っていたので、自信をもってスタートしました。

結果は、注文が殺到です。しかも、注文者の八割は女性でした。要するに、普段店舗に行けない方々がシェアリングデリバリーを利用したのです。店に来るお客様が取られたわけではなく、それまでの売上に店に来ない方々のぶんが上乗せされたということで、喜んでいただけたのでしょう。

もう少し細かく説明いたします。シェアリングデリバリーにおけるこの牛丼店の客単価は約二五〇〇円。このうち提携先の朝日新聞販売店が取る配送費が三六%で約九四三円。ちょっと高すぎると思うかもしれませんが、考えてみてください。宅配便で東京から大阪に荷物を送ったら、届くのに一日かかって費用は一〇〇〇円以上かかります。これに対し「出前館」のシェアリングデリバリーは、三〇分以内でお客さんに届けるのですから、一〇〇〇円くらいの付加価値は当然あると考えています。

それから、牛丼店の原価を店頭価格の四〇%とすると五六〇円くらい。しかも、人を増やす必要もなく、家賃も光熱費もそのままでいいのです。

そうすると、通常の店舗での利益は二～三%なのに対し、シェアリングデリバリーのほうの利益はなんと三割近くにまでなるのです。

このシェアリングデリバリーは「地域密着のインフラモデル」といってもいいと思います。

配達効率に関しては、一時間に二・五回を目標にしています。現在、ひとつのエリアを約一〇分で配達していますが、今後は今のエリアを三分割して、五分で配達できるようにします。五分であれば、店のできたて感がそのまま届けられるので、お客様の満足度は確実に上がることでしょう。

これが本当に実現できて配送効率が上がり、売上が四五〇万円取れるようになれば、これはもうどこにも負けない地域密着の証しになるはずです。

リレーションシップマーケティングを追求

当社はIT企業で、商品をもっているわけではありません。したがって、常に発想のベースとなるのは従来型のプロダクトアウトではなく、リレーションシップマーケティングです。利益の追求も、「どの商品をどれくらい売るか」ではなく、「何人のお客さんにリーチできるか」ということになります。

いい換えると、お客様が一〇回食事をするうち、何回「出前館」を使ってもらえるかどうかが大事だということです。

顧客戦略としては新規ユーザーを獲得するよりも、既存ユーザーのリピートをいかに増やすかに重点を置いています。

「二〇対八〇の法則」をご存じでしょうか。上位二〇％の要素が全体の八〇％を占めるというこの理論に私たちのビジネスを当てはめると、利益の八〇％を生み出しているのは上位二〇％のお客様ということになります。したがって、この二〇％のリピーターをどうやって増やしていくかが最大の課題なのです。

当社では、年間注文回数によって、お客様を「ゴッド」「ゴールド」「シルバー」「ブロンズ」「レギュラー」の六段階に分けています。このうちの「レギュラー」の比率を下げ、上位の比率をいかにして上げるかが、マーケティングチームのミッションです。

それから、数字でとくに重要視しているのが顧客生涯価値（Life Time Value：LTV）です。これを正確に算出することによって、「レギュラー」「ゴッド」をひとり獲得するのにいくらまでマーケティングコストをかけていいのかが明らかになります。

最近は、「年間注文回数が三～九回のブロンズになると、離脱率が減って〝出前館中毒〟になりやすくなる」ということがわかってきたので、レギュラーになった人に、いかに三回以上注文させるかという施策をいくつも用意しています。

二〇一八年八月期のアクティブユーザー数は、対前年同期比で一七％増。同加盟店舗数は九・九％増。同累計オーダー数については三五・一％増。この先はリピート率をさらに上げ、累計オーダー数四〇％増を目指していきたいと思っています。

#【質疑応答】

Q1　先日、中国の上海を訪れた際、街のいたるところでフードデリバリーの配達員を見かけ、その盛況ぶりに舌を巻いた。遠からず日本もあのようになるのか。

中村　中国のフードデリバリー市場はすでに三兆円を超え、今も伸び続けています。アリババとテンセントという二大ＥＣサイトの競い合いに加え、ネット決済が人々の間に根づいていることがその理由です。日本でも、これからネット決済がもっと普及するでしょう。加えて当社のシェアリングデリバリーは、これまで配達をしていなかったレストランや食堂も簡単に参加できる仕組みになっているので、数年後には日本も、今の中国のような状況になっていると私は思います。

Q2　「出前館」のビジネスモデルをもう少し詳しく教えてほしい。

中村　流通金額のうち手数料の五％が、当社におけるメインの売上になります。現在、流通金額が約六〇〇億円ですから、当社の売上はその五％で約三五億円。営業利益率は二二～二三％ですが、これは投資の比率を意図的に上げているからで、投資をしなければ営業利益率三〇～四〇％を確保できるビジネスだといえます。

Q3　社長に就任時は赤字会社だったということだが、どうやって黒字転換したのか。

中村　まず、社長の給料を月一〇万円と最低にした上で、朝いちばん早く出社してトイレ掃除を行うなど、誰よりもいちばん働く姿を見せました。そうしたら一カ月で四〇人いた社員のうち三〇人が退職し、本当にやる気のある一〇人が残ってくれました。

その一〇人と一緒に飲食店を回ったのですが、いきなり「出前館」に出店を勧めるのはハードルが高いため、チラシづくりのお手伝いから始め、それで利益を上げながら徐々に「出前館」のビジネスにシフトしていきました。

Q4　注文はファックスで店に伝え、さらに電話で確認するということだが、コールセンターは社内にあるのか。また、会社の規模はどれくらいか。

中村　コールセンター業務は五年前に買収した鹿児島の通販会社に委託しており、一〇〇名ほどが働いています。

本社の社員は八〇名でいちばん多いのが営業、それからエンジニア、企画などです。ルーチン業務は、できるだけアウトソーシングするようにしています。

Q5　エンジニアの比率はどれぐらいか。

中村　一五名程度なので、まだまだ不足しています。そのため、社内では要件定義（システムやソフトウェアの開発において、実装すべき機能や満たすべき性能などを明確にしていく作業）まで行い、開発はほとんど外注です。

Q6　ユーザーのアクセスアップ対策として有効なのは、どんな施策か。

中村　いちばん効果が高いのはSEM（検索エンジンマーケティング）です。それからSNS広告では、ツイッターの費用対効果が群を抜いて高く、フェイスブックやインスタグラムよりも断然上です。

リタゲーティング型の動的ディスプレイ広告である「クリテオ」も、エリアや時間帯をきちんと選ぶとかなり効果的です。

GDN（グーグル・ディスプレイ・ネットワーク）やYDN（ヤフー・ディスプレイ・アドネットワーク）などのバナー広告は結果につながらなかったので、今は利用していません。

アプリやポータルサイトのUA（ユーザーエージェント　ウェブに接続するために使用するパソコン、スマホ、ブラウザ）やUX（ユーザーエクスペリエンス　サービスを利用した際に得られる経験や満足）ももちろん重要です。開発は外部の会社と一緒に行っていますが、丸投げはせず、必ずユーザーにモニターとして参加していただいています。

それをビデオに録り、新規の人はどこで戸惑うか、リピーターが気持ち悪く感じているのはどこかといったことを細かく検証し、それをもとにアプリをつくっていくというのが当社のやり方です。

Q7　糖尿病や血糖値の高い人といった人たちを対象にしたサービスはないのか。

中村　「ヘルシー食」というジャンルはすでにありますが、「病院食」はまだ扱っていません。
ただ、これから高齢化が進むと六〇代以上のひとり暮らしの方が確実に増えるので、いずれそういった分野も充実させていきたいと思っています。

その際、問題となるのは、むしろデバイスのほうです。「メニューを揃えたのでスマートフォンのアプリで注文してください」とお伝えしても、高齢者の場合は誰もが簡単に対応できるわけではありません。

可能性を感じているのは、アマゾンやグーグルのAIスピーカーです。これが普及すると「高血圧用の食事が食べたい」とスピーカーに話しかけるだけで注文ができます。

そのようなインフラが整ったら病院食もカバーしたいと考えていますが、今はとりあえずヘルシー食の品揃えを増やして、どのエリアでもいろいろなものが頼めるようにすることに力を入れていきます。

Q8　貴社のホームページを見ると、水回りのトラブルや害虫の駆除といった食事以外のサービスも扱っているようだが、そちらの売上は全体の何パーセントぐらいなのか。

中村　それらのサービスはリピートして使ってもらうものではないので、一%未満です。ただ、一回の単価は三～四万円と比較的大きく、たまに注文が入るだけでも加盟店の満足度は大きいです。

また、例外として、コンタクトレンズの即日宅配のニーズはかなりあり、リピーターも増えてきています。

Q9　手数料は五％ということだが、なぜそんなに低くしているのか。また、将来引き上げる予定はあるのか。

中村　まずシェアをしっかり取ることが大事だという経営判断からです。ちなみに、現在のシェアは一〇％程度ですから、まだまだだと思っています。もっとも、これからシェアが増えても手数料を上げる予定は今のところありません。ただ、アプリにキーワード検索ができる機能をもたせるなど、今よりさらに付加価値を高めていけば、そこに広告を付加していくことは可能だと思います。

（二〇一八年九月一日「熱海せかいえ」にて収録）

大前研一（おおまえ・けんいち）

早稲田大学卒業後、東京工業大学で修士号を、マサチューセッツ工科大学（MIT）で博士号を取得。日立製作所、マッキンゼー・アンド・カンパニーを経て、現在（株）ビジネス・ブレークスルー代表取締役会長、ビジネス・ブレークスルー大学学長。著書は、『「0から1」の発想術』『低欲望社会「大志なき時代」の新・国富論』『「国家の衰退」からいかに脱するか』（共に小学館）、『大前研一稼ぐ力をつける「リカレント教育」』『日本の論点』シリーズ（小社刊）など多数ある。

「ボーダレス経済学と地域国家論」提唱者。マッキンゼー時代にはウォール・ストリート・ジャーナル紙のコントリビューティング・エディターとして、また、ハーバード・ビジネス・レビュー誌では経済のボーダレス化に伴う企業の国際化の問題、都市の発展を中心として広がっていく新しい地域国家の概念などについて継続的に論文を発表していた。

この功績により1987年にイタリア大統領よりピオマンズ賞を、1995年にはアメリカのノートルダム大学で名誉法学博士号を授与された。

英国エコノミスト誌は、現代世界の思想的リーダーとしてアメリカにはピーター・ドラッカー（故人）やトム・ピーターズが、アジアには大前研一がいるが、ヨーロッパ大陸にはそれに匹敵するグールー（思想的指導者）がいない、と書いた。

同誌の1993年グールー特集では世界のグールー17人の1人に、また1994年の特集では5人の中の1人として選ばれている。2005年の「Thinkers50」でも、アジア人として唯一、トップに名を連ねている。

2005年、『The Next Global Stage』がWharton School Publishingから出版される。発売当初から評判をよび、すでに13カ国語以上の国で翻訳され、ベストセラーとなっている。

経営コンサルタントとしても各国で活躍しながら、日本の疲弊した政治システムの改革と真の生活者主権国家実現のために、新しい提案・コンセプトを提供し続けている。経営や経済に関する多くの著書が世界各地で読まれている。

趣味はスキューバダイビング、スキー、オフロードバイク、スノーモービル、クラリネット。

ジャネット夫人との間に二男。

大前研一
ポスト・コロナ時代の稼ぎ方

「BBT×プレジデント」エグゼクティブセミナー選書　Vol.11

2020年6月15日　第1刷発行
2020年7月9日　第2刷発行

著　者　大前研一
発行者　長坂嘉昭
発行所　株式会社プレジデント社
〒102-8641 東京都千代田区平河町2-16-1
平河町森タワー 13F
https://www.president.co.jp　https://presidentstore.jp/
電話　編集(03) 3237-3732
販売(03) 3237-3731

編集協力　政元竜彦　木村博之
構　成　山口雅之
編　集　渡邉 崇　田所陽一
販　売　桂木栄一　高橋 徹　川井田美景　森田 巌　末吉秀樹
撮　影　大沢尚芳
装　丁　秦 浩司
制　作　関 結香
印刷・製本　図書印刷株式会社

ISBN978-4-8334-2341-0
Printed in Japan